EL CRUELDAD EN EL TEATRO DE MATÍAS MONTES HUIDOBRO

**PUBLICATIONS OF THE SOCIETY OF SPANISH
AND SPANISH-AMERICAN STUDIES**

Luis T. González-del-Valle, *Director*

CUBAN LITERARY STUDIES

Justo C. Ulloa, *Editor-in-Chief*

ARÍSTIDES FALCÓN PARADÍ

LA CRUELDAD EN EL TEATRO DE MATÍAS MONTES HUIDOBRO

SOCIETY OF SPANISH AND SPANISH-AMERICAN STUDIES

© Copyright, Society of Spanish and Spanish-American Studies, 2006.

All rights reserved. No portion of this book may be reproduced, by any process or technique, without the express written consent of the publisher. The book may be quoted as part of scholarly studies.

The Society of Spanish and Spanish-American Studies promotes bibliographical, critical and pedagogical research in Spanish and Spanish-American studies by publishing works of particular merit in these areas. On occasion, the Society also publishes creative works. SSSAS is a non-profit educational organization sponsored by the University of Colorado at Boulder. It is located in the Department of Spanish and Portuguese, University of Colorado, UCB 278, Boulder, Colorado, 80309-0278. U.S.A.

International Standard Book Number (ISBN): 0-89295-122-2.

Library of Congress Control Number: 2006930268.

Printed in the United States of America.
Impreso en los Estados Unidos de América.

This text was prepared for publication by
Adler Enterprises LLC, Lafayette, Colorado.

> La historia del teatro moderno es la búsqueda de un paraíso perdido.
> Paul Louis Mignon

ÍNDICE

El teatro de Montes Huidobro al desnudo. Jorge Febles............ ix

En Reconocimiento.. 1

Introducción.. 3

Capítulo I
    Panorama general de la vanguardia teatral hispanoamericana......... 5
    Los inicios del teatro contemporáneo cubano (1936-1959)................ 8
    Algunas cuestiones sobre la teoría artaudiana en la escena
        cubana y la hispanoamericana... 15

Capítulo II
    Deslinde de la primera etapa en el teatro de Matías Montes
        Huidobro (1950-1959)... 27
    Algunas consideraciones generales y generacionales...................... 28
    Algunos antecedentes de *Sobre las mismas rocas*............................ 30
    Lo profano y lo sagrado en *Sobre las mismas rocas*......................... 32
    Mentalidad lógica y prelógica en *Los acosados*............................... 40

Capítulo III
    El teatro y la Revolución cubana... 63
    Contradicciones de la época y el artista comprometido.................... 65
    El 'nuevo teatro' de la Revolución... 71
    Segunda etapa bicéfala del teatro huidobriano (1959-1961).
        Primera parte: la brechtiana o de "la breve esperanza"................ 75
    Farsa del sin sentido al con sentido, *La botija*................................. 77
    El tiro falla la puntería *por la culata*..86

Capítulo IV
    Otro teatro vs. la revolución cubana... 95
    Segunda etapa bicéfala del teatro huidobriano (1959-1961).
        Segunda parte: la artaudiana o 'trilogía de la crueldad'............... 99
    Había una vez *Gas en los poros*... 103
    Materialización visual de *La palabra salitrea de los muertos*......... 119
    Vida y muerte en *La Madre y la Guillotina*..................................... 139

Capítulo V
    El teatro cubano en el exilio. Su particularidad fundamental.
        Otras consideraciones... 161
    Tercera etapa del teatro de Montes Huidobro (1961...). Hiatus
        scaenicus y continuación en los Estados Unidos........................ 168

Ritual tántrico o "cópula mítica" en *La navaja de Olofé*............... 174
Exsilium de *Exilio*s o exilio hecho presente....................................... 190

Conclusiones...209

Bibliografía
A. Bibliografía de Matías Montes Huidobro.. 211
B. Bibliografía sobre Matías Montes Huidobro................................... 216
C. Bibliografía consultada (teoría y crítica).. 222

EL TEATRO DE MONTES HUIDOBRO AL DESNUDO

La producción dramática de Matías Montes Huidobro andaba en busca de una monografía maciza y sesuda que se aproximara a ella con denuedo abarcador. Tarea ardua esta, ya que la obra del escritor cubano se ha desenvuelto a lo largo de cincuenta y seis años consagrados casi por entero a la escritura en todas sus facetas. El teatro y el ensayo personalísimo, la crítica de corte académico y la novela, el cuento y la poesía se le dan a Montes Huidobro con encomiable armonía. Forja por lo general textos valiosos que profundizan en la condición humana a la par que discurren, cada uno en su momento, sobre motivos pertinentes de corte político, social, histórico o sencillamente estético. Asimismo, como he querido demostrar en otras ocasiones, quizá debido en parte a su formación profesional, el método creativo de Montes Huidobro estriba en un prurito intertextual que, frecuentemente, deriva hacia la autointertextualidad. No sólo proliferan en sus piezas y narraciones los ecos de fuentes heterogéneas, las cuales se subvierten paródicamente a veces o se *citan* con el objeto de precisar antecedentes artísticos, sino que dichos escritos dialogan entre sí para configurar una maraña anecdótica e ideológica que lo mismo se afirma en el pasado como lo matiza para añadirle dinamismo presente y potencialidad futura. Acaso sea esta pluridimensionalidad la que ha impedido hasta ahora la escritura del libro totalizador que amerita la obra íntegra de Matías Montes Huidobro.

Digo hasta ahora porque con *La crueldad en el teatro de Matías Montes Huidobro* Arístides Falcón Paradí llena acaso el componente primordial de ese vacío. Falcón Paradí se percata de que, ante todo, Montes Huidobro ha sido y será siempre dramaturgo. Esa vocación innata que le atribuye Guillermo Schmidhuber de la Mora ("Apología" 26) repercute en toda su producción artística y académica. Las novelas de Montes Huidobro rezuman intensidad dramática por sus soliloquios ambiguos, sus diálogos cargados de potencialidad escénica, sus espacios armados de tal manera que se podrían reproducir en las tablas. Incluso su poesía—subjetiva, confesional, urdida en base a acontecimientos concretos, sucederes emotivos para el hablante e idiosincracias particulares—pone en evidencia un curioso apego al diálogo o al monólogo teatrales. Ello se advierte en "Un poema de voces desde Eugenio":

> Un poema de voces
> desde
> Eugenio.
>
> —Eso no se hace con yo.
> —Con yo no, con mí.
> —Eso se hace con ti.
> —Yo soy Eugenio.
> —Yo voy a abrir.
> —Me voy de aquí ya.
> —¿Qué te pasa?
> —Mira el perrito.
> En la incongruencia del texto
> está el sentido de las voces. (*Nunca* 45).

Por consiguiente, al lidiar con la dramaturgia de Montes Huidobro, Falcón Paradí esclarece no sólo los procedimientos y densidad discursiva característicos del escritor sino aspectos clave que definen su visión artística de manera global. En virtud de ello opino que este perspicaz estudio devendrá indispensable para los interesados tanto en obra del dramaturgo como en la historia y características del teatro cubano en general.

Críticos tan disímiles como Natividad González Freire, Rine Leal y José Escarpanter han advertido en la obra dramática del primer Montes Huidobro, ese que comienza a estrenar en la Cuba de los 50, un apego al expresionismo que, por demás, el escritor no niega. Hace años confesó en una entrevista que tales rasgos surgieron en su teatro en base a las lecturas de Kaiser, Wedekind, Strindberg y, sobre todo, de "*La máquina de sumar* de Elmer Rice, que fue una de las obras que más me impactó" ("Entrevista" 4). Otros, como Schmidhuber de la Mora (26), detectan en su producción concepciones absurdistas extraídas tanto de consabidos modelos europeos como de ese "*maestro* generacional" ("*Lunes*" 21) que, al decir de Montes Huidobro, fue Virgilio Piñera. Falcón Paradí, por el contrario, deambula osada y convincentemente por otros derroteros. Propone en su libro que la producción de Montes Huidobro puede catalogarse conforme a tres etapas decisivas, todas sustentadas al menos de manera parcial por el acontecer histórico cubano. El crítico hurga en cada período creativo apoyando sus impresiones en textos representativos. Así, *Sobre las mismas rocas* y *Los acosados* le sirven para enmarcar la década de los 50. Entre 1959 y 1961 discierne una problemática disyuntiva transicional, durante la cual Montes Huidobro permite que su arte dramático avance por vertientes antagónicas. Una la define cierto compromiso político con la revolución triunfante que Falcón Paradí designa "brechtiano" y estudia por medio de *La botija* y *El tiro por la culata*, mientras que *Gas en los poros*, *La sal de los muertos* y *La Madre y la Guillotina* significan una constante ideológica y formal que proseguirá desarrollándose cuando el escritor toma la senda del destierro. Falcón Paradí selecciona *La navaja de Olofé* y *Exilio* para analizar este tercer acápite evolutivo, que se proyecta más allá de la última obra comentada e incluye textos tan significativos como *Su cara mitad, Oscuro total* y *Un objeto de deseo* (2006).

El admirable atrevimiento de Falcón Paradí radica en percibir astutamente la afinidad entre el teatro íntegro de Montes Huidobro y las teorías dramáticas de Antonin Artaud. Para hacerlo asienta sus criterios en la hipótesis de que si Virgilio Piñera pudo anticiparse a la estética absurdista a fines de los cuarenta con piezas como *Electra Garrigó* y *Falsa alarma*, Montes Huidobro asimismo—por intuición, por coincidencias filosóficas y por su manera de concebir el espectáculo teatral—escribe obras *crueles* antes de familiarizarse con lo expuesto por el teórico francés en su consabido *El teatro y su doble*. El estreno en 1951 por el grupo Prometeo de *Sobre las mismas rocas* supone el advenimiento de una tendencia ritualista y catártica que, ya más apegada a parámetros nítidamente artaudianos, daría frutos espléndidos tanto en el teatro nacional como en el continental a partir de los 60. Lo importante de este estudio se desprende, a mi parecer, del coherente empeño realizado por Falcón Paradí para insertar a Montes Huidobro en la vanguardia de una dramaturgia fundamentada en el antirrealismo y en la representación descarnadamente pesimista de la sociedad cubana. Al plantearse de tal suerte su análisis, complica ciertos esquemas simplistas que se le han aplicado a la obra teatral del autor, enmarcándolo de pleno en una vibrante modernidad que cede paso posteriormente a planteamientos aun más arriesgados de corte postmoderno.

En este concienzudo estudio, donde las agudezas singulares se asientan en la documentación meticulosa y la lectura reflexiva, Arístides Falcón Paradí se propone justipreciar como se debe la obra de Montes Huidobro, recalcando atributos que la relacionan con supuestos artaudianos. Según el propio crítico concluye, tal enfoque encarna exclusivamente una manera de leer al autor cubano. El carácter polimorfo de su escritura dramática admite sin duda otras miradas provocativas. No obstante, al parangonar la producción de Montes Huidobro con el modo de concebir el teatro propuesto por Artaud, Falcón Paradí la emplaza mejor que otros estudiosos dentro de su época, destacando la virtud del afán metafísico que la alienta y valorando su carácter ceremonioso de índole cuasi religiosa así como su complejidad técnica.

Hace ya muchos años escribí un trabajo sobre *Ojos para no ver,* otra pieza de Montes Huidobro que bien pudiera relacionarse con el teatro de la crueldad. En ese momento, influido por ciertas lecturas, discurrí luengamente sobre la armazón épica del texto. Recuerdo que Montes Huidobro, después de leer mi trabajo, me envío una carta encomiosa, aunque impregnada de humor, acusándome entre líneas de ponerle ropas que no pensaba llevar. "Nunca me había imaginado que yo fuera tan brechtiano," recuerdo que rezaba algún fragmento. Supongo que, tras deleitarse con *El teatro cruel de Matías Montes Huidobro,* el dramaturgo le dirá algo semejante a este nuevo crítico, aunque reemplazando a Brecht por Artaud. Eso sí, en este caso la observación vendrá acompañada de la sonrisa orgullosa del artista cuya obra teatral queda al desnudo en las páginas laboriosa e inteligentemente urdidas por Arístides Falcón Paradí.

Jorge Febles
The University of North Florida

OBRAS CITADAS

Febles, Jorge y Armando González-Pérez. "Entrevista con Matías Montes Huidobro". *Matías Montes Huidobro: acercamientos a su obra literaria.* Ed. Jorge M. Febles y Armando González-Pérez. Lewiston, NY/Queenston, Canada/Lampeter, UK: The Edwin Mellen Press, 1997. 221-34.

Montes Huidobro, Matías. *Nunca de mí te vas.* Miami: Universal, 1997.

—————. "Teatro en Lunes de Revolución". *Latin American Theatre Review* 18.1 (1984): 17-33.

Schmidhuber de la Mora, Guillermo. "Apología a Matías Montes Huidobro: Vale más dramaturgia que destino". *Matías Montes Huidobro: acercamientos a su obra literaria.* Ed. Jorge M. Febles y Armando González-Pérez. Lewiston, NY/Queenston, Canada/Lampeter, UK: The Edwin Mellen Press, 1997. 25-31.

EN RECONOCIMIENTO

Mi más profundo agradecimiento a mi querida profesora, la Dra. Angela B. Dellepiane por la indispensable ayuda, consejos y certera guía desde aquellos iniciales días de City College.

Con gran cariño estas páginas a mis queridos amigos Matías Montes Huidobro y Yara González Montes. Gracias por toda la infinita ayuda prestada y amorosa amistad.

A los críticos y profesores Jorge Febles y Armando González Pérez por la edición de *Matías Montes Huidobro: acercamientos a su obra literaria* y por enviármela cuando tanto la necesitaba. A todos los que colaboraron en ese primer e importante texto sobre la obra huidobriana y otros que en otro momento estudiaron su obra. Sin esas primeras e indispensables críticas de seguro no hubiera llegado a poder plantear mis propuestas. A Francisco Morín por las largas y teatrales conversaciones telefónicas. A Roberto Fandiño por su envío de los originales de *Por amor al arte*. A Armando Suárez Del Villar que por él pude conocer el teatro desde adentro.

A mi madre Migdalia Paradí, mi hermana Migdalia Falcón y mis sobrinos Humbertico y Eyleen. A estos últimos que le sirva de ejemplo. A toda mi familia y, en extensión, la otra que son mis amigos, que son muchos, entre ellos Pablo Medina y Gustavo Pérez Firmat.

En especial, a mi excompañera María Escobar que tuvo toda la paciencia del mundo de compartir día tras día estas páginas, a ella mi cariño y estas páginas que son suyas.

INTRODUCCIÓN

La intención de este libro es estudiar la obra dramática del cubano Matías Montes Huidobro en base a las teorías de Antonin Artaud, expuestas en su libro capital *El teatro y su doble*. Montes Huidobro fue, sin duda, en la escena cubana tanto como hispanoamericana, uno de los primeros dramaturgos que experimentó con estas teorías artaudianas antes de que ya éstas fueran conocidas continentalmente. Además este autor demuestra, en sus 56 años de creación dramática, sin sectarismos ideológicos, el haber alcanzado esa "estética dramática esencialmente hispanoamericana" (Schmidhuber, "Apología" 29), pero más aún por estar dirigido su teatro al hombre total, metafísico, logra un teatro de profundas raíces universales.

El primer capítulo en su primera parte, intenta dar un panorama general de la vanguardia teatral hispanoamericana más representativa, en la cual, por derecho propio, se incluye el cubano. En su línea discursiva fundamental, discuto esa "estética dramática esencialmente hispanoamericana" o, desde otra perspectiva, "la especificidad de estar en el mundo hispanoamericano" (Villegas, *Para* 73). Asimismo agrego, particularizando, los inicios del teatro contemporáneo cubano, en el cual Montes ocupa, más tarde, un lugar de autor "clásico" (Febles, "Hacia" 173). Al final del capítulo, se aglutina en apretadas páginas, lo que nos parece más significativo, de lo dicho por la crítica, sobre la teoría artaudiana en la escena cubana y la hispanoamericana; todavía muy poco si se compara con la crítica a la teoría brechtiana. Concluyo el capítulo discutiendo el tema, que merece un profundo estudio por sí solo, de cómo esa crítica se ha dedicado a considerar si las influencias artaudianas entraron indirectamente a través del absurdo europeo en Hispanoamérica. Cuba, por producir su propio absurdo, generó una crueldad muy particular y, a la vez, más tarde, también absorbió aquellas influencias europeas.

Montes se interesa, desde sus inicios, por una renovación constante de las formas y contenidos dramáticos, característica fundamental inherente a su teatro. También por ser un profundo conocedor del teatro de su tiempo e hijo alerta, a la vez, de éste, siempre con sus obras ha sido la avanzada por cualquier camino virgen que ha roturado, caminante que hace camino al andar. Para demostrar las anteriores aseveraciones, se eligen modelos arquetípicos de su producción, cada uno de los cuales responde a momentos específicos de su extensa producción dramática. Al estar marcados esos modelos por los avatares históricos que ha tenido que vivir el dramaturgo, esa historia se ha encargado de dividir, consciente o no el autor, su producción dramática en tres etapas. Es por eso que el cuerpo dramático huidobriano pedía una revisión y un deslinde más exacto, lo que me llevó a proponer tres etapas y un estudio introductorio a cada una de ellas. Señalo, asimismo, discusiones de otros temas que me parecen esenciales en cada una de estas etapas. Sobre todo se apuntan ciertas ideas polémicas en su momento y que todavía tienen vigencia. Se trata de esclarecer la mucha y mal intencionada oscuridad, por su silencio, de una crítica parcializada.

En la primera etapa, de 1950 a 1959, se analizan *Sobre las mismas rocas* y *Los acosados*. La segunda etapa, de 1959 a 1961, es de carácter bicéfala con sendas trilogías. La primera parte, la he llamado 'brechtiana' o, según Escarpenter, de "trilogía de la breve esperanza" ("La impronta" 62), al acogerse a las esperanzadoras promesas de la revolución cubana. Solo se incluye *La botija* y *El tiro por la culata*. La segunda parte, la artaudiana, está representada por la 'trilogía de la crueldad' con *Gas en los poros*, *La sal de los muertos* y *La Madre y la Guillotina*. La tercera etapa, de 1961 en adelante ya en los Estados Unidos, estudia *La navaja de Olofé* y la pieza representativa de sus largos años en suelo extraño, *Exilio*.

El acercamiento teórico utilizado para la interpretación de las piezas dramáticas es, por una parte—la más externa—, el semiótico, el de "un enfoque que procura tener en cuenta los diversos códigos y signos que configuran una obra dramática y la contemplación de emisores y receptores" (Spang, *Teoría* 17). De los varios teóricos consultados y sus modelos propuestos, elegimos a Kurt Spang y su *Teoría del drama* por lo práctico y concreto de su propuesta. Se incluyen además, cuando nos ha parecido necesario, las ideas de otros teóricos como Patrice Pavis, Anne Ubersfeld, Juan Villegas y Tadeusz Kowzan. También por otra parte, por las afinidades que tiene con las teorías artaudianas—anteriores a las de Barba—, y a nivel más profundo, nos hemos acercado lo más posible, cuando el texto lo permitía, a la antropología. Sin duda, como la obra huidobriana demuestra, "el teatro se está antropologizando" (Schechner 33). Aquí aparecen, por su importancia, Mircea Eliade, Lucien Lévy-Bruhl y otros nombres relacionados con este enfoque como Octavio Paz y Gustav Jahoda.

CAPÍTULO I

Panorama general de la vanguardia teatral hispanoamericana

La crítica especializada, por consenso, ha establecido el período de modernización de la dramaturgia hispanoamericana entre la década del veinte y el cuarenta. Neglia en su recapitulación de la "renovación teatral en Hispanoamérica" puntualizaba estas fechas: "En efecto, la modernización del teatro hispanoamericano se realizó aproximadamente entre los años 1925-1940" (*El hecho* 27). Sin lugar a dudas las influencias renovadoras en el teatro hispanoamericano llegaron de Italia, Francia y los Estados Unidos. Las influencias italianas las encontramos a través de su principal dramaturgo Luigi Pirandello y, en grado menor, de Rosso di San Secondo; en las del teatro francés aparecen Henri R. Lenormand, Jean Cocteau y Jean Giradoux; en las norteamericanas Eugene O'Neill[1]. También se nota, en alguna medida, a mediados de los años treinta, las influencias de los dramaturgos españoles. Se ven, por importancia, las obras de Lorca, Valle-Inclán y Benavente entre otros, consecuencia en parte de las visitas de la Compañía de Margarita Xirgu a los escenarios hispánicos.

No por casualidad la escena hispanoamericana quedó algo relegada con relación a los otros géneros literarios que ya habían sido y estaban siendo abanderados de los nuevos aires de la modernidad. Como se sabe, el teatro implica, depende y está íntimamente relacionado a un conglomerado de recursos externos, necesarios por su especificidad genérica. Dentro de esa especificidad, como es lógico pensar, el teatro hispanoamericano ni tan siquiera contaba con los recursos externos que le imponían estos nuevos tiempos, implicando no sólo a autores dramáticos sino también a actores, directores, diseñadores, escenógrafos, luminotécnicos, etc. No sería prolijo señalar que este teatro necesitaba autores dramáticos que estuvieran a la altura de su tiempo en un sentido más amplio y universal[2], como ya sentía Hispanoamérica después de la posguerra, y, a la vez, de consabida raigambre nacional[3].

Algunos creadores destacados en otros géneros, como en el caso "de poetas convertidos ocasionalmente en dramaturgos" (Gálvez 105), como Vicente Huidobro y César Vallejo, no pudieron ver cuajadas sus expectativas por la recepción que el público hizo de sus obras. Era lógico que así sucediera. No existía todavía un público preparado para estas nuevas propuestas por lo que una posible recepción entusiasta era imposible. Menos aún se puede relacionar este nuevo teatro, en el mejor de los casos, con una intención económica remunerativa porque no fue esta idea lo que justificó la renovación. Y aquí se hace imperioso destacar que sus intereses eran estéticos. No se trataba de seguir los trillados caminos del teatro comercial de las capitales de algunos países, que vivían holgadamente de una taquilla estable, de un público moldeado y permeado por aquellos gustos embalsamados del teatro comercial[4]. En efecto, como esta no podía ser la intención primogénita del cambio, queda bien claro que la necesidad en la mayoría de los ejemplos ya citados fue estética. Estos teatros estaban enfrascados en la búsqueda de una *nueva sensibilidad*.

Este incipiente teatro, por sus pocos recursos disponibles, sobrevivía a duras penas. Casi sin excepción estos grupos que se lanzaron a intentar estas nuevas propuestas estéticas tuvieron de común una precaria supervivencia así como una infinita y esperanzada voluntad de existir. Así algunos conjuntos iban desapareciendo prontamente, sin sobrepasar sus primeras funciones, como a la vez otros, ya multiplicados, se sumaban con los años al mismo empeño. Paradigmático es el caso cubano. Su primer grupo de vanguardia La Cueva, fundado en 1936, a duras penas pudo sobrepasar unas pocas funciones. Fue, sin embargo, el sano detonador para que en pocos años se multiplicara este primer empeño en otros grupos con los mismos renovados alientos. Francisco Morín, que fue uno de los imprescindibles continuadores por la década del cuarenta y cincuenta de aquel primer intento del teatro contemporáneo cubano y uno de sus mejores directores, calificó de "por amor al arte" a aquellos precarios tiempos del teatro cubano[5]. Lo que también, por extensión, se ajusta al teatro hispanoamericano de vanguardia.

Después de los primeros momentos de readaptaciones de autores extranjeros a la escena nacional, las aspiraciones, en general, del nuevo teatro no se circunscribían a estimular la creación dramática y descubrir a los posibles abanderados nacionales, permeados ya de esa contemporaneidad vivida a flor de piel. Este teatro no estaba en busca de nuevos autores *per se*, para decirlo en términos pirandellianos, sino que también buscaba directores que supieran dirigir y expresar en términos espectaculares esa nueva sensibilidad, y a la vez experimentar con nuevos métodos de actuación. Estos métodos sustituirían el enfático desbalance del actor principal por formas de expresión actoral más dinámica, profunda y de trabajo grupal como un todo. Asimismo buscaba en el diseño plástico propuestas y soluciones escenográficas más sugestivas y simbólicas. Por último debe mencionarse su interés por un nuevo público con la requerida sensibilidad para las nuevas propuestas, que todavía no estaba entrenado para este tipo dramaturgia[6].

Más trillada ha sido la polarización excesiva, aunque no menos válida, de tratar de conceptualizar las 'dos formas dramáticas' que, en apariencia, se dan antagónicas a la hora de definirlas o delimitarlas. Algunos críticos han llamado a estas formas bifrontes: Realismo o Antirrealismo, de Compromiso o de Evasión, también Social o Individual[7]. Si actualmente la diversidad "in type and in theme" caracteriza la escena contemporánea latinoamericana (Lyday y Woodyard xiii), en sus comienzos, en los tiempos ya delineados, al descubrir este teatro europeo—en especial el pirandelliano—y en menor cuantía el norteamericano y liberado ya de la supeditación cultural española, el teatro hispanoamericano explora en su dramaturgia nuevos temas que nunca antes transitó, como el de la conciencia y el del subconsciente del individuo[8]. Por sentirse esta escena ya insertada en los albores de la modernidad, no le interesa la crítica de su medio por parecerle insignificante. Su realidad le parece chata. Así nace esa otra preocupación más universalista que sólo se reconocerá cuando quede plasmada teatralmente como necesidad imperiosa por el acusado y traumático vivir de la realidad cotidiana.

Estas aspiraciones se traducen en la escena en una serie de osadías nunca antes vistas que la liberan de la rigidez del teatro realista, imperante y decadente, con sus formas convencionales. Este teatro experimenta, libre ya de cualquier atadura, con la simultaneidad de tiempo y espacio. La acción dramática permeada por los experimentos de simultaneidad, ya no tiene que ser lógica, ni tampoco responder a un orden preestablecido y menos aún plantearse un desenlace. Se modela a sí mismo cuestionándose con técnicas del metateatro o del teatro dentro del teatro. De este modo puede representar los actos inconexos del sueño, un automatismo mental o la mezcla de una realidad distorsionada o fantástica llena de las obsesiones más primarias del hombre. En efecto, y como Solórzano amplía: "Obtenidas estas libertades y derribadas las murallas del tiempo y del espacio el teatro se desprendía de su carácter práctico y burgués y volvía a la posibilidad de un juego poético más libre, a la improvisación, a la sinrazón y a todos los 'ultraísmos' que durante tantos años habían estado al margen de los relatos dramáticos, ordenados, racionales y obedientes de un orden lógico aristotélico" (55). Sobre estas bases se empezará a expresar el nuevo teatro y a partir de una vocación interior mucho más palpable, es decir, desde los fondos mismos de la existencia. Por las modificaciones de los sistemas filosóficos de pensamiento, los cambios sociales y económicos en el mundo, en Nuestra América, en la concreticidad dramática, aunque se retome el realismo—dependiendo de las particularidades de cada país—será éste más depurado, más crítico, debido a las ganancias universales.

Los inicios del teatro contemporáneo cubano (1936-1959)

Al igual que otros intentos dramáticos continentales, los inicios del teatro contemporáneo cubano pueden remontarse a la década de los años treinta, específicamente 1936. El dramaturgo Luis Alejandro Baralt, graduado de la Universidad de Harvard, director y fundador del grupo La Cueva, irrumpe en la escena cubana el 28 de mayo de 1936, en el Principal de la Comedia, con el significativo estreno mundial en lengua española de *Esta noche se improvisa* (1929) de Luigi Pirandello. Desde su inicio La Cueva, interesada en salvar la escena cubana de su anquilosado provincialismo, "marcó sus diferencias de planes y métodos de los demás grupos que la precedieron en la vida teatral republicana" (González Freire, *Teatro* 21). Las aspiraciones de este conjunto, como las de sus homólogos latinoamericanos, eran dar un nuevo sentido a la puesta en escena según los últimos acontecimientos y estilos de los centros mundiales de la vanguardia teatral "para demostrar el máximo de modernidad técnica" (González Freire 21).

En el corto período de ocho meses, Baralt llevó a escena: *El tiempo es un sueño* de Lenormand; *La misión del tonto* de Housmann; *La adúltera* de Martí; *La luna en el pantano* de Baralt; *La muerte alegre* de Evreinoff e *Ixquic*, tragedia andina de Girón (González Freire 166). Es significativo mencionar, como señala González Freire, que este dramaturgo nunca descuidó tampoco "la labor de propagar la producción cubana, por medio de la lectura pública de las obras inéditas de los nuevos autores cubanos cuando le era imposible la representación escénica de las mismas" (21). Desafortunadamente el "público no respaldó aquel extraordinario esfuerzo teatral" (Morín 18), y el grupo tuvo que cerrar sus puertas por razones económicas. Espinosa Domínguez, en el *Teatro cubano contemporáneo*, con relación a este "heroísmo precursor" puntualiza:

> El hecho debe entenderse, sin embargo, como la culminación de una serie de intentos que se produjeron en las tres décadas anteriores—Sociedad de Fomento del Teatro (1910), Sociedad Pro-Teatro Cubano (1915), Institución Cubana Pro-Arte (1927), Compañía Cubana de Autores Nacionales (1927), las revistas *Teatro* (1919) y *Alma cubana* (1923)—que no llegaron a cuajar ni a consolidarse, pero que de alguna manera abonaron el camino. A esos esfuerzos se sumaron las aportaciones que significaron las visitas de varios artistas extranjeros, como son los casos del director español Cipriano Rivas Cherif, quien ofreció varias charlas en La Habana y, con la famosa actriz catalana

Margarita Xirgu, presentó obras de Bernard Shaw, Hoffmansthal, Lorca y Lenormand, autores hasta entonces desconocidos por nuestro público. (16)

Las expectativas de este primer intento no sólo se vieron cumplidas con creces en el meteórico y corto tiempo de existencia de este conjunto, sino que también esta experiencia influyó de manera definitiva en las generaciones posteriores. Ya desde 1938 la escena cubana se enriquecerá por el surgimiento de instituciones y grupos con una sana variedad de intereses ideológicos y estéticos. A la par corrían tiempos de relativa calma política, la cual benefició en general el desarrollo del arte nacional en su proceso de consolidación. Otra vez Espinosa Domínguez recoge en el prólogo, ordenadamente, el espontáneo interés dramático a partir de aquel primer intento que tiene un carácter diferente:

> Entre 1938 y 1950, nuestro panorama escénico se vio enriquecido con la creación de Teatro Cubano de Selección (1938), Teatro-Biblioteca del Pueblo (1940), Academia de Artes Dramáticas de la Escuela Libre de la Habana (1940), Teatro Universitario (1941), Patronato del Teatro (1942), Teatro Popular (1943), Teatralia (1943), Academia de Artes Dramáticas (1947), Prometeo (1947), Farseros (1947), Compañía Dramática Cubana (1947), La Carreta (1948), Grupo Escénico Libre (1949), Las Máscaras (1950) y Los Comediantes (1950). (18)

Aunque algunos de estos grupos tuvieran una vida efímera o al cerrar sus puertas renacieran en otros, su proliferación demuestra una pujante actitud de renovación teatral por aquellos años. Aunque el esfuerzo titánico de los muchos estrenos de indiscutible calidad lo conocieran mayoritariamente los capitalinos y se resumiera a una sola función mensual frente a unos pocos espectadores que pagaban una modesta suscripción, la escena cubana demuestra más que una 'intención teatral' un teatro vital a pesar de sus dificultades, que no eran pocas. Eran conscientes ya de su "destino histórico [al] desempeñar el papel de precursores"[9]. Quizás estos ejemplos no son tan distintos de los hispanoamericanos de aquellos años, y diría que, hasta comparados, son más alentadores. Con relación al criterio pesimista que ha querido ver cierta crítica en este período, sirva el encabezamiento de un inciso de Rine Leal, en su *Breve historia* de que "Hubo intención teatral, pero no teatro" (112), para demostrar la falta de perspectiva histórica y lo mal intencionada que era esta crítica.

A pesar de los pocos recursos de estas instituciones y grupos mencionados—con excepción del Patronato del Teatro, que, aunque activo, respondía a intenciones bastante discutibles—, de la abrumadora competencia radial y televisiva tentando a y atentando contra todos y de la sumada indiferencia estatal, esta colectividad teatral *espontánea*—y esta espontaneidad era su mejor riqueza—, no cede en sus empeños de mejoramiento. Un estreno se sucede a otro, tratando de superar la anterior propuesta. De esta renovación y lucha contra viento y marea, nace la vanguardia, que constituirá la base fundacional del teatro posterior, hecho demostrado en sus abundantísimos estrenos en cartelera[10]. Y este estado germinativo, fuente de una experiencia vital insustituible, fue de rigor para todos los nuevos artistas teatrales aunque no pudieran vivir económicamente de este trabajo teatral.

La Academia de Artes Dramáticas de la Escuela Libre de la Habana (1940) se adelanta a la de sus contrapartes en Hispanoamérica por su amplitud curricular, sus métodos y planes, como a la vez le sigue el Teatro Universitario (1941)[11]. Ambas instituciones preparaban de manera integral a su estudiantado con miras al futuro de su vida profesional en las artes dramáticas. Mientras que el alumnado se adiestraba en el aprendizaje, debía exponer lo aprendido en las obras que representaban al final de cada período de clase[12]. El Dr. José Rubia Barcia, exiliado español, y Ludwing Schajowicz, exiliado austríaco y alumno de Reinhardt, fungen como directores de ambas instituciones, respectivamente. Este último, algo después, fundará el Departamento de Bellas Artes de la Universidad de Puerto Rico (Morín 170). La Academia aunó también a otros importantes profesores cubanos de aquella época entre los que se encontraban José Manuel Valdés Rodríguez, Alejo Carpentier, Luis Amado Blanco y el propio Baralt, entre otros.

A partir de esta primera experiencia y al desintegrarse la Academia años después, varios de sus egresados sintiéndose desorientados por el cierre de aquélla, a principios de 1944 formarán un grupo (ADAD) recordando en su sigla su antigua Academia de Artes Dramáticas. Crean concursos, estimulando así la creación dramática nacional, escenificando las obras premiadas, *El chino* (1947) y *Capricho en rojo* (1948) de Carlos Felipe, entre otros autores nacionales e internacionales llevados a escena. Ya en esta dramaturgia autodidacta de Carlos Felipe se verifica la utilización, a la manera moderna pirandelliana, del teatro dentro del teatro, recurso que utilizarán con profusión nuestros dramaturgos posteriores, entre los que se cuenta Montes Huidobro[13]. El grupo ADAD abrirá otra Academia, similar a aquélla, este mismo año.

Uno de sus integrantes por aquellos años ya empezará a dirigir; será después uno de los mejores directores de la escena cubana de todos los tiempos. Me refiero a Francisco Morín, quien este mismo año 1947 funda y dirige, hasta su último número en 1953, la revista *Prometeo*, publicación que se dedica exclusivamente a la divulgación teatral reflejando "puntos de vistas nacionales e internacionales" (Morín 71). Un año más tarde toma el nombre de la revista para fundar el grupo Prometeo, nombre con el cual se identifica y al que su trabajo está íntimamente ligado. Morín expresa sus significativos intereses al decidir separarse de ADAD para formar su propio grupo: "Mi aspiración era hacer un teatro conceptual, buscaba un tipo de actuación funcional para expresar mis ideas, quería reducir la puesta en escena al mínimo de los elementos, eliminar todo lo estrictamente decorativo, encontrar el teatro esencial" (83). Morín estrena este mismo año un hito en la historia dramática cubana: *Electra Garrigó*, un modelo griego a la criolla, del más afamado y poco comprendido de los dramaturgos cubanos, Virgilio Piñera[14].

Las plazas hispanoamericanas de avanzada no parecen estar interesadas entre sí en la obra que estaban realizando. Tampoco he podido encontrar estudios al respecto acerca de este período fundacional. Quedará por hacer un estudio exhaustivo sobre el particular. Las causas y su porqué se deben ver tal vez por lo que ya adelanté más arriba en relación con los intereses focales de estos teatros en sus inicios. Así y todo, en el caso de la escena cubana, existen algunas excepciones palpables que revelan una inclinación hacia estas plazas hispanoparlantes, anterior a la idea ideologizante y partidista que se esgrime, como producto exportable, con el triunfo de la Revolución en Cuba después de 1959. Si se repasa superficialmente la cartelera de aquellos primeros años del teatro contemporáneo cubano entre 1940 y hasta 1959, aparecen los autores hispanos más significativos de aquel momento. De España: *La infanzona*, *La malquerida* de Jacinto Benavente; *Medea, la encantadora* de José Bergamín; *Mariana Pineda*, *Yerma*, *La zapatera prodigiosa* de Federico García Lorca; *Escaleras* de Ramón Gómez de la Serna; el estreno mundial de *Judith o el tirano* de Pedro Salinas; *Cuento de abril*, *Ligazón*, *La marquesa Rosalinda* de Valle Inclán; *Palabras en la arena* de Buero Vallejo. De México: los estrenos mundiales de *La luna en el teléfono* y *El otro hermano* de Julio Alejandro; *Cada quien su vida* de Luis G. Basurto; *Ritual* (monólogo) de Efraín Huerta; *El niño y la niebla* de Rodolfo Usigli; *Ha llegado el momento*, *En qué piensas*, *La mujer legítima* de Xavier Villaurrutia. De Argentina: *La peste viene de Melos*, *Tupac-Amarú* de Osvaldo Dragún; *El puente* de Carlos Gorostiza; *Las de Barranco* de Gregorio de Laferrere; *Una viuda difícil* de Nalé Roxlo; *Barranca abajo* de Florencio Sánchez.

De este ir y venir de los teatristas cubanos hacia las otras arenas hispánicas, o este venir de las otras arenas al patio cubano, nacen las comparaciones. En 1950, al regresar el Teatro Universitario de una gira por Guatemala, dirigida por Baralt, uno de sus actores puntualiza en una entrevista: "Tienen un Seminario de Artes Dramáticas, pero no cuentan con los medios que nosotros poseemos, aunque tienen un Teatro para ellos y hay una Ley Nacional que obliga a dar una representación del Ministerio de Educación en cada teatro. [Concluía lamentando:] ¡Qué lástima que en Cuba no se pueda hacer otro tanto!" (*apud* Morín 112). Morín, refiriéndose al famoso actor y director argentino Francisco Petrone, que visitó Cuba en la temporada teatral de 1953, expresa:

> no nos desilusionaba, era un buen actor, con una técnica correcta y dueño de sus emociones, y sus puestas en escena también estaban hechas con rigor, pero no nos aportaban nada, y nosotros esperábamos que dado el desarrollo del cine y el teatro argentinos pudiéramos aprender algo de ellos. Con su tercera representación, "La muerte de un viajante", de Arthur Miller, comprendimos que no sería así. Ni en la concepción general de la obra y de la puesta en escena, ni en su dramaturgia, ni en la manera de resolver el decorado y la iluminación, Petrone no nos traía algo diferente, aunque justo es reconocer que tampoco le eran ajenos los nuevos conceptos que nosotros habíamos bebido de escuelas *newyorkinas* como la de Piscator. (150-51)

La anterior cita demuestra que los dramaturgos cubanos estaban alertas e interesados en los últimos acontecimientos escénicos, como también participaron, espontáneamente, en congresos, cursos y encuentros teatrales a nivel internacional. Todo esto en la medida de sus posibilidades personales: por aquellos tiempos a duras penas podían vivir de su arte, menos aún pensar en una subvención estatal, la cual no existía. Si poseían un ilimitado entusiasmo de mejoramiento estético o de responsabilidad crítica, aún más gozaron por muchos años de una libertad que les permitió desarrollarse a sus anchas en una amplia gama de actitudes sin las limitaciones de la censura. En este sentido el golpe de estado de 1952 de Fulgencio Batista, menos manipulador ideológicamente, como prueba de laboratorio, fue un preámbulo en miniatura de lo que iba a pasar después en la Revolución triunfante de 1959.

Paradójicamente en la década de los años cincuenta se advierte, ya desde una perspectiva más lejana, una consolidación en el ámbito teatral, añadiéndose a la cartelera un nivel cuantitativo nunca antes visto pero sin que todavía el dramaturgo cubano aparezca como el principal protagonista de su escena. En este marco teatral de estos años los directores de escena, a través de la nueva modalidad del teatro arena y en pequeñas salas o teatro de bolsillo, irán alentando y estimulando lo que llegará a ser el mejor teatro escrito por dramaturgos cubanos. Estos no sólo tendrán un lugar para representar sus obras sino también estarán en contacto con las mejores obras contemporáneas, respirando a sus anchas los nuevos aires que venían desde los Estados Unidos y Europa, principalmente.

Van apareciendo algunos nuevos dramaturgos con el impulso de este movimiento[15]. Es en este contexto que se inserta la primera etapa de Montes Huidobro. Es el primero de su generación que estrena con *Sobre las mismas rocas* (1951) dirigida por Morín, en el teatro Prometeo. Andrés Castro, con sus puestas en escena de *La hija de Nacho* (1951) y *Lila, la mariposa* (1954), dará a conocer al joven dramaturgo Rolando Ferrer interesado en una línea más realista. Ambas piezas parecen coincidir en el sentido formal y temático por su habla popular y sus detalles costumbristas, por su tratamiento poético, por su investigación sicológica de las figuras femeninas y de la familia cubana de clase media. También Fermín Borges estrena en 1955 *Gente desconocida, Pan viejo* y *Doble Juego* que llamó la atención de la crítica por su estilo neorrealista. Antón Arrufat se da a conocer con *El caso se investiga* (1957) en un "programa de absurdo cubano" que presenta el Lyceum juntamente con *Falsa alarma* (1949) de Piñera[16]. Otro autor importante de la misma generación es José Triana, quien estrenará algo más tarde en 1960 *Medea en el espejo* en el Prometeo—dirigida por Morín—y *El Mayor General hablará de Teogonía* que había traído a su regreso de Europa en 1959 con el nombre de *El incidente cotidiano*.

Entre la gran variedad de repertorio que ofrece la cartelera capitalina, este eclecticismo se inclina, en orden ascendente y por no mencionar otras nacionalidades, por los dramaturgos franceses, ingleses y norteamericanos, respectivamente. Queda por hacer un estudio al respecto, específicamente, de cada uno de estos teatros en la escena cubana[17]. Para elegir un ejemplo con relación al teatro norteamericano, la escena cubana estuvo a la cabeza llevando a escena puntualmente aquellas obras que se estrenaban en la ciudad neoyorquina. Al menos era la intención de muchos de los protagonistas de aquellos días, que si no fueron a estudiar allí, iban a nutrirse de aquel teatro, como el propio Montes Huidobro que pasó una larga temporada a mediados del cincuenta en aquella ciudad.

Al conocerse las piezas de Tennessee Williams en Broadway, por sólo mencionar a uno de los más renombrados, su traducción en forma manuscrita y su puesta en las salas capitalinas fue casi inmediata; y según se criticó, algunas de estas puestas eran demasiado cercanas al original, para no dejar duda de la *imitatio*. Si se comparan las fechas, según el artículo de Sandra Messinger Cypess, de las puestas en escena de las piezas de "Tennessee Williams en Argentina", con las puestas cubanas que menciona Morín (60, 72, 79, 102, 103, 144), éstas llegan a adelantarse por buen margen a las de aquéllas. Otro tanto, nada casual, pasó con *Las Criadas* de Genet, que monta el propio Morín—aunque según este director ya tenía conocimiento del dramaturgo francés (147)—en 1954 al leer la primera versión en español que publica *Sur* a fines de 1952[18].

Se reconoce que el nuevo grupo Teatro Experimental de Arte (TEDA) sirve de detonador, abriendo una nueva etapa con su resonante triunfo de ciento dos funciones consecutivas por la puesta en escena de *La ramera respetuosa* de Sartre en 1954. La puesta, en teatro *arena*, salpicada de erotismo por el provocador vestuario y las ligerezas de la actriz principal, como a la vez por el sentido comercial de su director, rompe con la anquilosada función mensual pasando a la función diaria. Debido a los esfuerzos proteicos de la etapa anterior, los cuales fructifican en las nuevas propuestas técnicas que iban ganando terreno como es el caso de la representación en teatro arena, se abre una nueva etapa con la implementación de las "salitas", o como también se les llamó "teatros de bolsillo". Los nuevos grupos, como algunos sobrevivientes de la etapa anterior, siguen el ejemplo del TEDA y saltan de la única función mensual a la diaria hasta la razonable programación de jueves a domingo. Prometeo, con Morín en su dirección, continúa su liderazgo en este período, estrenando una rigurosa selección de nuevos repertorios. En esta etapa, La Habana tenía alrededor de una decena de estas pequeñas empresas teatrales, algunas hasta con sus respectivos locales, ofreciendo una variada programación regular: El Sótano, Prado 260, Talía, Los Yesistas, Farseros, Atelier, Hubert de Blanck, Arlequín, La Comedia, Arena; más tres que continuaron de la etapa anterior: Patronato del Teatro, Las Máscaras y Prometeo. Hasta hubo, además, un teatro norteamericano en la Community Hall, llamado The Little Theatre of Havana. También al final de este período queda constituido Teatro Estudio (1958) con el antológico montaje de Vicente Revuelta de la primera traducción al castellano de *Viaje de un largo día hacia la noche*, de O'Neill, pocos meses después de su estreno mundial.

Para terminar con este inciso, Rine Leal, al referirse a Prometeo, reconoce aquel epítome de la vanguardia teatral cubana como "la meca de nuestros creadores" y "una excepción dentro del panorama cultural", pero su opinión negativa de que "lo hace en una salita vacía" por su carácter minoritario, no se debe entender como una contradicción (*Breve* 127). Al contrario, paradójicamente, al re-descontextualizar a esta vanguardia desinsertándola de la misma historia que la vio nacer, justifica su deposición de que "cuando llega la Revolución, Prometeo ha cumplido su fase histórica" (127). Su crítica es síntoma de su época (se publica en 1980 en Cuba), y se interesa en descontar una historia para contar otra, sin notar que ese teatro de 'exigencias estéticas', como así fue desde sus orígenes, sobrepasó—al igual que sus homólogos europeos e hispanoamericanos—los mismos horizontes de expectación que atentaban una aceptación ya no sólo crítica sino también a nivel de espectador, ambos formados en moldes que esta vanguardia derrumbó definitivamente. Neglia señala estas características como hecho fundamental: *"la renovación se realizó en el teatro de más altas aspiraciones artísticas y fue el resultado del esfuerzo de una minoría cuyo aporte fue remozando paulatinamente la dramática hasta darnos, en los años cincuenta, una más profunda madurez teatral y una producción en línea con los mejores repertorios internacionales"* (*El hecho* 34; las cursivas son mías).

Algunas cuestiones sobre la teoría artaudiana en la escena cubana y la hispanoamericana

Alguien ha dicho, al comparar las teorías brechtianas y las artaudianas, que Brecht en sus teorías representa un post-aristotelismo mientras que Artaud en las suyas se manifiesta por un pre-aristotelismo, es decir, por un teatro metafísico, como caracterizó a este último Derrida en "El teatro de la crueldad y la clausura de la representación"[19]. Las influencias de ambas teorías en la escena cubana e hispanoamericana son evidentes. Las de Artaud no han sido tan estudiadas como las primeras. Conviene, pues, hacer ciertas observaciones sobre esa recepción artaudiana antes de pasar a analizar dos obras de Matías Montes Huidobro—*Sobre las mismas rocas* y *Los acosados*—, que corresponden a su primera etapa[20].

Al repasar el estado actual, bastante precario, de las investigaciones sobre las influencias artaudianas en la escena hispanoamericana, me atengo solamente al primer ámbito clasificatorio que intenta Blüher con respecto a la recepción artaudiana. Es decir, el de "la recepción de Artaud en *los autores* y en su concepción de las obras teatrales" ("La recepción" 113). Las otras dos clasificaciones que siguen—la de 'los directores' y 'los directores formadores de actores'—quedan obviamente fuera de este estudio.

Parte de la crítica reconoce que las fuentes artaudianas llegan a los autores de manera indirecta a través de la vanguardia absurdista europea.

Otra parte cuestiona abiertamente el exceso de preponderancia de estas influencias, cuando todavía parte de esa vanguardia reconoce no identificarse del todo, en el mejor de los casos, con estas teorías o que otros ni las conocían. Hay quien se queja, tratando de neutralizar el exceso de valoración que se le ha otorgado a ciertos autores por estas influencias[21]. Un punto de vista que se debe considerar en relación con este tema de influencias artaudianas, y que utilizo al estudiar la mayoría de las obras huidobrianas aunque más en su primera etapa, es el de carácter intuitivo. Es decir, un escritor que en su tiempo es capaz de mostrar en su obra artística puntos de contacto con una teoría también contemporánea a la cual nunca antes tuvo acceso. Como hijo de su tiempo, este dramaturgo cuaja espectacularmente aquellas teorías del francés sin haberlas conocido directamente[22]. Hay algún crítico que retrocede, llegando a un pre-síntoma anterior al mismo Artaud, señalando el teatro de Valle-Inclán como muy afín con algunos de los postulados artaudianos[23]. Quizás sea Borges quien reúne magistralmente estas diferentes perspectivas desencontradas aunando todas en el abanico del tiempo, en "Kafka y sus precursores". Casi al final de este artículo concluía: "El hecho es que cada escritor *crea* a sus precursores. Su labor modifica nuestra concepción del pasado, como ha de modificar el futuro" (2: 90).

La crítica en general delimita las influencias inaugurales artaudianas desde los años sesenta hasta los setenta[24]. Parte de esta crítica apunta que éstas, en su comienzo, llegan de manera indirecta a través del teatro de vanguardia por los finales del cincuenta, específicamente por mediación del teatro del absurdo. En efecto, dentro de estas formas indirectas, Blüher señalaba en su ya clásico artículo que "en los dramaturgos latinoamericanos se empezará a manifestar un interés por las teorías teatrales de Artaud *sólo hacia el fin de los años cincuenta*, e incluso al principio claramente como fenómeno concomitante de la recepción de aquellas formas de teatro de vanguardia llamado 'del absurdo' que ya en 1961 describía Martin Esslin en su influyente libro *The Theatre of the Absurd* en autores como Beckett, Ionesco, Adamov, Genet, Pinter y otros" ("La recepción" 120; la cursiva es mía). Y continuaba mencionando obras como las de Beckett *En attendant Godot* (1952), *Fin de partie* (1957), de Ionesco *La cantatrice chauve* (1950), *Jacques, ou la soumission* (1953) y *Amédée ou comment s'en débarasser* (1957), de Genet *Les bonnes* [en español *Las criadas*] (1947) y *Le balcon* (1956)" (120).

Si aceptamos que el teatro del absurdo europeo fue el impulsor de las teorías artaudianas en Hispanoamérica "solo hacia el fin de los años cincuenta", como bien ha demostrado aquel estudio, habría entonces que investigar por dónde nacen específicamente las influencias artaudianas en la escena cubana con *Sobre las mismas rocas* de 1950. Esta obra puede representar un caso de excepcional intuición porque casi habrá que esperar una década, como se puede notar, para ver fructificar en la dramaturgia continental evidencias más permanentes dentro de estos esquemas. Con posterioridad, en lo que respecta a la obra huidobriana, dentro de estos continuados esfuerzos, también ya es más palpable la influencia de Artaud en *Los acosados* de 1959, *Gas en los poros* y *La sal de los muertos* de 1960 y *La Madre y la Guillotina* de 1961. Con relación a otros de su generación, por ejemplo José Triana, el que más logros internacionales ha cosechado, empezará a trabajar estos temas a partir de la década de 1960 con su primera obra *El Mayor General hablará de Teogonía*. En su más aclamada obra, *La noche de los asesinos* (1965) aparece, entre otras, una inquietante cita de Artaud como pórtico de entrada.

La otra actitud crítica, la más cautelosa, nos alerta, como Eric Sellin en *The Dramatic Concepts of Antonin Artaud* en el prefacio (viii), contra la fácil atribución de las influencias artaudianas en los dramaturgos que apenas conocieron estos postulados (Genet, Beckett, Ionesco) u otros que los conocieron pero que declararon no interesarles estas ideas. Todavía en el año 1960, en el caso de Montes Huidobro y sus contemporáneos, parece ser que no tenían conocimiento directo de estos postulados, pero sí por lo visto sentían esos síntomas de su tiempo. Pienso que no se debe desechar aquella parte del consenso crítico que sigue sosteniendo que los postulados artaudianos llegaron de forma indirecta. Vuélvase a recordar que ya por toda la década del cincuenta en Cuba se estrenan en las salitas habaneras de bolsillo una infinidad de autores, entre ellos: Genet, Sartre, Camus. El mismo Montes, en una entrevista que le hice, entre otras cosas confirma: "para esa época [la del año 1961] ya estaban trazadas algunas preferencias básicas de mi teatro, como es el concepto de la ampliación del espacio escénico con el teatro dentro del teatro y mi preocupación con un desarrollo libre del tiempo, a lo que hay que unir el impacto que recibí con el teatro del absurdo y el teatro de la crueldad" ("Entrevista" 135).

Sin duda podemos afirmar que la obra dramática de Matías Montes Huidobro es un caso de intuición de los postulados del Teatro de la Crueldad de Antonin Artaud por aquellas tempranas fechas de *Sobre las mismas rocas*. Si el autor hubiera conocido directamente estos postulados en sus inaugurales días dramáticos, en él hubiéramos tenido uno de los primeros dramaturgos conscientes de este teatro en Cuba y en Hispanoamérica. Así y todo podemos rastrear huellas suficientemente palpables en su teatro que coinciden con las del dramaturgo y teórico francés, huellas no del todo inconscientes y también concomitantes a la vez con otras corrientes similares no muy estudiadas, que pudieron desembocar en esos gustos estéticos como resumen de una época de búsqueda. Pienso en el expresionismo alemán que se le ha atribuído a Montes Huidobro (González Freire 143-45; Leal, *Teatro* s/p, específicamente en la parte que trata del autor) u otra corriente menos estudiada como una derivación de la violencia de la palabra del teatro de O'Neill hasta llegar a la violencia de lo físico del teatro de Tennessee Willlians. En el principio de esta etapa de 1950, *Sobre las mismas rocas* representa el sano grito generacional de un nuevo teatro que rompe con los lazos de la anterior generación. Como después, ya en 1960 en Cuba y posterior al 60 en Hispanoamérica, hubo otros que se han relacionado con estas influencias estéticas y a la vez se aprovecharon de las circunstancias históricas en que les tocó vivir[25].

Virgilio Piñera estrenó *Electra Garrigó* en 1948, antes de que se publicara en libro *Las moscas* de Sartre. También hace teatro del absurdo, con *Falsa Alarma* "publicada en la Revista 'Orígenes' en 1949, números 21 y 22" (Rine s.p.), antes de que su homóloga *La Soprano Calva* (estrenada en París el 11 de mayo de 1950) fuera reconocida mundialmente[26]. Todo este inicial empeño dará como resultado, según Montes, "que el teatro cubano [en 1960] marchaba a la vanguardia del absurdo ya que se pone de moda entre [los dramaturgos cubanos] a través de Virgilio Piñera antes que Ionesco empezara a conocerse ampliamente en toda Latinoamérica" ("Significantes" 40). Entonces no sería descabellado preguntarse, si como vimos a través del absurdo europeo se conocen las teorías artaudianas en Hispanoamérica, si en Cuba, de manera inversa, la crueldad, la huidobriana, nace a través del teatro del absurdo y el existencial de Piñera coincidiendo a la vez con su homólogo artaudiano de una manera intuitiva. Suponiendo que así fuera, si la coincidencia de carácter intuitivo nace por la vía de la plasmación textual del absurdo cubano y no como en el teatro hispanoamericano que se alimentó del absurdo europeo, según afirma parte del cuerpo crítico, las teorías artaudianas deberían estudiarse con más detenimiento. Este análisis generaría nuevas y esclarecedoras brechas de estudio acerca de este tipo de teatro. En el caso de la escena cubana, el estudio se complica, no porque la idiosincrasia cubana sea, como dijera Piñera, "existencialista por defecto y absurda por exceso", sino porque se sabe que ya estos entrecruzamientos de algunas de aquellas obras europeas ocurren por primera vez en los escenarios de las salas capitalinas. Es significativo para este estudio recordar que Leal llama a Prometeo un teatro "de comunión y ceremonia escénicas" (*Breve* 127), términos que se refieren, automáticamente, al arte artaudiano; teatro aquel que se interesa, además de los autores nacionales, también por un Genet o un Camus entre decenas de otros.

No debe parecerse que estas correlaciones son meros esfuerzos de ejercicio académico. Sin lugar a dudas "el deseo ferviente [de Montes Huidobro] por escribir un teatro distinto al de sus contemporáneos" (González Freire 215) lo llevará, con la sensiblidad personal que lo caracteriza y permeado de las influencias de su medio ambiente, por derroteros intransitados de la dramaturgia cubana y la hispanomericana. Con la perspectiva del tiempo que nos asiste con justeza, se debe afirmar que es él uno de los autores claves para estudiar las influencias del teatro de la crueldad en la dramaturgia continental.

Cuando digo 'dramaturgia continental' podríamos perfectamente extendernos hasta la estadounidense, hasta el más vanguardista del nuevo teatro, el Living Theatre, empezará sus experimentos, crueles, en 1959 en New York (Marinis 55)[27]. Esta fecha, la de 1959, como se sabe, fue muy importante para la historia y la escena cubana como a la vez lo fue para el teatro hispanoamericano, según defiende cierta crítica por lo que representó el triunfo de la revolución cubana[28]. Rara coincidencia también, esta efeméride coincide con la culminación de la primera etapa huidobriana. Esta fecha inaugura en Cuba, por sus experimentos, el mejor teatro cruel en su historia como algo después en su escena. Como toda máxima aspiración de todo teatro religioso en el más amplio sentido del término, ya que de teatro artaudiano se trata, 'la escena cubana' comprometía a toda su colectividad a la acción catártica, tal vez y como no ha sucedido en otro momento de la historia del teatro mundial occidental posterior al de los griegos. *Sobre las mismas rocas* parece vaticinar desde casi una década antes las épocas por venir. La figura principal, Edgar Cotton, al final de la obra, implica a todos los que están en escena y a los que forman parte de la historia nacional: "estamos en una misma escena, en un mismo tablado sobre las mismas rocas y en la misma tierra" (48). Como paradigma de ese período cruel, *La Madre y la Guillotina* de Montes Huidobro representa fehacientemente en su historia dramática ese recorrido de la historia a la escena. No por casualidad Montes debió tomar no pocas precauciones escondiendo la pieza "en una gaveta".

NOTAS

1. Véase Neglia, *El hecho* 30, nota 6; Cypess, "Spanish" 497-525; Gálvez, *El teatro* 100-12; Solórzano en su capítulo: "El teatro de tendencias universales" circunscribe este período dentro de 1920 a 1940 (*Teatro* 53-56); en Suárez Radillo especialmente el "teatro chileno actual" 21-38 y el "argentino" 139-60; Lyday y Woodyard proponen en el prólogo de *Dramatists in Revolt* como fechas "between 1928 and 1943"

(xii), corriendo la primera—al año de fundación del Grupo (o Teatro) de Ulises en México (1928)—, y extendiendo la segunda—donde se incluye el Instituto de Teatro de la Universidad de Chile (1941) hasta llegar al Teatro Experimental de la Universidad de Chile (1943)—, periodización a las cuales me afilio por su carácter más congruente, relevante y aglutinador. Con relación a los dramaturgos señalados estas son generalizaciones *a priori* que sólo quieren señalar más o menos los que podrían ser los más representativos. En el caso específico de alguna dramaturgia nacional, de las pioneras de este espíritu renovador, es obvio que habría que ser más exhaustivo. Con respecto al teatro cubano, en su momento intentaré detallar sus particularidades.

2. Así lo expresa el dramaturgo y poeta mexicano Xavier Villaurrutia, uno de los fundadores del Teatro de Ulises, señalando la necesidad de afiliación de su teatro experimental a la del mejor teatro extranjero como única manera de revitalizar el teatro nacional (cito por Neglia 27): "Exótico fue el Teatro de Ulises, porque sus aciertos venían de afuera: obras nuevas, sentido nuevo de la interpretación y ensayos de nueva decoración, no podían venir de donde no los hay. Curioso tema éste de las influencias extranjeras, miedo a perder una personalidad que no se tiene".

3. Tema este más que cuestionado en las letras de 'Nuestra América' y no sólo en este período que estudio. Al parecer, todavía es de indiscutible actualidad por la dicotomía irreconciliable que se quiere ver entre tomar de lo otro europeo o norteamericano y ser a la vez latinoamericano. Así el teórico Juan Villegas, en su libro más reciente, *Para un modelo de historia del teatro* de 1997, discute en su inciso 'la especificidad de estar en el mundo del hispanoamericano'; con relación a la idea de Mario Carla Casalla de "que todo filosofar es un reflexionar sobre lo *universal situado*" (75). Villegas traslada esta idea al tema de su tesis en el sentido de discurso teórico y crítico, como también yo intentaré aplicar—lo de lo "universal situado"—con relación al discurso dramático huidobriano en *La navaja de Olofé*. Este teórico cita de Casalla: "Habrá 'filosofía latinoamericana' en el momento y en la medida en que el pensar latinoamericano logre articular *su propio discurso universal situado*, encontrar el lenguaje inherente a *su propia* situación histórica, en una palabra, habrá 'filosofía latinoamericana' en el momento y en la medida en que el latinoamericano logre efectivizar su propio discurso de lo universal, en cuanto pieza indisoluble del proceso general de emancipación que sacude a su ser" (75). Asimismo parece que Villegas al replantear otro inciso, el del "discurso crítico metateatral", reitera su desacuerdo al llamar lo uno (lo latinoamericano) y lo otro (lo europeo o norteamericano) "dos dimensiones esencialmente contradictorias" (94). Es decir, la imposibilidad de ser lo otro y a la vez ser latinoamericano, partiendo del ejemplo de los fundadores del Teatro Experimental chileno en 1941 al insistir éstos en su manifiesto en "la necesidad de importar técnicas y formas teatrales europeas y desarrollar o abrir oportunidades para el surgimiento de grupos teatrales y autores nacionales" (94). Sintomáticamente, sin ser exhaustivos, se nota que otros grupos dramáticos continentales de vanguardia, coincidieron también en estas mismas aspiraciones de programáticas duales. Recúerdese, como citamos en la nota anterior, al homólogo mexicano de 1928. En donde no hubo manifiestos, como fue el caso cubano, tampoco sería difícil comprobar las mismas aspiraciones plasmadas en sus prácticas teatrales que en definitiva es lo que importa. La vigorosa

vanguardia argentina el Teatro del Pueblo (1930), que dirigió Leónidas Barletta, "promovió la introducción de nuevas técnicas e ideas estéticas. No se presentaron sólo autores extranjeros modernos sino también los clásicos y se dio la posibilidad a los autores nacionales de estrenar sus obras" (Neglia 41). La única excepción continental significativa, y es imprescindible hacerlo notar, es la del teatro puertorriqueño, que desde sus iniciales esfuerzos por crear un teatro nacional, por la situación anómala en que ha vivido este país con su vecino del Norte, se planteó un teatro de técnicas realistas interesado en la búsqueda de su identidad nacional, de justicia social y sus orígenes. Así dentro de estos principios nacerá la Sociedad Dramática del Teatro Popular Areyto en 1940 fundada por Emilio Belaval. Cypess ahonda en estas características: "The efforts of the early national groups were directed not so much to temporal and psychological experimentation nor to associating Puerto Rican theatre with universal representations, as in Mexico; rather, they were more concerned with the idea of theatre as a means of social reform and for political denunciations" ("Spanish" 502).

4. Cf. Neglia, op. cit. en el caso de México y Argentina; en el caso de Cuba, véase la parcial y *Breve historia del teatro cubano* de Rine Leal.

5. Véase de Francisco Morín: *Por amor al arte. Memorias del quehacer teatral cubano de 1940 a 1970* (Miami: Ediciones Universal, 1998); esta publicación es de indispensable valor histórico para cualquier interesado en la escena cubana de aquellos años.

6. Ya desde mucho antes toda esta revolución teatral existía en Europa. Edward Braun resume, en su libro *El director y la escena. Del naturalismo a Grotowski*, en apretadas líneas, desde mediados del siglo anterior hasta casi llegar a nuestros días, la historia de los que tuvieron que ver con esta renovación.

7. Principalmente Chocrón en *Tendencias del teatro contemporáneo* lleva de la mano hasta su final estas 'dos formas dramáticas'. Aunque al aislarlas parezcan dicotómicas para él, hay veces que no están muy claras sus definiciones cuando por momentos se dan entrecruzadas en los autores que estudia; como también podría ser el caso en nuestra escena latinoamericana. Revísese esto en relación con nuestra escena en las obras citadas de Gálvez, Neglia y Solórzano. Sin embargo, no se debe generalizar y menos pensar aún que cada autor y su obra está exento de estudios particulares.

8. Para los interesados en el tema pirandelliano, Neglia lo estudia en *El hecho*, en el cap. I ("La renovación" 27-44), pero más específicamente en el cap. III ("Pirandello en Hispanoamérica" 57-65) y Solórzano en *El teatro* en "Tendencias universales" (55).

9. "No estábamos arando en el mar" *Tablas* 2 abr.-jun. (Virgilio Piñera, 1983): 42. Fue sintomática, aunque lógica según la teoría, la indiferencia con que recibió la crítica y el público la obra de Virgilio Piñera; su obra vanguardista excedió 'el horizonte de expectación' al traspasar el límite de familiarización de la crítica y el público. Quedaría por hacer el estudio de aquellos años y los posteriores. La crítica y el público, al disponer de un conjunto de 'preconocimientos' literarios y culturales, no pueden acoger lo que merecía la nueva propuesta (Spang, *Teoría* 81). Así también le sucedió a la vanguardia absurdista europea. Excepcionalmente, y para ir en contra de todos los presupuestos teóricos, al estrenar el San Francisco Actors'

Workshop en la Penitenciaría de San Quintín en noviembre de 1957 *Esperando a Godot* de Samuel Becket, "aquello que había desconcertado a los sofisticados auditorios de París, Londres y Nueva York, fue inmediatamente asimilado por un público de presos" (Esslin, *El teatro* 11). Parece, pues, que al representar frente a un público "desprovisto de sofisticación [esa audiencia] presenci[ó] la obra sin ideas preconcebidas, sin nociones de antemano, de modo que evit[ó] el error en el que incurren muchos críticos" o el público que dice entender "sólo por guardar las apariencias" (Esslin 13).
10. Veáse González Freire op. cit. específicamente en su apéndice entre las páginas 166 hasta 173 por ser sólo la época que estamos cubriendo en esta primera parte de 1936 a 1959.
11. Entre otros cursos relacionados con el arte dramático, a manera de ejemplo, se imparte además en la Academia "por primera vez en Cuba y en Hispanoamérica un curso de valoración social y estética del cine, el curso 'El Cine: Industria y Arte de Nuestro Tiempo'" (Váldés, *El cine* xiii). Más adelante continuaba afirmando aquel profesor encargado del curso: "Y desde 1942 el curso 'El Cine: Industria y Arte de Nuestro Tiempo' formó parte del currículum de la Escuela de Verano de la Universidad de la Habana. Fue así la Universidad habanera el primer centro universitario de Hispanoamérica en impartir el conocimiento del cine como manifestación artística y social de esta hora" (xiv).
12. De nuevo González Freire recoge una amplísima nómina de estrenos de ambas instituciones (167-68).
13. Precisamente este autor en su libro crítico *Persona, vida y máscara en el teatro cubano* (Miami: Ediciones Universal, 1973) analiza desde la introducción—"Cuatro elementos de una realidad"—, el creciente uso de esta técnica dramática preferida por los dramaturgos cubanos.
14. La importancia de este director en la escena cubana no cabe en estas notas; habrá que escribirla en no menos de un libro. ¿Quién de los autores, o actores, cubanos más importantes de aquellos años no fue escenificado, dirigido y, en una palabra, descubierto por él? Su grupo Prometeo fue escenario de prueba de rigor y consagración para todo artista, "meca de nuestros creadores", como afirma Leal aunque omita su nombre en el inciso: "De Prometeo a Teatro Estudio" (*Breve* 126-28). El mismo Espinosa señalaba que la "condición de clásico [al referirse a Virgilio Piñera y su *Electra Garrigó*] se liga de manera inseparable al nombre de Francisco Morín: éste no sólo dirigió el montaje de Prometeo de 1948, sino también las reposiciones de 1958, 1960, 1961 y 1964" (20). Además de ser el primero en montar casi toda la obra de Piñera, estrena a Matías Montes Huidobro (1931), a José Triana y a Antón Arrufat, entre otros. Prometeo al crear concursos teatrales, escenifica las obras de los autores premiados, en los cuales Montes Huidobro en el primero de estos, el de 1950, obtiene una mención con *Las cuatro brujas* (1949) y en el segundo, el de 1951, el primer premio con *Sobre las mismas rocas* (1950) estrenándose ese mismo año. Además, por el año 1951, crea—con la ayuda de Nora Badía—y funge de director del Centro Cubano del Instituto Internacional de Teatro patrocinado por la UNESCO hasta su destitución, sin indemnización, en 1964 después del triunfo de la Revolución. Sigue dirigiendo, manteniendo en pie sus lineamientos estéticos en esa época sumamente difícil que pedía definiciones ideológicas que todo artista debía

acatar a riesgo de ser condenado al ostracismo en el mejor de los casos. Sin claudicar a las amenazas políticas y sin amedrentarse por ciertos abusos, continúa su trabajo artístico por un tiempo hasta que su sala queda intervenida. Aislado, privado de la posibilidad de trabajo, al no someterse a las nuevas exigencias, toma la decisión de marcharse al exilio. Lo dejan salir en 1970. También al escribir su importancia habrá que rectificar que él, como otros, ya por el año 1947 tenía conocimiento del famoso Método de Stanislavsky. Este fue usado, en sus puestas, una década antes a "la sección de teatro de Nuestro Tiempo" y a los triunfos, merecidos de Teatro Estudio unido al nombre de Vicente Revuelta por el uso del método stanislavskiano (Leal 127-28). Morín cita a Martha Elba en México asistiendo a las clases del director japonés Seki Sano, discípulo del ruso (65) por aquel año. A la vez, Morín partirá hacia New York en octubre de ese mismo año para estudiar más de cerca el método en la "Academia de Piscator, con el profesor armenio Ben Ari, ex-discípulo [también] de Stanislavsky" (77-78). En el caso de Morín, hecho más que significativo, creo que trascendió el Método rápidamente por interesarse por un tipo de teatro: "de comunión y de ceremonia escénicas", como señala uno de sus detractores (Leal 127). Detalle este de suma importancia coincidente con los gustos de Montes Huidobro desde sus comienzos en *Sobre las mismas rocas*.

15. De ninguna manera este pequeño boceto histórico que intentaré de algunos dramaturgos en esta década del 50 pretende ser exhaustivo. Sólo voy señalando algunos momentos significativos que a mi parecer son suficientemente ilustrativos de aquel proceso.

16. Esta institución, el Lyceum, fundada por mujeres, fue de indiscutible importancia para muchos y para el caso que nos interesa, Montes Huidobro. Así lo atestigua él en una entrevista: "Frecuentaba la biblioteca circulante de Lyceum Lawn Tennis Club, que era excelente y que, aunque pueda sonar cosa muy burguesa (y sin duda lo era) tuvo una gran función formativa en los jóvenes de nuestra generación, en particular aquellos que como yo no teníamos una peseta para comprar un libro. La verdad era un santuario de la inteligencia, y allí íbamos a parar **todos**, incluyendo los más diabólicos—Retamar, etc... Para mí era un lugar maravilloso, pues era el único lugar donde podíamos caminar por las estanterías y llevarnos para la casa el libro que nos diera la gana—quiero decir, después de llenar el correspondiente formulario. Lo que hubiera de expresionismo allí se gestó, posiblemente con algo de Kayser, Wedekind, Strindberg, sin duda *La máquina de sumar* de Elmer Rice, que fue una de las obras que más me impactó, todo O'Neill que estuviera a mano, y, por supuesto, Pirandello" (Febles y González-Pérez, "Entrevista" 224-25). La obra de Rice parece que la estrena Baralt por primera vez en el Aula Magna de la Universidad en 1953. Para más datos sobre el Lyceum, consúltese *Dos figuras cubanas y una sola actitud* de Rosario Rexach, segunda parte, inciso IV: "El Lyceum de La Habana" (115-31).

17. Ya apareció *De Eugene O'Neill al 'Happening'. Teatro norteamericano y teatro argentino (1930-1990)* (Buenos Aires: Galerna, 1996) de los editores y críticos Osvaldo Pellettieri y George Woodyard, una serie de enclarecedores artículos con respecto a esas plazas escénicas.

18. Después del montaje en francés de Louis Jouvet—sin aceptar las controversiales recomendaciones de Genet—de 1947 en París, esta puesta, la de Morín, de 1954 era

la segunda vez que se representaba mundialmente, algo anterior a otra que se repitió en París después ese mismo año. La publicación de *Sur* de 1952 viene obviamente de la primera versión de la obra de 1948 adelantándose a la norteamericana de 1954 y a la inglesa de 1957 (Esslin, *El teatro* 164, 332).
19. Este clásico artículo, "El teatro de la crueldad y la clausura de la representación", publicado en *Dos ensayos* (Barcelona: Editorial Anagrama, 1972), es de indispensable consulta para entender profundamente las esenciales implicaciones de este teatro.
20. Además, en esta década de los cincuenta, de las piezas ya mencionadas y exceptuando *Las cuatro brujas* de 1949, Montes Huidobro tiene otras que González Freire cataloga en sinopsis apretada (143-45): *Sucederá mañana, El verano está cerca* (1954), *Las caretas* (reescrita en 1981 con el título definitivo de *La navaja de Olofé* y publicada en *Obras*), *La puerta perdida*. Excepto *La navaja de Olofé* todas las mencionadas quedarán fuera de este estudio, ya que algunas se han perdido según me ha comentado el autor y nunca han sido publicadas.
21. Ane-Grethe Ostergaard parece estar en desacuerdo, como lo demuestra su artículo, con "la opinión unánime de la crueldad como tema central y constante [...] de inspiración artaudiana" (267) en la obra de Griselda Gambaro ("La semiótica del diálogo en *El campo* de Griselda Gambaro", *Semiótica y Teatro Latinoamericano* Ed. Fernando de Toro. Buenos Aires: Galerna / IITCTL, 1990. 267-76).
22. Antes quisiera aclarar, y no es una digresión, lo de 'coincidencias intuitivas'. Ya se ha señalado el término en otros estudios con relación al mismo caso teórico. Marion Peter Holt (en "Artudian Affinities in the Theater of Antonio Buero-Vallejo" *Antonin Artaud and the Modern Theater*, ed. Gene A. Plunka, London and Toronto: AUP, 1994, 252-62), analizando a varios críticos, cita: "Styan suggests that Artaud himself may be simply a symptom of a tendency toward a ritualistic, antinaturalistic theater that would have existed without him" (252). Aunque acepto la idea de 'coincidencias intuitivas' de ninguna manera estoy de acuerdo con estas últimas afirmaciones.
23. Felicia Hardison [Londré], en "Valle-Inclán and Artaud: Brothers Under the Skin", *Educational Theatre Journal* 19 no. A (1967): 455-66, adelanta que ve en *Luces de Bohemia* y *Divinas palabras*, algunos aspectos de las teorías artudianas antes de que estas fueran publicadas (252).
24. Dado que mi libro no se interesa en el desarrollo exhaustivo o en realizar una evaluación histórica de dicho teatro, los interesados en estos temas pueden consultar con provecho dos artículos fundamentales: el de L. Howard Quackenbush "Variations on the Theme of Cruelty in Spanish American Theater" (*Myths and Realities of Contemporary French Theater: Comparative Views*, Texas: TTP, 1985, 99-113) y el de Karl Alfred Blüher "La recepción de Artaud en el teatro latinoamericano" (*Semiótica y Teatro Latinoamericano*, Buenos Aires: Editorial Galerna, IITCTL, 1990, 113-31).
25. Según Morín, como es el caso de José Triana, sin desdorar los valores de la obra del dramaturgo, al reconocer los triunfos que iba cosechando *La noche de los asesinos* además de obtener el premio Casa de las Américas 1965, advierte con respecto a los triunfos europeos y americanos que: "Nunca una obra cubana había tenido tal acogida internacional. Ello se debió fundamentalmente a la caja de

resonancia que era la revolución. A partir de entonces me di cuenta de que una obra hecha en Cuba *antes de enero de 1959 o fuera del proceso revolucionario*, no podía aspirar a los mismos triunfos que otra apoyada por la poderosa masa izquierdista y socialista, que en el mundo entero, incluso en los Estados Unidos, controlaba los jurados de festivales y concursos de toda clase, los claustros de las universidades y los medios de información y propaganda" (328; la cursiva es mía). Lo contrario le pasa a Montes Huidobro al salir precipitadamente de Cuba a los Estados Unidos, con su familia en 1961. Su obra "antes de 1959 o fuera del proceso revolucionario no podía aspirar al reconocimiento". Según Escarpanter, el exilio para Montes "determinó un hiato en su creación dramática", no así la narrativa y la crítica, hasta la publicación de *Ojos para no ver* (1979), que se sumó a "las dificultades que confronta el teatro cubano en el exilio" ("*Su cara mitad*: una confrontación" 624).
26. Aunque *Falsa Alarma* se publica en 1949, desafortunadamente tendrá que esperar casi una década para su estreno. Se representó "por primera vez en el Lyceum, la noche del 28 de junio de 1957" (Rine, *Teatro* s/p). El mismo Virgilio Piñera decía: "Pero, francamente hablando, no soy del todo existencialista ni del todo absurdo. Lo digo porque escribí *Electra* antes que *Las moscas*, de Sartre, apareciera en libro, y escribí *Falsa alarma* antes que Ionesco publicara y representara su *Soprano Calva*. Más bien pienso que todo eso estaba en el ambiente, y que aunque yo viviera en una isla desconectada del continente cultural, con todo, era un hijo de mi época al que los problemas de dicha época no podían pasar desapercibidos [...] vivía en una Cuba existencialista por defecto y absurda por exceso" (*Teatro completo* 15).
27. "La traducción inglesa de *El teatro y su doble* [...] se publica en 1958 en los Estados Unidos por la Grove Press" (Marinis, *El nuevo teatro* 55). La castellana es de 1964 publicada en Buenos Aires por Editorial Sudamericana.
28. Véase de Marina Pianca *El Teatro de nuestra América: Un proyecto continental 1959-1989* (Minnesota: Institute for the Study of Ideologies and Literature, 1990).

CAPÍTULO II

Deslinde de la primera etapa en el teatro de Matías Montes Huidobro (1950-1959)

En la obra titulada *Matías Montes Huidobro: acercamientos a su obra literaria*, edición de Jorge M. Febles y Armando González-Pérez, el crítico Jorge Febles, en su enjundioso prólogo, divide en dos grandes períodos temporales la obra huidobriana: la primera "de iniciación, 1950-1961" (1) y la segunda "la etapa estadounidense (1961-1995)" (10). Aunque el crítico no aclara el porqué de estos límites temporales, se sobreentiende que se ajusta a la medida histórica creacional del autor a través de su peregrinar geográfico, es decir, el período anterior en el allá cubano y el otro posterior en el aquí estadounidense.

En vez de continuar aquella propuesta que extendía el período hasta 1961, considero que debe delimitarse una primera etapa huidobriana de "iniciación" o de formación de 1950 hasta 1959. Comienza la etapa con la pieza *Sobre las mismas rocas*, su más reconocido momento inicial, y culmina con *Los acosados*[1]. No termino la primera etapa en este año 1959 por el abrupto cambio político que significa la revolución, sino porque a partir de este acontecimiento la obra dramática de Montes Huidobro cambia. A la vez que incluye nuevos temas, en 1959 depura sus características e intereses dramáticos precedentes. Sin embargo, estas iniciales maneras de su teatro estarán presentes en toda su obra dramática posterior. Me refiero a que se evidencia en esta etapa inicial de 1950 a 1959, la existencia de rasgos vanguardistas tales como los ritualistas y los de la crueldad, pioneros estos en la escena cubana, como así también en la hispanoamericana. Se percibe igualmente el comportamiento esquizoide de sus personajes, que prefigura la condición de exiliado en que vive el ser humano, intuición que después se convertirá en la propia realidad del dramaturgo. En esta temprana etapa son detectables y evidentes su interés por el espacio escénico, por el tiempo dramático, por el signo lumínico y por el teatro dentro del teatro, elementos característicos y técnicas dramáticas preferenciales del teatro posterior de Montes Huidobro.

Es por eso que no se debe incluir, como sugiere Febles en su prólogo, en esta primera etapa inaugural, pesimista, una segunda etapa de carácter bicéfalo con sendas trilogías que cubre tan sólo el corto plazo de 1959 a 1961. Una parte será la comprometida, que Escarpanter denomina "la trilogía de la breve esperanza" ("La impronta" 62), en donde incluye la pieza en tres actos *Las vacas* (1960), inédita y premio José Antonio Ramos, y las dos piezas en un acto *La botija* (1960) y *El tiro por la culata* (1961). Esta parte responde a la "necesidad de crear un repertorio de obras dramáticas fáciles de representar [...] que reflejara los acontecimientos que venían teniendo lugar en Cuba revolucionaria de ese momento" (85). Sin duda, varias de las características más sobresalientes de su teatro anterior dejan de aparecer. La otra parte será la conflictiva y contestataria, que yo he llamado la artaudiana o trilogía de la crueldad. Suma esta parte, más permanente y reconocible por los antecedentes que arrastra de la primera etapa, la pieza en dos actos *La sal de los muertos* (1960) y las de un acto *Gas en los poros* (1960) y *La Madre y la Guillotina* (1961).

Por todo lo expuesto arriba la pieza *Los acosados* marca perfectamente el deslinde de este primer período, cubriendo como una sombra trágica los años de la década del cincuenta como muy bien aclara el autor: "Durante esos años, sin embargo, día a día, golpe a golpe, se va gestando *Los acosados*, [...] Debí escribirla (no me acuerdo) con la Revolución ya triunfante, pero la estaba gestando desde antes" (57).

Algunas consideraciones generales y generacionales

Montes (1931), al igual que otros escritores de su generación, fue testigo de dos momentos históricos definitorios como traumáticos que exigen definiciones políticas e ideológicas sin alternativas: "la última dictadura batistiana (1952-1958) y los primeros años de la Revolución de 1959" (Campa 17). La elección estética de esta generación es de carácter bifronte como también eligió la vanguardia hispanoamericana. Miranda señala estas direcciones estéticas como la "del realismo en sus diversas gamas" y la de "la imaginación en forma de absurdo, surrealismo o teatro de la crueldad" (*Nueva* 107). En el prólogo Febles reitera lo que arriba se ha apuntado: "Ello resulta en el surgimiento de dos líneas creativas más o menos concretas que se fragmentarán sin perder enteramente su integridad al iniciarse el gobierno revolucionario" (3). Por el lado "del realismo" tendremos, entre otros, a un Ferrer o a un Borges y por el de "la imaginación en forma [de] teatro de la crueldad" a un Montes o a un Triana.

En su carácter más general, el teatro antirrealista de Montes Huidobro representa uno de los extremos de la dicotomía polar de la cultura e idiosincrasia del cubano. Representa la cara que no queremos ver, la otra parte de la bifrontalidad que a toda costa se quiere olvidar. Una cara demasiado cruel, un aguafiestas, un chaparrón dominical que arruina todos los planes festivos. De estas ideas contrapuntísticas nace la idiosincrasia del cubano. Valga recordar el ejemplarizante libro *Contrapunteo del tabaco y el azúcar* de Fernando Ortiz. Por mencionar un ejemplo de ese panorama abigarrado y contrapuntístico de la cultura cubana, se evidencia en la pintura, por un lado, en el colorido idílico de Amelia Peláez; por el otro, la contraparte se halla en las formas de lo trágico, en los grises de Fidelio Ponce o en los oscuros expresionistas de Antonia Eiriz. Si a grandes rasgos, en el teatro cubano, existe de una parte un humor o un habla popular en un contexto realista y por momentos de matices costumbristas; también habrá otra, antirrealista, distorsionada, compensatoria—aunque por momentos en casos particulares se entrecrucen—, que estará más cercana a la modernidad. La obra huidobriana descubre cáusticamente la crueldad de las relaciones humanas y sociales imperantes en que vive la sociedad y el déficit espiritual en que vive el mundo contemporáneo, línea que a la vez es más universalista y más duradera.

Para el dramaturgo mexicano, Guillermo Schmidhuber, hay dos tipos de dramaturgos:

> [E]l dramaturgo del público y el dramaturgo de dramaturgos [...] los segundos permanecen en las reflexiones de aquellos que escriben, convirtiéndose en la levadura de creación dramática. El teatro de los primeros triunfa pronto, pero envejece más rápidamente; mientras que el teatro de los dramaturgos de dramaturgos queda vigente por mucho más tiempo. Indudablemente Montes Huidobro pertenece a la categoría de dramaturgo de dramaturgos porque sus obras son y permanecerán como paradigma del teatro cubano, aunque por el momento aún esté vedada su escenificación en la Cuba que cierra el siglo XX. ("Apología" 28)

Para Schmidhuber, Montes se convierte en "levadura de creación dramática" por su vigencia dramática más perdurable. Sus palabras premonitorias reiteran el "paradigma del teatro cubano", por la justa inclusión de *Su cara mitad* (1992) en la primera antología que incluye ambas orillas de la dramaturgia nacional en un esfuerzo de unir la muy separada cultura cubana en *Teatro cubano contemporáneo. Antología*. Montes es un dramaturgo que requiere más análisis de parte de la crítica. Su obra, por lo polisémica, siempre es un reto, porque no siempre puede ser concretada en una sola vectorización sino que a la vez se encamina a otros extremos de interpretación.

Algunos antecedentes de Sobre las mismas rocas[2]

Montes Huidobro, continuador del mejor teatro de la generación anterior con Virgilio Piñera a la cabeza "como el 'maestro' generacional" (Montes, "Teatro en *Lunes*" 21), representa con su obra *Sobre las mismas rocas* (1950) una anticipación bastante pródiga de lo que vendrán a ser sus gustos estéticos, además de convertirse en precursor de una de las más importantes direcciones de la escena cubana, 'la de la crueldad'. Habrá que esperar varios años para ver fructificar estas corrientes en otros afiliados como es el caso de José Triana (1933). Por lo que era de esperar, así fue de polémico este primer estreno de 1951, según Regina de Marcos quien, al comentar la puesta de *Sobre*, afirmó: "ha despertado las más variadas opiniones entre los conocedores de la materia, ya que representa una de las corrientes más logradas de la dramática moderna" (*apud* Morín 127). Por aquella época se le atribuyó, y también en artículos más recientes, cierta influencia, no sin parte de razón, de "la corriente expresionista de estirpe germánica" que "en su estructura [significó] una ruptura con los estilos dramatúrgicos que predominaban en aquel momento" (Escarpanter, "Impronta" 61)[3]. Parece que el joven dramaturgo, por sus muchas lecturas, toma más, entre otros, de los germanos Buckner, Kayser, Wedekind (véase cap. I, nota 16) o, quizás, 'un día' en su 'juventud' también tuvo la oportunidad de ver representados los estrenos y re-estrenos de Prometeo dirigidos por Morín, en 1949, de Geog Kayser *Un día de Octubre* y de Buckner *El mal de la juventud* (Morín 47, 94).

Conviene notar que Artaud reconoció los adelantos del teatro germánico como a la vez de otros teatros, específicamente el balinense. Braun señalaba que en lo formal en "el terreno de la innovación teatral, Artaud reconocía los logros del teatro [...] alemán. [...] Con respecto a Reinhardt y a Piscator, Artaud conocía sus respectivas obras cuando visitó Berlín en 1932" (230). La conjunción de aquel primer estreno de 1951, entre el director Morín en Prometeo, ex-graduado de la Academia de Piscator en Nueva York, y el premiado dramaturgo Montes Huidobro, por sus gustos germánicos entre otros, es significativa. También por las inclinaciones afines derivan sus respectivos intereses hacia puntos de contacto que cada uno ha concretado en sus campos—dirección y autor—, conjunción premonitoria de entrecruzamientos que se dará paralela y continuada en ambos teatristas como resultado del desarrollo creativo. Por lo que fue de premonitorio, se repiten puntuales, cíclicamente, después de muchos años, estas conjunciones. A pesar de las dificultades y en las peores condiciones, ambos continuaron trabajando y han trabajado todavía juntos en algunas puestas también en el exilio.

Hurgando en la protohistoria germinativa del 'artista adolescente' y de *Sobre*, recuerda Yara González Montes, la mujer del dramaturgo, que al pedido de que escribiera algo en una pequeña hoja nace "el germen de la búsqueda verbal de *Sobre*": "Escribe algo—me dijo. El viento estaba **sobre las [mismas] rocas**. Si el hombre encontrara las palabras oprimiendo, cosquilleando adentro. Pero sólo surgieron oraciones inconexas" (González Montes, "Entre nosotros" 206; el énfasis es mío). En efecto, si de esos balbuceos nace la creación de 'sobre las [mismas] rocas', al releerse la pieza se trasluce un sentir muy personal que muy bien se puede identificar con la figura principal, Cotton, y el estado anímico e interés del autor dramático en aquellos días. Hasta podríamos conectarla con su niñez: "yo, de niño y de adolescente, era un solitario, y de ese propio estado creo que surge la escritura y yo creo que esa actitud ha sido muy importante. Y si la angustia se intensifica y no puedo coordinar situaciones y personajes, siempre está la poesía. Yo diría que *Sobre las mismas rocas* es representativa de eso: es decir, un solitario, un alienado que después, en otros textos, va a buscar la compañía de la máquina de escribir y de la creación para comunicarse" (Febles y González-Pérez, "Entrevista" 228). Así la realidad y la ficción, como va a suceder en casi toda su obra creativa, se confunden permeando aquella, la vivida, con la otra. Aquellos estudios que iba preparando para su disertación universitaria, "El adolescente en la literatura", eran las formas paralelas de su realidad que alimentaron además esta inaugural obra huidobriana. Matías Montes Huidobro al escribir una carta a Yara, en diciembre de 1950, deja transparentar lo mucho que esa figura principal, ficcional, de *Sobre* es calco de su creador y cómo su creador se reconoce en otros escritores en sus anhelos y estados anímicos:

> Aunque quizás resulte un poco fuera de circunstancia, quisiera decirte que necesito escribir, y quiero hacerlo bien, pues ello me permitirá estar unido a otras personas con las cuales me encuentro separado en espacio y tiempo... En *Del tiempo y el río*, Thomas Wolfe escribe cosas bellísimas e inolvidables, que yo tenía pensado escribir, y en donde narra mi historia y la suya y la de los hombres perdidos en medio de la noche y la tierra y el cielo infinito; donde libra el espacio y el tiempo que separa a los hombres, donde narra el anhelo extraño de los jóvenes y el frenesí que los envuelve con el propósito de vivir más y amar más. [...] ¡Quisiera cantarle a Thomas Wolfe perdido en Norteamérica, [...] a Kafka con su angustia infinita. (González Montes, "Entre nosotros" 207)

También a nivel circunstancial histórico en estos finales de la década del cuarenta y principios del cincuenta, aunque Cuba vive su mejor época de florecimiento económico y democrático, todavía no alcanza su justa equidad en todos los niveles de la población:

> En el orden político, imperan la corrupción gubernamental y las rivalidades de los grupos en busca de privilegios. Ante esta situación, muchos intelectuales jóvenes rechazan la contaminación con esta realidad y se entregan con preferencia a la creación de obras de proyección universal. Montes Huidobro responde con sus primeros textos a esta actitud [...] El empeño universalista de Montes Huidobro trae una serie de aportaciones bien diferentes al teatro que se escribía en La Habana por aquellos años, las cuales están muy bien expuestas en su pieza *Sobre las mismas rocas*. (Escarpanter, "La impronta" 59-60).

Es por eso que al rechazar los artistas jóvenes esta contaminación prefieren la evasión circunstancial en aras de una proyección más universalista. A la pregunta sobre el escapismo en sus obras, responde: "A pesar de lo que se dice en el exilio, la vida cubana era a veces tan terrible antes de 1959 (aunque lo que vino después fue peor todavía) que el escapismo era una alternativa optimista frente al suicidio. [El cine era mi realidad, mi escapatoria.] Como puede verse, mi infancia establece lineamientos escapistas básicos que me llevan a concebir la ficción como parte intrínseca de otra realidad, la verdadera, hasta convertirse en un acto de fe que linda con lo religioso [...] Pero pienso que todo escapismo es una manifestación de la realidad. Es decir, el escritor que se escapaba en la época de Batista se escapaba en una ficción y así estaba haciendo indirectamente un compromiso social, porque nos escapábamos de algo. Cuba no era ninguna panacea" (Febles y González-Pérez, "Entrevista" 230).

Lo profano y lo sagrado en Sobre las mismas rocas[4]

Para comprender y valorar a fondo *Sobre las mismas rocas* se hace necesario detenerse en el libro fundamental de Antonin Artaud *El teatro y su doble*[5]. Teatro bicéfalo que en su sentido de fondo "escogerá asuntos y temas que correspondan a la agitación y a la inquietud características de nuestra época" como también elegirá, y aquí el fin fundamental que perseguirá el teatro de la crueldad, "las grandes preocupaciones y las grandes pasiones esenciales [...] Tales temas serán cósmicos, universales, y se los interpretará de acuerdo con los textos más antiguos de las viejas cosmogonías mexicana, hindú, judaica, iraní, etcétera" (125-26). En su sentido de forma este teatro tratará de materializar y actualizar esos antiguos conflictos en "una nueva noción de espacio", sumando a la vez "una idea particular del tiempo a la idea del movimiento" (126-27). Teatro integral y total, que en su plasmación espectacular elegirá gestos, movimientos, luces, ruidos, palabras entre otros elementos dramáticos (12).

Sobre las mismas rocas pertenece a esas obras que al paso de los años rezuman una vigencia sorprendente, tal vez por estar inscriptas en los señalados postulados artaudianos y por lo de premonitoria, en relación con su autor, quien tendrá, después de una década, que exiliarse en los Estados Unidos. Elige entonces los rasgos más permanentes de la modernidad profana y, a la vez, contrastándolos con el otro anhelo del hombre, todavía más permanente, el de la trascendencia, añoranza de otra realidad sagrada. Es un decir d*el tiempo* sagrado *y el río* profano, así se podría parafrasear esta obra con el título *Of Time and River* (1925) de Thomas Wolfe que tanto debió haber influido en Montes Huidobro por aquellos primeros momentos. Por este contraste asincrónico de linealidad histórica profana y de circularidad cíclica sagrada, por la inteligente utilización de recursos dramáticos, sin lugar a dudas esta obra es una de las más representativas de este primer período huidobriano.

Ya esta antítesis de lo profano y lo sagrado ha sido estudiada por Mircea Eliade en uno de sus libros fundamentales, *The Sacred and The Profane* (1959). En los capítulos iniciales analiza esta relación oposicional en el espacio y en el tiempo. Así definía lo primero: "For religious man, space is not homogeneous [...] this spatial nonhomogeneity finds expression in the experience of an opposition between space that is sacred— the only real and real-ly existing space—and all other space" (20); "For the profane experience, on the contrary, space is homogeneous and neutral" (22). Con relación al tiempo añadía: "For religious man time too, like space, is neither homogeneous nor continuous. On the one hand there are the intervals of a sacred time, the time of [periodical] festival [léase aquí, escenas]; on the other there is profane time, ordinary temporal duration, in which acts without religious meaning have their setting" (68).

En *Sobre las mismas rocas* la ubicación espacio-temporal tiene lugar "en un pueblo de los Estados Unidos durante la década del cuarenta" (21), que representa en este caso la modernidad profana de las figuras secundarias. Ella está contrastada con la otra realidad atemporal, la sagrada, en que parece vivir, a medida que progresa la obra, la figura principal, Edgar

Cotton. El mismo Montes Huidobro en *Persona, vida y máscara en el teatro cubano* recoge la crítica de aquel estreno hecha por Salvador Bueno quien sugería, entre otras cosas, esta antítesis de lo profano y lo sagrado en las figuras dramáticas: "Ellos [las figuras secundarias] están mutilados en sus espíritus [...] Y el otro, el principal, el inválido solitario [...] es la meditación" (448). Esta obra recuerda de igual manera a Eliade como a Artaud. En el libro crítico mencionado, *Matías Montes Huidobro: acercamientos a su obra literaria*, hay tres estudios imprescindibles para entender esta obra dramática[6]. El de Francesca Colecchia, aunque no se dedique del todo a esta obra, abre y llega agudamente a la cuestión central de los niveles ambivalentes de juego tanto temporal como espacial con que, desde los inicios, se nos confronta y nos envuelve como lector-espectador. Expresa Colecchia:

> The play poses many questions to the viewer. Where does the play take place? Are the characters alive or have they passed on, and exist in another temporal dimension? Is Edgar a person or a symbol? Has he intruded from another time into the present? [...] In this work, time occurs on two levels: the chronological and the simultaneous. The former is noted most simply in the aging of the characters from scene to scene. The latter is inferred in the denial on the part of characters who see what does not exist, and in the final scene in which the characters address Cotton in the opposite direction from which he sits. This seminal work reveals a concern for time which is intrinsic to Montes Huidobro's theater and that will reappear in later works by him. ("Some" 159)

Efectivamente, desde el cotexto, donde se incluyen los preliminares del título, de las *dramatis personae* y del prólogo y los interliminares de las acotaciones de la escena I (Spang 51-53), se subraya ya esta polaridad espacial y temporal, a la vez cronológica y simultánea, dentro del mundo dramático ficcional de las figuras. El título en sí mismo adquiere categoría de signo polisémico, característica fundamental en todo el teatro huidobriano, pues afecta y se refiere a las figuras, a las circunstancias espaciotemporales tanto como al conflicto de la obra (Spang 82).

Escarpanter, en su artículo del libro citado anteriormente, puntualiza certeramente acerca de las *dramatis personae*, que las figuras secundarias al llevar "nombres de letras [A, B, C, D, E, F] son puras convenciones arbitrarias creadas por las culturas y no por la naturaleza" ("La impronta" 60). Esta obra en este sentido no está muy lejos de una temprana influencia de *The Adding Machine* (1923) de Elmer Rice. Montes lo reconoce: "sin duda *La máquina de sumar* de Elmer Rice [...] fue una de las obras que más me impactó" (Febles y González-Pérez, "Entrevista" 225). También Escarpanter hace hincapié en el carácter simbólico de la figura principal como "el único" que tiene nombre propio: "Edgar Cotton, es decir, materia ligera y frágil, pero producto auténtico de la naturaleza" (60). Los otros con 'los nombres de letras' son ritualizaciones de la cultura; Cotton, por el contrario, de la naturaleza. Ya posteriormente en la historia dramática nos enteramos de que no es "el único" que tiene nombre propio, lo que se aclara si se utiliza el modelo actancial ubersfeldiano (Pavis 15; Ubersfeld 42-84). Recordemos que "el actante es sobre todo una función de la historia dramática [...] un actante puede estar ausente del escenario y, sin embargo, poseer funciones de actante presentadas a través de las intervenciones de las figuras" (Spang 111). Como es en este caso: las figuras oponentes actanciales, triales, de A, B, C (masculinas) y D, E, F (femeninas) nos recuerdan constantemente sus ídolos beisboleros (Johnny, Larry, Willy Price), especie de falsa ritualización de una religiosidad inconsciente (Eliade 71). Siempre estos actantes están ausentes del escenario: Johnny, Larry, Willy hermanados estos monetariamente por un mismo apellido—Price—nada despreciable en el mundo que los admira y los idolatra como falsos dioses. "Price es el antípoda al trigémino Edgar Cotton" (Zalacaín 106). Como también sucede con la figura principal. No menos ausentes son, con nombres propios: Olivier, Randall, Richard Rice (apellido este, como era de esperar, producto de la Naturaleza y recuerda, con un guiño, al dramaturgo estadounidense), los que son confundidos con la figura principal (Cotton) por las figuras secundarias, actantes simultáneos; Olivier, Randall, Richard Rice, ausentes, tienen las mismas características de Cotton según los oponentes. Escarpanter concluye que: "Estas representaciones del mundo dominante [de las figuras secundarias] esgrimen siempre la crueldad y la violencia en sus relaciones con el protagonista [Cotton], dos elementos que con distintos matices serán permanentes en el futuro teatro del dramaturgo" (60).

A medida que progresa el drama, la incompatibilidad comunicativa entre Cotton y sus oponentes se agudiza a tal punto que, de hecho, casi nunca hubo comunicación. En este simultáneo lugar único de la escena, el espacio temporal en que cada uno de estos opuestos vive es compartido pero sin mezclarse. Cada uno vive en dos espacios temporales desiguales, el sagrado y el profano. Así este dramaturgo tiende "a urdir espacios donde los personajes se enfrentan de manera lúdica en base a gestos y palabras para realizar una justa destructiva que las más de las veces no finaliza en victorias ni en derrotas sino en empates vivenciales de sugestiva apertura"

(Febles, "Metáforas" 115). Cotton no los ve ni los reconoce ni ellos tampoco lo pueden ver ni reconocer (44). Se añade, casi al final, por la explícita acotación autorial del cotexto: ellos "al hablar con Cotton lo harán en dirección opuesta a donde Cotton se encuentra. Por su parte, Cotton actuará de la misma manera" (45). Súmanse a este lógico e irreconciliable antagonismo, según los interliminares de las acotaciones de los comienzos de cada escena (30, 43), la idea del eterno retorno ceremonial por medio de la repetición de los mismos movimientos, nieblas y efectos lumínicos con ferviente obsesión ontológica (Eliade 94). Tiene lugar un ritual ceremonial cíclico, ya que en cada escena "the participants find the same sacred time" (Eliade 69). Esto se debe al añadido de los Cottons inválidos con sus sillas de ruedas, que se suman unos tras otros a cada escena: el Cotton niño, el Cotton joven y el Cotton de la última y tercera escena que ocurre "unos años después de la segunda" (21). Al repetir los mismos movimientos litúrgicos de su *imago homo*, los Cottons retornan al "primordial mythical time made present" (Eliade 68). Como apuntará acertadamente Febles, esta "concepción ritualista de la acción teatral" ("Metáforas" 115) es el resultado de una necesidad espiritual de fondo, función evidentemente artaudiana. La explícita acotación autorial del mundo sagrado que representan los naturales Cottons lo indica así. Esta necesidad se traduce como movimiento espectacular y en los recursos ya mencionados, exonerando a la palabra por la palabra.

En cambio, el otro mundo, el profano, representa "conversiones arbitrarias" cuando invoca, por la palabra, a su dios humano. Recurre a cierta religiosidad, hecho que todavía, como señalé antes, recuerda inconscientemente lo sagrado según Eliade (71). El dramaturgo utiliza la palabra permeada de condicionamientos históricos en su temporalidad profana: "¡Johnny Price es un Dios! [...] Pertenece a la historia. [...] ¡Para ser el Dios de la historia! (32-33)" Si bien Escarpanter, al generalizar, se equivoca "pues hay que subrayar que el sentimiento religioso no aflora nunca en el texto. Cuando se alude a la religión, se la interpreta sólo como un recurso frívolo más de la sociedad actual" (61), de cierta manera tiene razón porque sólo se está refiriendo a la parte profana del texto dramático, el cual ahonda por su parte en las maneras frívolas de subsistencia convencionalizadas. En cambio, en la otra parte, la sagrada, el tiempo que viven los Cottons, se sublimiza constantemente por los medios espectaculares a través del cotexto, y no sólo en el movimiento sino en la reiterada niebla y la iluminación que los acompaña. Este último recurso técnico es característico de toda la obra huidobriana. No por coincidencia aparecen estos dos mundos en contraste por medio de estos recursos dramáticos. Afirmación budista es la parte sagrada que negaría su existencia si se la señala por mediación de la palabra del texto. Una no mención en el texto sino por mediación del cotexto, resulta afirmada al no decirla. En términos semióticos, por ser el drama plurimedial "los códigos extraverbales también se constituyen en emisores que nos comunican mensajes" (Spang 45). En términos artaudianos, nos recuerda sus postulados: es decir, un texto teatral que cede lugar y a la vez está equiparado al gesto, al movimiento, a las luces, etc., lo que constituye por excelencia el lenguaje teatral, escénico. "La creación de un verdadero lenguaje físico basado en signos y no ya en palabras" (127).

También el prólogo ahonda en estas "circunstancias espacio temporales". Admite el lenguaje autorial que "a pesar de estas referencias específicas sobre lugar y fecha de la acción, los efectos lumínicos (oscuridad, penumbra, niebla, etc.) crearán una cierta irrealidad que colocará la acción, en última instancia, fuera del tiempo y el espacio" (21), lo cual está acentuado porque al comienzo de cada escena se repite "una espesa niebla" (22, 31, 43). Como por capas, en las tres escenas, fluye a la vez la linealidad temporal histórica, el tiempo psíquico cottoniano y la ciclicidad temporal del retorno ceremonial, metafísico (Derrida "El teatro"; Blüher "La théorie"), que pedía Artaud para su teatro de la crueldad. No de otro modo lo reiterá, también, la teórica Ubersfeld en su *Semiótica teatral*: "El tiempo en el teatro es *a la vez* imagen del tiempo de la historia, del tiempo psíquico individual y del retorno ceremonial" (145).

A los comienzos de cada escena, la información del código verbal y el extraverbal contrastan estos dos mundos de lo profano y lo sagrado. En el primero, el verbal, dentro del canal acústico se utilizan algunas veces los gritos de los muchachos, ruidos de amplificadores y coros que siempre están en función de sus ídolos beisboleros favoritos. En el extraverbal, por el canal óptico, además de la niebla, la iluminación produce un efecto cósmico que invade no sólo el escenario sino toda la sala. "Todo parece escucharse a través de estruendosos amplificadores. Mientras tanto, prosigue también el efecto cósmico" (31). Comenta Eliade que: "Simple contemplation of celestial vault already provokes a religious experience. The sky shows itself to be infinite, trascendent. [...] Transcendence is revealed by simple awareness of infinite height" (118). Añade Artaud: "El espectáculo así compuesto, así construido, se extenderá, por supresión de la escena, a la sala entera del teatro, [...] envolverá previamente al espectador, y lo sumergirá en un constante baño de luz, de imágenes, de movimientos y de ruidos" (128). Aquí la luz, como experimentará Huidobro en todo su teatro posterior, tiene "la calidad de un verdadero lenguaje" (122). Siempre focalizará significando con sus conos de luces o vuelve con su efecto cósmico reiterativo a la idea del retorno ceremonial. "La poesía en el espacio" se ha resuelto "justamente en un dominio que no pertenece estrictamente a las palabras [ha sabido] crear imágenes materiales, equivalentes a imágenes verbales" (Artaud 38). Por "los medios de expresión utilizables en la escena", en este caso la iluminación, el autor ha dado a la puesta una "nueva realidad en [el] sentido de la antigua magia ceremonial; en la medida que ceden a lo que podríamos llamar la tentación física de la escena" (Artaud 38), implicando ambos espacios "el espacio de los que miran y de los que son mirados" (Spang 201 que cita a Ubersfeld).

Es interesante destacar el intento de semantización al relacionar "la configuración tricótoma de los personajes [de los tríos ABC y DEF de las figuras secundarias, los otros tríos aludidos de Price y de Rice y los tres Cottons que se van sumando a cada escena] a su vez con la estructura tripartita del acto dramático, que queda dividido en tres escenas correspondientes a tres espacios temporales diferentes" (Zalacaín 109) en tres tiempos diferentes—el profano, el psíquico y el sagrado. Otro intento es el de los desplazamientos de las figuras en sus relaciones de contraste. Téngase presente que estos, como es lógico, a la vez, estarán interrelacionados con otros códigos teatrales. Los medios de expresión utilizados en la escena ceden a "la tentación física" (Artaud 38). Por una parte, los que representan "los poderes externos que ejemplifican el *modus operandi*" (Zalacaín 108) de la historia, se ven activos, en constante movimiento a través de sus juegos. Así la pantomima grotesca, la mímica agresiva y distorsionada, la gesticulación erótica y lúdica, llegan a una caricatura exagerada de evidente disonancia convertidas en una poesía espacial, "capaz de crear imágenes materiales, equivalentes a las imágenes verbales" (Artaud 38). De la combinación anterior aparecen puntuales en el cotexto: "Mientras hablan, realizan los movimientos propios del juego, acompañados de distorsionados saltos entre acrobáticos y simiescos, todo muy exagerado. A medida que lo hacen hay una nueva transformación lumínica" (27). Por otra parte, contrasta la invalidez de Cotton o los Cottons cuando se suman con sus movimientos frenéticos al girar sus sillas de ruedas. Siempre al darse la interrelación física o verbal de los otros con éste, los otros Cottons quedan invariablemente aislados. Esta interacción es cruel y de hostigamiento. Todo ello estará marcado por "la habilidad del actor para mover la silla de ruedas por el escenario" (34) cuando quiere escapar o defenderse. Contraste oximorónico es el impedimento de no poder caminar o el no querer caminar, como la figura principal lo reitera explícitamente en sus réplicas. Es obvio que esta semantización apunta a la necesidad implícita de redundar en mecanismos más espectaculares para que el lector-espectador en definitiva sea consciente del mensaje fundamental de la obra. Lo

que "[p]oco importa en este caso que el personaje [la figura principal] tenga o no conciencia de sus contradicciones y de su solución" (Pavis 409).
En efecto, se reitera a partir también de esa invalidez cottoniana la necesidad de orientación. Combinada con los códigos verbales, Cotton pasará en un comienzo por un estado de tentación profana transitoria, un querer estar o pertenecer a los otros, a otro que siempre intuye, el estado de lo sagrado, el eterno ser en lo permanente. Así sucederá desde un 'hacia afuera', desde la necesidad física de caminar con los otros o de comunicarse, por lo que pasará por los estados sicológicos de la ubicuidad (28) y del caos a su alrededor desde el cielo y la tierra (29, 31), o cuando opta por su verdad existencial (47), sin los límites humanos de aquellos antagonistas, hasta llegar a un total estado de lucidez espiritual comprendiendo la esencia de la vida: "Se han ido... Las sombras... Las voces... Se han ido para siempre... Ahora lo entiendo... Y los veo venir... A Rice, a Randall, a Olivier, a todos los Edgar Cotton del cielo y de la tierra" (48). Después, en un rapto de misticismo, en un aquí y un ahora, se sentirá centro focal del mundo. En un nirvánico esfuerzo de permanecer para siempre combinará la trinidad, en una, en él, en un foco de luz verdadero: "Sí, se acercan. Los veo venir por todos los caminos de la tierra. [...] Veo a Richard Rice, a Randall, a Olivier, todas esas criaturas que hay en mí, confundidos todos en el sueño de Edgar Cotton... Estamos en una misma escena, en un mismo tablado, sobre las mismas rocas y en la misma tierra... Ya no estamos solos. No lo estaremos más... ¡Tres personas distintas en un solo foco verdadero!" (48). Ya aquí, al final, el código lumínico reitera el texto, pues implicando a la vez a los lectores-espectadores los tres focos se confunden "en un solo foco verdadero. A oscuras, todo el teatro se vuelve un firmamento gigantesco, una inmensa constelación de estrellas" (49).

Sin duda, esta obra "es parte de un devenir en la corriente del teatro cubano" (Rodríguez-Sardiñas y Suárez Radillo 120). Coincide inconscientemente, anticipándose a uno de los cinco elementos reiterativos de la escena cubana que señala Montes en su libro crítico *Persona, vida y máscara en el teatro cubano* (1973) y algo antes a los editores, con relación a la publicación en 1971 de *La sal de los muertos* (1960). El primero de los cinco elementos reiterativos de la escena cubana es: "a) la presencia soterrada del espíritu martiano, en el juego de cercanía a la tierra [raíz] y elevación [ala], manifestación del espíritu hispánico en general que va de la realidad al sueño, choque de polos opuestos" (Montes 458)[7]. Como se hizo notar, *Sobre* pertenece por derecho propio, dentro del 'choque de polos opuestos' de herencia martiana—ala y raíz—, a esa corriente temática en la escena cubana de creciente uso.

Montes Huidobro en esta obra alboral usa la escena no en el sentido pirandelliano, el de las ganancias que derrumbaron la cuarta pared para convertir a "los espectadores en intrusos que curioseaban lo que sucedía" (Chocrón 60). Este dramaturgo extiende más su ambición, llega al sentido artaudiano de implicar al espectador, no tanto sólo por el reconocimiento (anagnórisis) que aquí "la representación especula sistemáticamente [produciendo] así la ilusión necesaria para el despliegue de la ficción" (Pavis 409) que nos llevará a su propuesta catártica, sino porque va a proponer el sentido metafísico que traspasa los límites pre-aristotélicos, para retornar a la idea de lo sagrado. Desemboca "[en el] sentido del vértigo cósmico expresado por el dramaturgo romano, Séneca" (Braun 230), que tal vez fue nuestro más cercano antecedente del teatro pre-aristotélico promulgado por Antonin Artaud en su Teatro de la Crueldad. La figura principal, Cotton, es un antecedente significativo del paralítico en silla de ruedas del viejo ciego Hamm beckettiano de *Juego Final* (1957).

Mentalidad lógica y prelógica en Los Acosados[8]

Si en *Sobre las mismas rocas* se encuentra la dicotomía de lo sagrado y lo profano y, tal vez como no dije, representa la antítesis de un comportamiento humano de lo primitivo y lo moderno en aquellas figuras dramáticas, recordando la disyuntiva—al parecer errada según otros—que plantearon Frazer y Tylor en la escuela inglesa antropológica, en *Los acosados* se evoca en algún sentido la respuesta-reproche del francés Lévy-Bruhl a los de la escuela inglesa. En las sociedades civilizadas "our mental activity is both rational and irrational. The prelogical and the mystic are co-existent with the logical" (*How* 386). En *Los acosados*, a través del comportamiento de las figuras, se sugiere insistentemente el modo de pensamiento lógico y el de pensamiento prelógico de la mentalidad primitiva dentro ya de una sociedad civilizada. Aunque ambos modos de pensamiento queden fundidos en uno, cada uno por sí mismo marca sus comportamientos dicotómicos a través de técnicas dramáticas muy específicas.

Dentro de las *dramatis personae* las dos únicas figuras principales, genéricas, las de "el hombre" y "la mujer", quedan siempre presentes por el ofrecimiento en vivo de "sus heridas abiertas", de "dos vidas desnudas, solas y abandonadas, frente a la angustia económica y la muerte", según la explícita nota autorial en el programa del estreno de 1961 (54). Estas vidas recuerdan aquellos modos mentales de comportamientos lévy-bruhlianos. Un anverso, más en la superficie de la historia dramática, de un comportamiento 'lógico', representado por la rutina en que viven estas figuras, *acosadas* por las demandas del consumismo del mundo moderno y el trauma ontológico nunca resuelto del hombre de no poder entender la muerte. Específicamente, se ven perseguidos y angustiados por los pagos a plazos debido a la compra de un nuevo juego de dormitorio y la enfermedad de la madrina (figura aludida) del hombre, la que al final muere de cáncer. Ya aquí significativamente, la ubicación espacio-temporal "se desarrolla en Cuba en un espacio concreto, limitado [como va a ser casi todo el posterior teatro huidobriano], antes de 1959" (61). Y un reverso de un comportamiento 'pre-lógico', lleno de supersticiones y tabúes por determinados objetos y palabras, de rituales crueles o juegos propiciatorios que aflora a través del metateatro o como también se le llama teatro dentro del teatro[9]. Estas características son pioneras de la escena cubana e hispanoamericana, las cuales tendrán en el teatro cubano a partir de la década del 60 otros continuadores posteriores, muy reconocidos: José Triana y Virgilio Piñera. En Piñera esto es más significativo aún por pertenecer él a una generación anterior. Su pieza clave en este sentido es su *Dos viejos pánicos* de 1968, con la que obtuvo el premio Casa de las Américas[10].

En *Los acosados* Montes vuelve con ferviente obsesión ontológica a la concepción tripartita del tiempo teatral uberfeldiano[11]. Rine Leal notó, el "tratamiento realmente impresionante y original del tiempo... [el autor] dividía el tiempo en dos magnitudes diferentes, pero al mismo tiempo simultáneas: el tiempo real y el tiempo figurado, sin que nada en la pieza los diferenciara" (*Teatro* s/p). Se percibe en esta pieza, en un acto único, *a la vez* el fluir del tiempo como linealidad temporal histórica profana, la de los nueve meses de la historia dramática, el tiempo psíquico de las dos figuras en los comportamientos lógicos y prelógicos dentro de aquella historia como también el de la ciclicidad temporal del retorno ceremonial en que empieza y termina la obra con sus figuras en un mismo punto espacial, gravitacional. Acerca de este punto del retorno ceremonial amplía Eliade: "The discovery or projection of a fixed point—the center—is equivalent to the creation of the world [and shows] the cosmogonic value of ritual orientation and construction of sacred space" (22).

El último nivel temporal, el del retorno ceremonial que aparece al principio y al fin de la obra, se semantiza también, como era de esperar, por el lenguaje extraverbal y no por el verbal a través de las posturas y los desplazamientos estáticos de las figuras en el escenario (Spang 189), contraste oximorónico que ahonda el significante. En efecto, en el cotexto de los preliminares (61), al inicio, y los interliminares de las acotaciones finales (81), las figuras quedarán inmóviles "junto a la puerta" [del dormitorio] y nunca se podrá precisar exactamente si salen o entran. En el inicio "el hombre y la mujer están junto a la puerta, tal vez como saliendo", la consecuencia apodósica queda rebajada por el adverbio de duda *tal vez*. De nuevo en el final, la apódosis de "como si fueran a entrar", vuelve a quedar interferida por la duda de *como si*, creando ambas un interrogante extraño que nunca quedará dilucidado, por ser la puerta, la que da al dormitorio, según Montes "el secreto, la clave de la escenografía" porque a "través de la puerta penetrará una luz intensamente amarilla" (61). Otro motivo de extrañeza es esta luz amarilla que nunca podrá apagarse: "que no sólo colorea o ilumina, pues tiene también fuerza, influencia y sugestión" (Artaud 84). Ambos medios espectaculares, el escenográfico y el lumínico, exoneran a la palabra de su hegemonía. Son medios que descubren otro lenguaje más teatral no sólo por su eficacia sino por el fin mayor que persiguen en el mejor sentido artaudiano: el metafísico.

La condensación intraescénica de la linealidad temporal histórica profana, es decir, la de los nueve meses—la del pago del juego de dormitorio y la enfermedad de la madrina—, se acelera por un imperceptible cambio de iluminación (Spang 236), dentro de las intervenciones duológicas, con una "pausa breve [...y un] rápido cambio de luz, muy ligero" (62, 64, 65, 67, 70, 73, 74, 75, 77), a la vez que queda insertado en este, el tiempo psíquico del comportamiento lógico y prelógico de las figuras. Un paradigma excepcional de una de estas condensaciones temporales intraescénicas, donde la luz funge como 'bisagra' dentro de un doble nivel ficcional en ambas secuencias, insertando aquellos comportamientos, es el siguiente:

El hombre. (*Transición.*) Me llaman de mi casa. Debe haber pasado algo. Voy enseguida.
[...]
El se mueve hacia un extremo del escenario. Queda inmóvil. La luz vuelve a la normalidad.
La mujer. ¿Qué ha pasado?
El hombre. Nada. No ha pasado nada. Hoy no ha podido levantarse de la cama.
La mujer. Yo creo que ya falta poco.
El hombre. Vamos a jugar. Necesito hacer algo. No puedo quedarme así, inactivo.
La mujer. No me atormentes. No quiero jugar esos juegos terribles.
El hombre. Es necesario. Tienes que ayudarme. Es necesario jugar día tras día y pedir. Quizás Dios nos oiga. La vida está llena de misterios inexplicables.

La mujer. Me obligas. Estoy en contra de tus ideas.
El hombre. (*Venda sus ojos.*) Te vendaré los ojos. Yo cerraré los míos y pensaré en algo que pueda desaparecer.
La mujer. Ya lo sé. Yo tengo que adivinarlo. (*Ligera.*) ¿Cómo sabré que no haces trampa? (75)

Según Spang, al introducir "un segundo nivel de ficción dentro de[l] primero", siendo aquí "la forma más ostentativa", es decir, teatro dentro del teatro, siempre aquel se subordina al primero: "Estas secuencias de un nivel de ficción adicional siempre se subordina al nivel primero del que se parte y al que se vuelve" (Spang 136). A través del comportamiento de las figuras se sugiere insistentemente, de la misma manera que el pensamiento lógico del primer nivel de ficción de la historia, el modo de pensamiento prelógico de la mentalidad primitiva en un segundo nivel ficcional ya dentro de una sociedad civilizada, volviendo a aquel "del que se parte". Repito, aunque ambos queden fundidos en uno, cada uno por sí mismo marca sus comportamientos dicotómicos a través de técnicas dramáticas muy específicas.

En ambas historias—la principal como la subordinada (metateatral)—las interacciones secuenciales en el nivel de figuras y de configuraciones, son idénticas. El aspecto cuantitativo de la configuración, que aquí es de dos, no cambia, permaneciendo ambas figuras en escena durante todo el drama. El factor cualitativo de la configuración en sus relaciones de contraste se agudiza por el "más llamativo y espectacular [que es, entre otros varios posibles] el contraste antitético entre los componentes de la configuración: [...] masculino-femenino", resemantizando este contraste en los tipos de interacciones en activo y pasiva, respectivamente (Spang 176-83).

De aquella "escena metateatral fortuita" en *Sobre* (estudiada por Febles) a las de *Los acosados* se nota un cambio de salto cualitativo. Las escenas—que yo llamaré en adelante *secuencias* (unidad básica) según Spang (123-26)—aquí son múltiples **premeditadas**, de ferviente obsesión ontológica en el modo de pensamiento prelógico de la mentalidad primitiva dentro de una sociedad civilizada. Roger Caillois, en sus clasificaciones de variantes de juegos proponía: "1. *Agôn*. A whole group of games would seem to be competitive, [s]uch is the case with sports contest" (14) como fue el caso de los gustos beisboleros de las figuras secundarias en *Sobre*. "2. *Alea*. [A]ll games that are based on a decision independent of the player, an outcome over which he has no control, and in which winning is the result of fate rather than triumphing over an adversary. [...] Perfect examples of this type are provided by the games of dice [alea], roulette, [...]

lotteries, etc" (17). Por lo que el hombre apuesta, en una suerte de 'azar', por la muerte de su madrina, como última opción a los problemas económicos que lo acosan, denigrándose moralmente a la manera artaudiana. "3. *Mimicry*. All play presupposes the temporary acceptance, [...] *mimicry* exhibits all the characteristics of play: liberty, convention, suspension of reality, and delimitation of space and time. However, the continuous submission to imperative and precise rules cannot be observed—rules for the dissimulation of reality and substitution of a second reality" (19, 22). Esta simulación en sí misma está dada por las figuras en la historia dramática como también por el juego que proponen como 'segundo nivel de ficción', de teatro dentro del teatro. "4. *Ilinx*. The last kind of game includes those which are based on the pursuit of vertigo and which consist of an attempt to momentarily destroy the stability of perception and inflict a kind of voluptuous panic upon an otherwise lucid mind" (23). Ya en el 'segundo nivel de ficción', a través de la simulación llegarán a la persecución y percepción de la idea del vértigo, conectados por su comportamiento al modo de pensamiento prelógico de la mentalidad primitiva.

1. La variante primera cailloisiana, *agôn*, no aparece en *Los Acosados*. 2. La segunda, *alea*, se utiliza a través de la figura masculina, apostando con sus vecinos por la muerte de su madrina, al parecer sin sentir ningún remordimiento al decidirse a apostar. Sin embargo no tiene "ánimo para enseñar [su otro] rostro" (77) sin apariencias, el verdadero:

> El hombre. Haremos apuestas.
> La mujer. Perderás. La mala suerte nos persigue y no nos deja tranquilos.
> El hombre. Quizás gane y pueda pagar el entierro. Necesito sacar dinero de alguna parte.
> [...]
> El hombre. Los vecinos hacen apuestas sobre su muerte.
> [...]
> El hombre. Todo el mundo quiere jugar y cambiar la suerte. Es el único modo de cambiar las cosas. Apostaré.
> La mujer. ¡No lo hagas! No. Perderemos el dinero. No tendremos suerte.
> El hombre. Quizás muera cerca de las tres. Cualquier hora es buena para ganar.
> La mujer. ¡No lo hagas! No debemos jugar con la muerte. La muerte es más cruel que los hombres. Hay cosas sagradas que deben respetarse.

El hombre. Pagaremos el entierro con ese dinero. La bóveda la pagaremos a plazos. La mujer. ¡Si alguien te oye pensará horrores de ti! ¿Por qué quieres aparentar lo que no es cierto? El hombre. No tengo ánimo para enseñar mi rostro. (76-77)

3. La tercera y penúltima variante cailloisiana, *mimicry*, implica en su simulación dos niveles de ficción, el 'segundo nivel de ficción se subordina al primero del cual parte y vuelve': el primero es el de la historia dramática y el segundo es el del teatro dentro del teatro. Precisamente, al relacionar estos niveles con aquellos modos mentales de comportamientos lévy-bruhlianos en las figuras—de que en sociedades civilizadas "our mental activity is both rational and irrational. The prelogical and the mystic are co-existent with the logical" (386)—, como era de esperar, ambos comportamientos, el lógico y el pre-lógico, coexisten a la par fundidos en el primer nivel. En cambio, significativamente, el comportamiento 'pre-lógico' goza a sus anchas sin intercambios en el segundo nivel de ficción. Este comportamiento 'pre-lógico' en las figuras, lleno de supersticiones y tabúes por determinados objetos y palabras, de rituales crueles o juegos propiciatorios, se pretende estudiar en profundidad por su carácter pionero en la escena cubana e hispanomericana. El primer nivel de ficción, todavía dentro del comportamiento 'lógico', aparece sin embargo, permeado de supersticiones que más recuerdan netamente un comportamiento pre-lógico:

La mujer. [...] Es estúpido aferrarse a los objetos.
El hombre. Los objetos se aferran a nosotros. Son serpientes. Nos sueltan cuando ya estamos muertos. ¡Y es tan estúpido! ¡Nos afanamos tanto! Creemos que son nuestros cuando son ellos en realidad quienes nos poseen.
La mujer. (*Arrastrada, enloquecida.*) ¡Es cierto! ¡Tienes razón! A veces siento que la cómoda tiene brazos y que el espejo me absorbe. ¡Viven! ¡Viven!
El hombre. Pero uno se muere.
La mujer. Debemos deshacernos de ellos. Son nuestros enemigos.
El hombre. No es posible. Ya es demasiado tarde.
La mujer. No me había dado cuenta. He estado ciega todo este tiempo. Hay que hacer algo.
El hombre. No podemos hacer nada, nada. Es inútil. (74)

En efecto, las figuras sienten una íntima atadura con los objetos que los rodean de una forma mística (Lévy-Bruhl 90) y supersticiosa (Jahoda *Psychology*), como la 'luz extraña' del cuarto que nunca podrán apagar. Los objetos manufacturados por el hombre se perciben también de igual manera: "There is abundance of evidence that all entities and all objects, even those which are inanimate and inorganic, even things manufactured by men's hands, are imagined capable of exercising and undergoing the most diverse influences" (Lévy-Bruhl 101).

De la misma manera la concepción mántrica de ciertas palabras, su poder místico, añade "[u]na especie de terror [que] nos sobrecoge cuando pensamos en esos seres mecanizados, con alegrías y dolores que aparentemente no les pertenecen, que están al servicio de antiguos ritos, y parecen dictados por inteligencias superiores" (Artaud 60). Por ello aparecen las palabras prohibidas como tabú. Si nos atenemos a Lévy-Bruhl en *How Natives Think*, la no mención del cáncer (66, 67) de la madrina después de muerta (79-81), es característica de aquel comportamiento: "There is magic influence in the word, and therefore precaution is necessary" (177). Al saberse el cáncer de la madrina, aunque aparezcan los detalles se omite nombrarlo por la superstición de las 'mágicas influencias':

> El hombre. Ella no sabe nada. Me lo dijo mi prima.
> La mujer. ¿Pero qué le pasa?
> El hombre. Tiene el cuerpo minado. Ya no tiene remedio.
> La mujer. ¿Quién te lo dijo? ¿Quién te habló de eso?
> El hombre. La radiografía. Yo vi la radiografía. La radiografía del brazo y de la pierna y de la cara y del cráneo. Está minada. Lo tiene en todos los huesos de su cuerpo. Ya no existe. Él no le ha dejado un lugar libre.
> La mujer. Cálmate. No te pongas así.
> El hombre. Sabes, es como si alguien se hubiera apoderado de sus huesos, de su cuerpo. Cuando tenemos un mal, somos nosotros y alguien más. Es la compañía. Ya no estamos solos nunca más. (66)

Se confirma, después de la muerte de la madrina, el miedo que produce decir las palabras por el temor de "que esas ideas cobren vida y se apoderen" de quien las dice; se prefiere callar por no "llamar el mal", palabra esta a la que se le ha devuelto el poder de encantamiento y mágicas propiedades como el que Artaud pedía para su teatro:

El hombre. ¿No te parece maravilloso el tiempo? Cura las heridas y hace aparecer otras nuevas. ¿Tienes miedo?
La mujer. Un poco. ¡Todo es tan misterioso! Es inevitable tener un poco de miedo.
El hombre. A veces se me ocurren ideas tan terribles que temo decirlas. Temo que esas ideas cobren vida y se apoderen de mí.
La mujer. Es mejor callar. No hacemos nada con llamar el mal. (80)

El hombre apuesta, en esta suerte de azar, por la muerte de su madrina como última opción a los problemas económicos que lo acosan, denigrándose moralmente a la manera artaudiana. El haber ganado la apuesta, y cumplirse su ruego de que su madrina muriera, nos vuelve a comunicar con la idea de lo sagrado como "the act of manifestation [...] that something sacred shows itself to us" (Eliade 11):

El hombre. ¿Qué hora es?
La mujer. Ya son cerca de las tres...
El hombre. La apuesta... Tengo que ganar esa apuesta... ¡Ella ha sido tan buena conmigo! ¡Me ha querido tanto! La muerte se la llevará ahora, con su último dolor secreto, para ayudarme.
El escenario se oscurece totalmente.
El hombre. (*En grito.*) ¡Basta! ¡Basta! ¡No quiero sufrir más!
La mujer. (*Lo sacude.*) ¡Despierta! ¡Despierta! ¡Despierta!¡Es una pesadilla!
El hombre. ¡No quiero más! ¡No quiero más!
Vuelven las luces.
[...]
El hombre. ¿Qué hora es?
La mujer. Poco más de las tres.
El hombre. Entonces he ganado la apuesta. Ves, mis manos no tiemblan... (78-79)

Aquí en las cercanías de la duermevela se intenta otra manipulación temporal 'iluminando el cambio'; ahora, a la inversa, se quiere lograr, como en el "ralenti cinematográfico", una dilatación intraescénica en la linealidad temporal histórica. Al presentar "los acontecimientos utiliz[a] más tiempo del que duran en la realidad [...] este procedimiento dilata tanto el tiempo ficticio de la historia como el de su representación" en unos—solos—pocos minutos a través de aquellas cercanías de sueño y realidad (Spang 236).

4. La última variante cailloisiana, *ilinx*, está relacionada con la persecución del vértigo a través del comportamiento prelógico de las figuras en el segundo nivel de ficción, el del teatro dentro del teatro. Así por mediación de *mimicry*, de la simulación ritualizada (implícita, porque está exenta de la acotación autorial) en este segundo nivel, las figuras llegarán al vértigo por una relación apodósica de causa y efecto. Esta combinación de simulación y vértigo es parte esencial en la vida de las sociedades de mentalidades prelógicas, estudiada por Caillois en su capítulo VII, de la misma manera que la otra combinación de competencia (*agôn*) y chance (*alea*) se da en la vida de las sociedades de mentalidades lógicas. No debe parecer paradójico el reiterativo uso de esta combinación (simulación-vértigo) en la pieza, en su segundo nivel. Al contrario, es más que revelador; tampoco, después de dejar atrás esta combinación, al regresar al primer nivel de ficción no es ilícito que retome *alea* para definir la muerte de la madrina. En fin de cuentas, *alea* pertenece al orden del comportamiento lógico en las sociedades civilizadas. Sí es significativo, en cambio, que vuelva a insistir en esta pieza al resemantizar la muerte de la madrina con la 'coincidencia extraña' de haber ganado la apuesta que mentalidades prelógicas entenderían como una señal divina (Eliade 11)[12]. Si se notara una "gradual elimination of primacy of *ilinx* and *mimicry* in combination, and the substitution and predominance of the *agôn-alea*", estaríamos en el proceso de transición a una sociedad civilizada (Caillois 97). En cambio, podría aseverarse que son verificables en la pieza aquellas afirmaciones lévy-bruhlianas de que ambas mentalidades a la par coexisten en sociedades civilizadas y que se insiste en aquella combinatoria que recuerda la mentalidad prelógica.

En *Los acosados* con esta combinación (simulación-vértigo) la "[s]uggestion and simulation increase one's susceptibility and stimulate the trance" (Caillois 94). Recuerda Artaud que buscaba un "teatro que induzca al trance" (85). Si un motivo de distracción hace que las figuras lleguen a "inventar un juego", ya desde sus inicios al proponer el hombre este juego, es "un juego terrible" (como más tarde replicará la mujer), el "de las cosas desaparecidas"; el hombre se ve "impulsado por el mal" al vendarle los ojos a la mujer. La réplica entusiasmada, en la interacción verbal, de la mujer se trueca en un ácido comentario, el cual no se hace esperar al reconocer ya que no iba a ser un simple juego: "No empieces con ideas extrañas. Me debí haber casado con un hombre normal" (66). En la pieza el hombre representa, en la simulación ritualizada implícita, el oficiante shamánico, la mujer la congregación; ambos de consuno se necesitan, relación biunívoca para la percepción del vértigo. La palabra vuelve aquí a tener poderes mágicos, recupera sus esenciales valores. Después de nombrar las figuras, en el juego "de las cosas desaparecidas", y todo el accesorio escenográfico (67), algo más que el autorial (61), se llegará, al fin, "to momentarily destroy the stability of perception and inflict a kind of voluptuous panic" (Caillois 23) para volver al primer nivel de ficción:

> El hombre. (*Impulsado por el mal.*) Te vendaré los ojos. (*Le venda los ojos.*) Yo cerraré los míos. Entonces pensaré en algo que puede desaparecer y tú lo adivinas.
> [...]
> El hombre. Cuando te quite la venda ya habrá desaparecido.
> La mujer. (*Sin gestos que afirmen lo que dice. Camina a tientas.*) Me niego a jugar. Es un juego terrible.
> El hombre. Juega. Yo estoy pensando en algo que puede desaparecer. (*Pausa breve.*) Ya lo he pensado.
> [...]
> La mujer. Los vasos... Tal vez sean los vasos.
> El hombre. No te das cuenta. Es obvio. Es una trampa.
> La mujer. ¡El juego de cuarto! (*Angustiada.*) ¡El juego de cuarto! (*Se quita la venda.*)
> El hombre. (Riendo y sujetándola por la muñeca.) Es una broma, una broma nada más.
> La mujer. (*Zafándose.*) Me lastimas. Me aprietas la mano. Me haces daño.
> El hombre. Perdóname. No sé lo que hago. (66-67)

Aunque reforzaba el cotexto, por el canal óptico, el lenguaje extraverbal con algunos gestos y movimientos afianzando la caracterización de las figuras, se hace notar, sin embargo, en algún momento, cierta discrepancia de gran eficacia dramática con el código verbal por el canal auditivo: "La mujer. (*Sin gestos que afirmen lo que dice. Camina a tientas.*) Me niego a jugar. Es un juego terrible" (67). Todavía parece que suceden las discrepancias, entre el código verbal y extraverbal, por el algo de resabio contra la simulación ritualizada del oficiante shamánico (el hombre) y el no total consenso de la congregación (la mujer) por las implicaciones que traen consigo estos juegos terribles.

De un primer juego tan cruel como "terrible", el "de las cosas desaparecidas", se pasa a otro juego de prefiguración criminal, para el hombre: "Dios quiera que se [...] cumpl[a su] deseo", para la mujer: "sería como un crimen". Ahora "[s]e valen seres humanos", hasta ellos se implican inclusive. Juego que repetirá sus mismos rituales: movimientos, gestos, situaciones, réplicas, etc. Si el primer simulacro ritual (implícito en el código verbal) quedaba exento de una acotación autorial explícita, en el segundo simulacro ritual al reiterar en lo formal la ceremonia, aquel índice mínimo de gestos y movimientos de la acotación autorial, se suma otra vez al código verbal. Ahora redunda ahondando en la semantización de ambos códigos, el verbal y el extraverbal: el verbal que se agudiza por las implicaciones del juego de prefiguración criminal; el extraverbal que ya conocíamos, como información óptica, de toda la predispuesta congregación (la mujer y claro está: el espectador) y el oficiante (el hombre); desaparece así significativamente la discrepancia entre los códigos. Por tanto, se afirma que esta prefiguración es más intencional llegando por su insistencia al límite de lo más allá de lo implícito; la necesidad biunívoca entre el oficiante y la congregación se ha vuelto más vital. Para ella jugar "sería como un crimen" y él, sabiéndolo, pide imperiosamente jugar: "Es necesario. Tienes que ayudarme. Es necesario jugar día tras día y pedir. Quizás Dios nos oiga. La vida está llena de misterios inexplicables" (75). Y entonces, juegan. Si como la otra vez, ella tendrá que continuar 'angustiada'—por la acotación autorial—ahora, además, estará más 'ligera' sintiendo ya más el vértigo por el conocimiento ritual previo que estimulará el trance cailloisiano. Así con ellos el espectador predispuesto también participa debido a la redundancia del signo:

> La mujer. No me atormentes. No quiero jugar esos juegos terribles.
> El hombre. Es necesario. Tienes que ayudarme. Es necesario jugar día tras día y pedir. Quizás Dios nos oiga. La vida está llena de misterios inexplicables.
> La mujer. Me obligas. Estoy en contra de tus ideas.
> El hombre. (*Venda sus ojos.*) Te vendaré los ojos. Yo cerraré los míos y pensaré en algo que pueda desaparecer.
> La mujer. Ya lo sé. Yo tengo que adivinarlo. (*Ligera.*) ¿Cómo sabré que no haces trampa?
> El hombre. Es un juego honesto. Todo depende de tu confianza en mí.
> [...]
> El hombre. Te equivocas. Esta vez no es eso. Sería demasiado fácil. Se valen seres humanos.
> La mujer. (*Se acerca a él, angustiada.*) No puedes ser tú. Júrame que no puedes pensar en ti mismo. No podría vivir sin ti.
> El hombre. Podrías. Pero no te asustes. No he pensado en mí.
> La mujer. No me gusta el juego, te lo dije. No quiero jugar más.

El hombre. Tienes que seguir jugando.
La mujer. No diré jamás de quien se trata. Para mí sería como un crimen.
El hombre. Habla, tú sabes de quien se trata. Una sola palabra y desaparece. Es un bien. Es mejor que muera pronto para que no siga sufriendo.
La mujer. Quizás ella quiera vivir.
El hombre. ¡Habla!
La mujer. (*Con desesperación.*) ¡Es ella! ¡Es ella! (*Se quita la venda.*)
El hombre. Tal vez esté muerta. Dios quiera que se haya cumplido mi deseo. (75-76)

El uso del lenguaje, en este doble nivel de ficción, recuerda indefectiblemente los postulados artaudianos: "Hacer metafísica con el lenguaje hablado es hacer que el lenguaje exprese lo que no expresa comúnmente; es emplearlo de un modo nuevo, excepcional y desacostumbrado, es devolverle la capacidad de producir un estremecimiento físico, [...] es en fin considerar el lenguaje como forma de encantamiento" (46).

El crítico y dramaturgo Julio Matas en su prólogo a *Persona, vida y máscara en el teatro cubano* (1973), indica convincentemente que el hombre y la mujer "cuando quieren olvidar (olvido siempre a medias), juegan a la desaparición, a la muerte, muerte de ellos o de los otros, pues la muerte es alivio, solución definitiva de conflictos. El juego, y la apuesta a la muerte de la Madrina, son, por otra parte, figuración de crimen, como los que se han venido cometiendo en Cuba 'para poner fin al problema'" (15). Aunque acepto la idea de la "figuración de crimen"—que yo he preferido llamar *prefiguración* por parecerme el término más exacto—, que pone a Matías Montes Huidobro a la cabeza de sus contemporáneos (en la forma ritualista—todavía implícita—como simulación ya sea por medio de la 'apuesta' o de esos 'terribles juegos'), no estoy de acuerdo en que las figuras realmente pretenden olvidar o, en el mejor de los casos, se trata de un "olvido siempre a medias". Ambos juegos, uno de comportamiento lógico y el otro de comportamiento prelógico, a pesar de su apolaridad, coherentemente persiguen un mismo fin. En definitiva, este ambivalente contraste permeado de ambas mentalidades, parece presuponer una intencionalidad de cambio más que palpable donde no cabe el olvido; una necesidad cíclica que llenos de superstición y de miedo lleva a las figuras a volver a jugar. Es como una fuerza que radica más allá de sí mismos, modelando el destino de sus vidas. Ellos sin embargo, conservan todavía algún control para cambiar sus vidas "para poner fin [a algunos de sus] problemas". Esa necesidad de "jugar día tras día y pedir" sin escapatoria, sucederá en *Gas en los poros* (1960).

También *Los acosados* "es parte de un devenir en la corriente del teatro cubano" (Rodríguez-Sardiñas y Suárez Radillo 120). Inconscientemente, Montes Huidobro se anticipa nuevamente a otros dos de los cinco elementos reiterativos de la escena cubana que él mismo señala en su libro crítico *Persona, vida y máscara en el teatro cubano* (1973), y algo antes comunicaba a los editores de *La sal de los muertos* (1960). El autor enumeraba las siguientes características: "c) una técnica dramática preferencial (el teatro dentro del teatro) que le permite a los dramaturgos cubanos un juego elaborado, rico en facetas externas que son reflejo de los conflictos internos, el constante laberinto de las personalidades que se desdoblan y que juegan al juego de ser otros; [...] e) una constante evocación mágica, una invocación para la realización del milagro, un afán de alcanzar poderes especiales para poder obtener por medio de la magia y de la fe aquellos sueños que nos ha ido negando, constantemente, la realidad" (Montes 458). El dramaturgo en *Los acosados* al incluir estos dos reiterativos elementos de la escena cubana, más sus otras características artaudianas, participa de ese devenir, por ser parte, él mismo, de "la corriente del teatro cubano".

En el segundo manifiesto artaudiano, desde el punto de vista del fondo, se recomendaba incluir entre los temas "no solo el anverso, sino también el reverso del espíritu; la realidad de la imaginación y de los sueños aparecerá ahí en pie de igualdad con la vida" (126). De igual modo la pieza *Los acosados*, por momentos, pretende fusionar las divisiones entre "la realidad de la imaginación y de los sueños" (70-72, 78-79), exactamente como sucede en la mente de una persona cuando se está quedando dormida o cree estar despertándose. Además, en nota al programa, Montes aclara que su pieza "necesita una breve presentación antes que sus dos personajes coloquen abruptamente, de modo no acostumbrado, ante Uds. [los espectadores], sus heridas abiertas" (54). Esto recuerda, a la vez, en su espíritu, el proyecto escénico que Artaud preparó para el montaje de *La sonata de los espectros*, en que recomendaba congelar "abruptamente actitudes y gestos, iluminando el cambio, lo descompuesto, dando repentinamente una importancia desacostumbrada al detalle; [los] personajes desvaneciéndose *moralmente*, [debían ser] reemplazados por dobles inertes, tomando la forma de un maniquí que repentinamente toma su lugar" (*apud* Braun 228). En efecto, ahora en las cercanías de la duermevela, aparecen puntuales estas preferencias artaudianas, señalando los cambios de luces en la condensación intraescénica de la linealidad temporal histórica profana. Hasta las actitudes y gestos de las figuras señalados en el cotexto adquieren la "forma de un maniquí que repentinamente toma lugar", congelados abruptamente:

Brevísima pausa. Momentáneo cambio de luz.
[...]
La mujer. Estoy cansada. Mañana hay que levantarse temprano.
El hombre. Tienes razón. ¿Qué hora es?
La mujer. Son cerca de las doce. Tengo sueño. (*Ella se dirige al cuarto. Después se detiene.*)
El hombre. (*Él está sentado en una silla, como dormido.*) Ahora ella se estará acostando.
La mujer. Es una pesadilla. Estás soñando.
[...]
El hombre. (*Entre sueños, el cuerpo flácido en la silla.*)
[...]
El hombre. La tienen que ayudar a acostarse. Todo le duele. Cada movimiento le duele.
La mujer. Calla. Tengo miedo.
El hombre. Se acuesta. (*Sobresaltado.*) ¿Quién apagó la luz?
La mujer. Calla. Nadie. Te he dicho que nadie la puede apagar. Hay algo que no funciona bien.
El hombre. Yo he visto como la han apagado.
La mujer. ¡Despierta! ¡Despierta! Te has quedado dormido. Estás demasiado cansado. Mañana no podrás ir al trabajo. Es una pesadilla.
El hombre. (*Como quien despierta de un sueño sobresaltante.*) ¿Cómo? ¿Por qué no estamos acostados?
La mujer. Íbamos a acostarnos. De pronto, estabas tan cansado que te quedaste rendido ahí. Entonces te dio la pesadilla.
El hombre. No me acuerdo de nada.
[...]
El hombre. Vamos a acostarnos. Ya es tarde.
La mujer. No puede ser. Ya es demasiado tarde. Amanece.
El hombre. Es cierto. Tengo que irme para el trabajo. Prepárame el desayuno. ¿Te has dado cuenta cómo pasa el tiempo?
La mujer. Pasan los días y uno no se da cuenta.
El hombre. Apúrate. Voy a llegar tarde al trabajo.
La misma actitud inútil, trocada, que no llega a consumarse.
El hombre. Tocan a la puerta.
La mujer. Enseguida voy a abrir.

Ella se mueve, corre tal vez, pero no hace ningún movimiento concreto, definido, de abrir una puerta. Sus movimientos no tienen lógica, pero se mueve. (70-72)

En otras secuencias de la representación, las figuras, por la insistencia interliminar (70, 73, 79), se desvanecen *"moralmente"*. Además de las mencionadas, entre otras, estas depauperaciones una y otra vez se reiteran en ambas figuras: en la del hombre su posición de oficiante activo, al apostar o al ganar, sus "manos no tiemblan" (79); en la mujer, en su preocupación excesiva por los pagos en detrimento de la responsabilidad del familiar enfermo o en el juego de los desaparecidos, sabiendo que "sería como un crimen", pronuncia sugiriendo el nombre de la madrina, "¡Es ella! ¡Es ella!". Otro ejemplo paradigmático es el siguiente:

El hombre. Llama mañana por teléfono y averigua algo sobre la bóveda.
Brevísima pausa. Momentáneo cambio de luz.
La mujer. (*Transición*) No pude comunicar. El teléfono de tu prima no comunica.
El hombre. Tienes que volver a llamar mañana.
La mujer. (*Pausa*) Al fin pude comunicar. Llamé a la funeraria. Las venden a plazos.
El hombre. (*Comienza una farsa absurda de extraño regocijo.*) ¿No te parece cómico?
La mujer. Yo estuve a punto de echarle la carcajada en la cara.
El hombre. (*Entre risas.*) ¿Sabes de qué me acuerdo? De eso que dice: "Un minuto para comprar y un año para pagar".
[...]
El hombre. (*Recordando.*) Hay otro... "Compre más barato con plazos más largos".
La mujer. (*Sin poder aguantar la risa.*) Es algo risible. Realmente lo es.
El hombre. (*Riendo a su vez.*) Estaremos pagando aunque nos estemos pudriendo. (70)

Así "[l]a acción se concentra en eliminar las diferencias entre la ilusión y la realidad, tanto en la obra misma como en la relación entre representación y público" (Braun 227). "[N]os dijeron demasiadas veces que era teatro, o sea, engaño e ilusión" (Artaud 79). Montes Huidobro en nota al programa, renegando de los postulados aristotélicos, exponía su revelador manifiesto de ruptura:

Construir una pieza hacia un clímax, subirla hasta cierto nivel y dejarla caer poco antes del final, desarrollar unos personajes y una situación hasta un punto dado en la tensión dramática y romperlo con una ligera caída y una conclusión, constituye el molde al que el teatro [dígase, aristotélico], bueno o malo, nos tiene acostumbrados. En *Los acosados* reniego de eso, porque se trata de dos vidas desnudas, solas y abandonadas, frente a la angustia económica y la muerte. La vida se proyecta como ellos la experimentan y no como el teatro acostumbra a mentirnos. No introduzco al público en la acción: la acción ya está presente; no lo conduzco a un clímax: el clímax interior ya existe; no hay una progresión aparente: la progresión es meramente interna y se trata de un proceso de conocimiento; no hay final; la historia no concluye. Con esa ausencia de tradicionales elementos, se abre el telón y cae. *Los acosados* es por eso una pieza difícil para su autor, el director, los actores y, por supuesto, el público. Por una razón sencilla, sin embargo: todos nos hemos acostumbrado al engaño. (54)

Pavis en ese imprescindible *Diccionario* (en algún momento desalentador por sus parciales inclinaciones, especialmente contra la dramaturgia artaudiana en favor de la brechtiana), definía la clausura, en el segundo inciso de 'apertura o clausura del espectáculo y de la dramaturgia', no sólo "en la relación escena-sala, sino en el vínculo que podemos establecer entre el universo representado y el nuestro. [...] Las dramaturgias abiertas [como la huidobriana] no proponen conclusiones satisfactorias que respondan a todas las preguntas. La acción parece inconclusa y el relato no termina" (59). Montes Huidobro, en el correspondiente entreacto, además, coincide: "una puesta en escena no es más que *una* versión específica de la *infinidad* de posibilidades que tiene un determinado texto" (55), con lo que, a la vez, nos remembra los postulados artaudianos. Como expresa Derrida en su clásico artículo "El teatro de la crueldad y la clausura de la representación": "Puesto que siempre ha comenzado ya, la representación carece de fin. Pero puede pensarse en la clausura de lo que no tiene fin. La clausura es el límite circular en cuyo interior la representación de la diferencia se repite indefinidamente. Es decir, su terreno de *juego*. Este movimiento es el movimiento del mundo como juego. [...] Este juego es la crueldad como unidad de la necesidad y del azar" (73). Pavis, en su tercer inciso de 'tentativas de apertura' del "tipo de teatro [como el huidobriano] que rechaza la repetición, [...] en beneficio de un hecho único, ya sea sagrado, ritual o ceremonial", al citar a Derrida omite la fuente artaudiana de la que ésta deriva: "pensar la clausura de la representación es pensar un poder cruel de muerte y de juego, que permite que la presencia nazca a sí misma y goce de sí misma mediante la representación, donde desaparece en su diferencia. Concebir la representación, es concebir lo trágico: no como representación del destino, sino como destino de la representación" (Pavis 59; o ver la misma cita con ligeros cambios en la traducción, Derrida 73-74).

El manifiesto huidobriano en su encabezamiento declara: "Mi interés por el teatro y mi repulsa a sus usuales falsedades, me ha llevado a ofrecer esta pieza pequeña y difícil, obra de ruptura; al menos, y con absoluta certeza, dentro de nuestro clima teatral" (54). Además de la lucidez manifiesta con que expresa sus proposiciones creativas en aquel "clima teatral" y sus consecuencias últimas, limítrofes a la total negación de toda la herencia aristotélica, éstas recuerdan, al coincidir por su amor interesado y por su repulsa enemiga contra las falsedades del teatro ("todos nos hemos acostumbrado al engaño"), a un poema artaudiano que cita Derrida en su artículo: "Y ahora, voy a decir una cosa que quizá va a / sorprender a algunas personas. / Soy el enemigo del teatro. Siempre lo he sido. / Cuanto más amo el teatro, / tanto más soy, por esta razón, su enemigo" (72).

Con relación a *Los acosados* y otros textos aún de este período, el autor ha afirmado y se niega a aceptar que los cataloguen como 'expresionistas' "no porque lo sean o lo dejen de ser, sino porque tiende a escatimarles una realidad [personal] dolorosa de la que emergen, muy en particular esta pieza. [...] A esa realidad transfiero una vez más mis preocupaciones técnicas de tiempo, espacio y teatralidad" (57-58). Esta pieza fue pensada y escrita en parte por aquellos años de la década del 50 terminándola en 1959. La ficción y la historia en la obra de Montes Huidobro corren parejas: nacen de su vida y su tiempo. En una entrevista publicada en *Gestos* comentaba al autor que "[p]aradójicamente, sin que sus obras sean autobiográficas, podríamos descubrir en ellas 'el río interminable' del tiempo que le ha tocado vivir, ese Heráclito inconstante como diría Borges, y las vicisitudes que éste le ha deparado" (136). Sus mismos títulos revelan ese trauma[13]. A mi pregunta de: "Es que, ¿no ha podido o no ha querido deshacerse de esa historicidad?" (136), Montes expresaba decididamente: "Ni puedo ni me quiero deshacer de la historicidad, que es una de las señas de identidad que nos hace ser lo que somos" (136-37). O cuando insistí: "Entonces, al plasmar ese peregrinar histórico de nuestro pueblo desde los años 50 hasta la fecha, ¿se lo ha propuesto conscientemente o fue otro azar que le trajo la vida?", replicó: "Yo diría que ambas cosas. De un lado, uno no elige el tiempo que le toca vivir, su historia, y en ese sentido somos el producto de un determinado azar. Estamos históricamente predeterminados. Pero dentro de ello, uno realiza una selección consciente. De alguna manera mi teatro, inclusive en sus formas más evasivas, responde a una realidad histórica, política, y acabo siempre buscando en casi todas mis obras, lo medular de esta historicidad política" (137).

En otro sentido, *Los acosados* recuerda en su historia los títulos de la trilogía temática pirandelliana sobre el teatro dentro del teatro (*Seis personajes en busca de un autor*, *Cada cual a su juego* y *Esta noche improvisamos*) en sus 'dos', y no seis, 'personajes', cada 'noche improvisando' 'su juego' y no sólo 'esta noche', buscando 'cada cual' volver al 'juego'.

La manera en que aparece y utiliza el juego del teatro dentro del teatro, como "técnica dramática preferencial", y sobre todo, el fin perseguido en ese comportamiento prelógico de las figuras en la pieza, es sumamente significativo. Buscando antecedentes más o menos cercanos a esta técnica aparece la evidente influencia pirandelliana en *El chino* (1947) de Carlos Felipe; como, dos años más tarde, en *Falsa Alarma* (1949) de Virgilio Piñera. Esta última, imprescindible para el teatro mundial que inaugura los nuevos aires absurdistas antes de que se reconociera a Ionesco como precursor. Todavía el juego torturante y cruel, evidenciado en *Los acosados*, no está en *Falsa Alarma* aunque supongamos que el Juez y la Viuda se ponen de acuerdo para jugar un juego absurdo con el fin de exasperar al Asesino. Esto no queda muy explícito ya que el mismo absurdo no nos deja premeditadamente informarnos si estas figuras se han puesto de acuerdo con antelación para jugar con el Asesino. De todas maneras, el esclarecer si se ponen de acuerdo tampoco nos parece fundamental para el fin perseguido. No es la intención de jugar sino la manera cómo se juega y a lo que se quiere llegar.

Montes, en esta pieza, muestra un juego inaugural e inédito, presentándonos un tipo de juego más evidente[14]. Primero, no porque señala que juega, sino, y este es el segundo punto que quiero señalar, porque es más insistente en su ensañamiento, más cruda su evidencia, de una rara crueldad. Todavía extraña a nuestra escena y a la hispanoamericana en donde no mucho después esta crueldad va a ser característica en gran número de autores de nuestro teatro (en el mismo Piñera con su obra posterior *Dos viejos pánicos* (1968), en José Triana con su *Noche de los asesinos* (1965), entre otros). Esta crudeza inaugural ya podíamos verla asomar en *Sobre* cuando Cotton era el blanco de la mofa de aquellas marionetas simétricas de las figuras secundarias, pero se limita al efecto y no a la insistencia con que ahora se utiliza.

El final de la pieza recuerda la cita artaudiana de que en "el ardor de la vida, [...] hay una especie de maldad inicial: [...] la muerte es crueldad, [...] la transfiguración es crueldad, ya que en un mundo circular y cerrado no hay lugar para la verdadera muerte, ya que toda ascensión es un desgarramiento, y el espacio cerrado se alimenta de vidas, y toda vida más fuerte se abre paso a través de las otras, consumiéndolas así en una matanza que es una transfiguración y un bien. En la manifestación del mundo y metafísicamente hablando, el mal es la ley permanente, y el bien es un esfuerzo, y por ende una crueldad que se suma a la otra" (105-06). En efecto, así se expresan momentos antes del final reconociéndose a sí mismos las figuras. En ese espacio cerrado alimentado y alimentándose de vidas nada ha terminado, "no hay final; la historia no concluye" (54). El espectador, asimismo, en un doble juego de espejos se ve en ellos reconociéndolos, produciéndose la conmoción catártica a través de los esenciales requisitos artaudianos de insistente intención metafísica. Se combina contrastando una vez más, recordando la intención artaudiana, de que "toda vida más fuerte se abre paso a través de las otras" con la obstinada luz maléfica, como un ente vivo (cuasi-personaje), en crescendo, al seguir cada vez más "encendida" ensanchando su presencia[15]. Las figuras continúan, parece sugerirse, van perdiendo terreno en la partida, asfixiadas en el espacio del juego dramático. Aunque el juego de muebles ha sido pagado y es de ellos, no sienten que les pertenece; como un pulpo los ahoga (81). En esa partida—"proceso de conocimiento" que son sus vidas—seguirán perdiendo espacio, en esa "acción [que] ya está presente" en "la historia [que] no concluye", es lo que parecen insinuar las figuras. Partida que recuerda en su simbología esa suerte de ajedrez japonés llamado, el *go*:

> El hombre. Todo ha terminado.
> La mujer. Sí, es cierto, todo ha terminado. La farsa, la comedia, el drama. El entierro quedó mejor de lo que me imaginé. Tuvo un entierro decoroso. Bonito como un juego de cuarto.
> [...]
> La mujer. Siento que la vida renace nuevamente.
> El hombre. (*Riendo, con entendimiento.*) ¡Ya veremos!
> La mujer. (*Comprendiendo, entre risas.*) ¡Ya veremos!
> El hombre. No nos queda otro remedio. Aprenderemos a divertirnos en el mal. No podemos reír de otra forma... Reír dentro de la pena.
> La mujer. Es cierto. Me siento feliz, alegre.
> El hombre. Espero que no cambies.
> La mujer. Trataré, pero nunca se sabe. A cada instante otro ser se apodera de nosotros para confundirnos y negarnos la explicación.
> [...]

La mujer. Esta noche no dormirás ahí. Debes hacer un esfuerzo.
El hombre. ¡Nos ha costado tanto trabajo comprarlo! Una vez
me dijiste que te parecía un pulpo que te ahogaba.
La mujer. ¿De veras? No importa. Ya es nuestro y nos pertenece.
Debemos seguir hacia adelante.
[...]
El hombre. La luz sigue encendida. Cada día tenemos que pagar
más electricidad.
La mujer. Sí, es cierto. Está subiendo la cuenta.
El hombre. Es una luz extraña.
La mujer. Sí, es cierto es una luz extraña. (79-81)

Para finalizar: si en *Sobre las mismas rocas* los claroscuros de Rembrandt, después de la niebla, se rememoran a través de la luminotecnia expresionista de Max Reinhardt (Bergman 341-45), en *Los acosados* el autor, "por tener la fe intelectiva de nuestro pueblo" (54), utiliza las asépticas luces blancas brechtianas (Bergman 389-91), sumándole esa "luz extraña" y viviente, cuasi-personaje. En otro sentido, en las relaciones espacio temporales, *Los acosados* antecede, por su espacio único y sus muchos segmentos temporales, al drama de Samuel Beckett *Happy Days* (1961) hasta con relación a la permanencia de las dos únicas figuras que, como se sabe, nunca salen del escenario. En *Fin de partie* (1957), también de Beckett, no aparece tampoco la circularidad temporal. Clov al final de la obra no se sabe si se decide a salir. En *Los acosados*, las figuras principales reiteran la misma idea de querer salir como pasará posteriormente en *Gas en los poros* (1960).

NOTAS

1. Para mi estudio, sigo la edición revisada por el autor de *Obras en un acto (Sobre las mismas rocas, Los acosados, La botija, Gas en los poros, El tiro por la culata, La Madre y la Guillotina, Hablando en chino, La navaja de Olofé, Fetos, La garganta del diablo, La soga)* (Honolulu: Editorial Persona, 1991). Esta edición de inestimable valor no sólo incluye las obras mencionadas, sino también un prólogo de encabezamiento, un 'entreacto' crítico e histórico que acompaña a cada una de las respectivas piezas, programas facsímiles, afiches, certificados de premios obtenidos y algunas fotos de los estrenos. Cuando aparezca sólo citado el número de la página se refiere a esta edición.
2. El *Diccionario de la Literatura Cubana*, del Instituto de Literatura y Lingüística de la Academia de Ciencias de Cuba (La Habana: Editorial Letras Cubanas, 1980), además de la muy cuestionable decisión de no incluir a Montes, también comete el

flagrante delito de escamotear su Primer Premio del Segundo Concurso de Obras Teatrales de Prometeo de 1951, atribuyéndoselo a Paco Alfonso que había recibido una Mención Honorífica (36). Esta verdad puede verse en *Obras en un acto* el facsímil del diploma (12), el programa del estreno (17-18) y algunas fotos de la puesta (19, 50, 51) la cual fue dirigida por Francisco Morín ese mismo año completando el requisito de estrenar la obra premiada que las bases del concurso establecían. También se había añadido, véase cap. I, nota 14, que Montes obtiene una Mención Honorífica con *Las cuatro brujas* (1949) en el Primer Concurso de 1950 teniendo sólo diecinueve años. En conversación personal con Francisco Morín me ha corroborado todas estas aseveraciones además de recogerlas en su libro (127).

3. Como ya se había citado, se encuentran provechosos acercamientos críticos con este enfoque en González Freire (143-45) y en Leal (*Teatro* s/p) aunque no muy extensos.

4. Aunque *Sobre* se estrena 1950, se publica por primera vez en *Obras en un acto* en 1991 (véase arriba nota 1). Es decir la pieza tendrá que esperar 41 años para su publicación. Montes Huidobro expresa: "Al tener que volver a leer el texto de *Sobre las mismas rocas* y por extensión, tenerlo que copiar nuevamente para proceder a su publicación, algunos cambios han resultado inevitables, aunque básicamente me he mantenido fiel al original y los he reducido al mínimo. [...] Existe ahora un mayor número de acotaciones respecto a efectos técnicos de luz y movimiento; pero, en esencia, mantengo el espíritu y la forma de la primera versión" (11).

5. Artaud antes de salir de París, el 6 de enero de 1936 hacia Anvers, para tomar un barco hacia México con escala en La Habana, le escribía a su amigo Jean Paulhan la ordenación de su futuro libro sobre el teatro de la crueldad sin saber todavía el título definitivo: "Je vous enverrai un titre de La Havane" (*Œuvres Complètes* Vol. 5 France: Gallimard, 1956, 192-95). Para más información, véase también las tres cartas siguientes (195-98). Ya en La Habana, el 31 de enero, le manda el título definitivo de su obra más conocida *El teatro y su doble*: "Je vous ai écrit d`un petit port d`Amérique du Nord pour vous donner le titre définitif de mon livre LE THÉÂTRE ET SON DOUBLE" (197). De esos pocos días que estuvo en La Habana, añadía en la carta que había conocido algunos intelectuales y artistas, a pesar de mis pesquisas no he podido encontrar ningún rastro al respecto. Sobre más impresiones de La Habana, consúltese otras cartas desde México en el volumen 8 entre las páginas 354-64: "La Havane est un pays de rites nègres Africains" (357) o, entre otras, "Il y a un monde *ésotérique* certain au Mexique. J`ai touché à ce monde dès La Havane" (360).

6. El artículo de José A. Escarpanter ("La impronta de la Revolución Cubana en el teatro de Montes Huidobro") y el de Francesca Colecchia ("Some Temporal Considerations in the Theater of Matías Montes Huidobro") además de tratar ciertas especificidades de la obra, incluyen otras piezas y otros temas, no por esto dejan de ser esclarecedores. El otro ensayo es el de Daniel Zalacaín ("La dialéctica del marginado en *Sobre las mismas rocas*") que al dedicarse por entero a esta pieza llega a profundas certezas. Otro artículo esencial es el de Jorge Febles, "Metáforas del artista adolescente: El juego alucinante en *Sobre las mismas rocas*", *Latin American Theatre Review* (Spring 1994): 115-25.

7. Montes en otra parte de *Persona* comenta: "El teatro cubano parece tener un movimiento pendular que va de un polo al otro. Esto tiene que ver con los diferentes planos de la realidad que en él nos encontraremos, con el constante choque de dichos planos, con la constante pugna de caracteres y con las direcciones más generales de su teatro. El manejo que hace Martí de los símbolos parece repercutir a veces en muchos caracteres que agonizan por no poder alcanzar la altura en un mundo dominado por la raíz" (22). José Olivio Jiménez, en *La raíz y el ala. Aproximaciones críticas a la obra literaria de José Martí* (Valencia: Pre-Textos, 1993), estudia los mismos orígenes del concepto en la obra martiana el cual tanto ha permeado la idiosincrasia cubana y se ve reflejado en las obras creativas.

8. Montes tendrá "que esperar nueve años para volver a ver en escena una obra" suya (55). *La botija* y la pieza que paso a tratar las dirige René Ariza, se estrenan por la Asociación Pro-Arte Dramático (APAD) en La Habana el 14 de marzo de 1960, inaugurando el proyecto Lunes de Teatro Cubano de la Sala Arlequín que dirigía Rubén Vigón. Se publicó *Los acosados* por primera vez en *Lunes de Revolución* (nº 8, el 4 de mayo de 1959). La versión que yo utilizo, la publicada en *Obras en un acto*, según Montes, "(sin cortes) es la misma que apareció en *Lunes de Revolución* en 1959" (58). También fue llevada ese mismo año a la televisión por el mismo elenco y otra vez montada en el interior por Teatro de Camagüey. Al igual que lo sucedido a la generación anterior, Carlos Felipe y Virgilio Piñera y otros que se dieron a conocer a finales de los cincuenta, como Ferreira, Borges y Arrufat, como mal endémico del teatro cubano todos tendrán que esperar largos años para ver estrenadas sus obras. Asimismo, Montes añadía cáusticamente en su entreacto: "Esto no tiene nada de sorprendente, porque el teatro cubano, dentro y fuera de Cuba, ha funcionado siempre de espaldas a sus dramaturgos. Y cuando se ha acordado—que es el caso de la revolución—los intereses del socialismo han sido más altos que los del capital. [... E]l auge de las salas teatrales hacia fines de esta década [del 50] poco representa para nosotros que, como siempre, somos la última carta de la baraja. [...] Siniestro es decirlo, pero tiene que ocurrir una revolución castrista para que podamos dar un paso hacia adelante, que caro nos va a costar ya que casi todos, más jóvenes o más viejos, acabaríamos por salir" (55).

9. También en *Sobre las mismas rocas* utiliza este recurso técnico. Este fue estudiado por Febles en el excelente artículo "Metáfora del artista adolescente...". Ya allí adelantaba: "el motivo del juego erótico, trasuntado en el predominio de la danza y, finalmente, en la concepción de una escena metateatral *fortuita* [el énfasis es mío] en la que las jóvenes desempeñan los papeles de dos viejas y una niña para reproducir un aquelarre festivo. Tanto el reiterado baile ritual como la subfase metadramática constituyen un acápite en el que rigen otras variantes del juego: la que Caillois denomina *ilynx*, que consiste en la persecución del vértigo, y la que llama *mímica* ("mimicry"), que entraña el evadirse del ámbito circundante volviéndose otro" (121). Sin embargo lo que me interesará analizar es el cambio de salto cualitativo de aquella "escena metateatral fortuita" a las escenas múltiples **premeditadas** de ferviente obsesión ontológica ya en el modo de pensamiento prelógico de la mentalidad primitiva dentro de una sociedad civilizada. Todavía Montes arrastrará aquellas variantes cailloisianas, de *ilynx* y *mimicry*, además de sumar

otra variante más, la de *alea* (chance), de las clasificadas por Caillois. Más adelante, con detenimiento, se estudiarán estos conceptos e ideas que ahora se señalan.
10. Valdría la pena, aunque ahora no pueda ser tratado, un estudio futuro de esos intereses comunes en los autores mencionados.
11. Lo trial, recordemos, tampoco nos debe parecer casual. Esta concepción simbólica tripartita ya Zalacaín muy bien la había señalado con relación a los actantes secundarios y a la figura principal en *Sobre las mismas rocas*.
12. Cf. Gustav Jahoda, *The Psychology of Superstition*, específicamente el capítulo VII (Superstition as a Mode of Thinking), 108-16.
13. Spang ya ha hecho notar la importancia del "título literario" por su "poder de convocatoria y de sugestión [...] Un intento de sistematización se encuentra" (51-52) en "Aproximación semiótica al título literario", *Investigaciones semióticas*, I, Madrid: CSIC 1986, 531-41 (52, nota 33).
14. Sin embargo, el mismo Pavis al referirse a esta técnica, no ve muchas distinciones en las maneras, aclarando que "es suficiente con que la realidad descrita aparezca como ya teatralizada" (309). Afirmación que, precisamente en el teatro cubano, debe de matizarse, no sólo por la excesiva utilización, sino porque cada autor dramático la usa con muy variadas y específicas funciones; por lo que al estudiarla es obvio que debe verse en particular en cada uno de ellos. Posiblemente esta técnica dramática no se utilice tanto en otros teatros contemporáneos como es el caso cubano. Los mismos orígenes de esta afirmación han sido estudiados por Montes en *Persona*: "su insistente utilización [...] quizás se deba a raíces más profundas [por] un anhelo constante de dramatización [...] por una inconformidad [en el espíritu cubano] que lo obliga a no querer aceptar la realidad más inmediata y decepcionante" (19-20). Con relación al teatro cubano, después de esta primera piedra huidobriana, queda por hacer un estudio más amplio; como a la vez en el hispanoamericano. En un sentido más general consultar, sin tener que ampliar innecesariamente el término como lo intenta Villegas en *Para* (88), el *Metatheatre* (New York: Hill and Wang, 1963) de Lionel Abel. De obligada consulta es el de Richard Hornby *Drama, Metadrama, and Perception* (Lewisburg: Bucknell University Press, 1986) especialmente su primera parte y relacionado con este estudio "The Ceremony within the Play" (49-66).
15. Esta intención implícita huidobriana de la luz, que he llamado cuasi-personaje, ya aparece mucho después expresada a las claras por José Triana en las acotaciones de *Cruzando el puente*: "La luz figura como un elemento fundamental en la puesta en escena. Puede considerarse un personaje, una energía activa que describe claras imágenes concretas. Recordar a Michelangelo Caravaggio" (59), publicada en LATR 26/2 Spring (1993): 59-87 y en las de *Ahí están los tarahumaras*: "La luz juega un papel importante en esta breve escena, casi podría decir que es un personaje" (22), publicada en la *Revista Encuentro de la Cultura Cubana* 4/5 (1997): 21-31.

CAPÍTULO III

El teatro y la Revolución cubana

Tal vez no ha existido otra revolución más interesada en el teatro que la cubana de 1959; ya que desde aquella fecha, ella en sí misma, se cuidaba de ser un teatro. También una parte del teatro que se representaba quiso aspirar a copiar la vertiginosa realidad de aquellos cambios. En efecto, esa parte del teatro y la realidad montaron su función a puertas abiertas, desde sus respectivos escenarios, uno adentro y el otro afuera. Cualquier catálogo enumerativo de ambos aspectos nos sacaría de cualquier tipo de dudas. Que sepa, nadie ha estudiado exhaustivamente la relación existente entre teatro y realidad de esos inaugurales días. Sí es cierto que ya Morín sugiere esta dicotomía, como a la vez enfatiza la otra parte que no aspiraba a copiar el teatro de la realidad al menos a no plegarse a ella: "Ajeno al [teatro] nuestro, otro teatro se seguía representando en toda la isla. Obras trágicas que terminaban con el fatídico paredón de fusilamiento para acusados que—inocentes o no, y aún cuando se acepte la discutible pena de muerte—no lo merecían" (247)[1].

Esencialmente la revolución pretendía, como lo logró con los años, imponer su imagen gloriosa en la realidad; ahora no deja de intentarlo, aunque con los muchos años ha devenido en un teatro pobre, no a lo Grotowski, sino a lo grotesco, cayéndose a pedazos para revelar su verdadera *persona* (máscara según la etimología griega, Pavis 354). Del mejor actor de la revolución, muy al inicio al reponerse *La ramera respetuosa* (dirigida por Morín), Sartre, invitado con su esposa Simone de Beauvoir a la puesta, comentó agudamente en presencia de aquel: "*On ne peut pas discuter les qualités histrioniques du Commandant. Nul doute, il est un grand comédien*" (*apud* Morín 252)[2].

Como se deduce, la Revolución necesitaba desesperadamente de un teatro nuevo que reflejara solamente, la única parte que les interesaba, los promisorios cambios que se prometían en la realidad. Su máximo líder se pronunciaba así: "Es precisamente el hombre, el semejante, la redención de sus semejantes, lo que constituye el objetivo de los revolucionarios [...] qué es lo que más nos importa, nosotros diremos: el pueblo y siempre diremos el pueblo. El pueblo en su sentido real, es decir, esa mayoría del pueblo que ha tenido que vivir en la explotación y en el olvido más cruel" (*Palabras* 9). Ya en aquellas 'Palabras a los intelectuales', en la Biblioteca Nacional, la otra parte que corría pareja, censura y represión, el Comandante reflejaba el carácter totalitario de las intenciones últimas que a cambio exigía la Revolución: "¿Cuáles son los derechos de los escritores y de los artistas revolucionarios o no revolucionarios? Dentro de la Revolución: todo; contra la Revolución ningún derecho" (11).

Así la escena cubana (la gran parte de su teatro y toda la realidad)—repito del primer capítulo—comprometía a toda su colectividad a la acción catártica, tal vez y como no ha sucedido en otro momento de la historia mundial occidental posterior a los griegos. El espectador-pueblo, como nunca antes en la escena nacional, se identifica, y participa, con el héroe trágico por medio de la purga de sus pasiones "(esencialmente *piedad* y *terror*)" (Pavis 52). Como a la vez ambas se enfatizan, éstas se experimentarán al unísono. Por una parte, el espectador-pueblo se reconoce en aquel, en el pecado original del olvido y, después, en su consecuente flagelación de su *mea culpa*; por la otra, en las impuestas reglas escénicas que como pueblo-actante debe cumplir aterrorizado. De esta manera, se llega a la purgación (del griego *khatarsis*) aristotélica por mediación de la *piedad* y el *terror*. Se compulsa la *khatarsis* aristotélica por aquella idea cristiana de la piedad de los sufridos y desposeídos de la "mayoría del pueblo" y por el terror ya impuesto y sufrido de las delaciones y los paredones los que no sólo tocan a las puertas del antiguo régimen y que como plaga se han expandido a todos los estratos del pueblo[3].

A la manera del ejemplo de la escena griega podríamos decir de la cubana por esta época que: "No sólo expresaba de la manera más explícita las relaciones de la sociedad humana con sus dioses tutelares—fueran estos invocados o representados—, sino que proclamaba también las reglas fundamentales de moral individual, social y política" (Mignon 2). Coinciden estas características, a la vez, según Ann Roberts, en "Brecht and Artaud: Their Impact on American Theater of the 1960's and 1970's", con las mismas aspiraciones en apariencias apolares del teatro brechtiano y el artaudiano. Aunque valga aclarar, como se sabe, las aspiraciones finales de estos teatros eran distintas. El primero, el postaristotélico, era de carácter más superficial, es decir, político y social; el último, el prearistotélico, era de carácter más profundo, metafísico. Desde los mismos inicios del triunfo de la Revolución, el primero de enero de 1959, ambas teorías pujaron al unísono por ganar un espacio. La brechtiana nace desde el sistema, que lo impone desde afuera; la artaudiana, nace desde adentro del ser humano por su rebeldía, al sentirse impotente y solo. Así una fue aupada y mantenida conscientemente por el sistema que había tomado el poder. La otra fue la reacción contraria, consciente o inconsciente, contra este sistema represivo impuesto a la fuerza. Este traumático choque no sólo permeó la vida cubana, sino también fue un foco de dispersión abrumador en toda

Latinoamérica, por lo que puso a Cuba a la cabeza de lo que debía o se esperaba que debía ser el "nuevo teatro"[4].

Contradicciones de la época y el artista comprometido

La segunda parte del título del artículo de Montes Huidobro: "El caso Dorr: El autor en el vórtice del compromiso" es representativa de los turbulentos tiempos que corren y, específicamente, para el artista que debe definirse con urgencia huracanada, so pena de ser confundido como desafecto. Así éste al estar "en el vórtice del compromiso" es asimilado por el proceso revolucionario por una fuerza centrípeta de acuerdo con aquello: "[d]entro de la revolución: todo". Lo expulsa por fuerza centrífuga por lo de "contra la revolución ningún derecho". Estas 'Palabras a los intelectuales': "Dentro de la Revolución: todo; contra la Revolución ningún derecho", por lo visto no ofrecen alternativas más flexibles. Según Morín por esos rígidos términos: "los que no hacían votos de fe revolucionaria quedaban expuestos al capricho de cualquier fanático. Por esa razón en nuestro medio, como en todos los demás, la mayoría se esforzaba por demostrar su adhesión a la causa, algunos sinceramente, otros por simple cobardía" (248).

De esta manera se sucederán las contribuciones artísticas expresas de la justificación del porqué de la toma del poder. Montes todavía al cabo de treinta años defiende su "contribución" según indica en *Obras*. Todo parece indicar que él fue uno de los que se adhirió momentánea y sinceramente a la causa:

> La necesidad de crear un repertorio de obras dramáticas fáciles de representar, sin grandes complejidades sicológicas o estructurales, con un mensaje directo que reflejara los acontecimientos que venían teniendo lugar en la Cuba revolucionaria de ese momento, nos lleva a algunos dramaturgos (Rolando Ferrer con *El Corte*, Virgilio Piñera con *La sorpresa*, por ejemplo), a crear obras orientadas en este sentido. Surge así *La botija*, [...] constituye mi contribución más decidida en este sentido. Básicamente, no hay ningún compromiso forzado en *La botija*. El período republicano pre-castrista era un paisaje poblado de ladrones, intereses mezquinos del capital, distribución injusta de la riqueza [...] Que lo que viniera después fuera peor todavía y trajera nuevos males, es otra historia de la que me ocuparé después. (85)

Ya las mismas caracterizaciones explicitadas de Montes parecen adherirse a los postulados brechtianos en eso de "fáciles de representar" y de "mensaje directo". Toro, en *Brecht*, expresa que la "concepción de *útil* y *usable* la encontramos en Brecht, quien opina lo siguiente acerca del arte: 'Pues bien, podría decirse quizás que el arte es la habilidad de realizar imitaciones de la convivencia humana, capaces de provocar en la gente una cierta manera de sentir, pensar y actuar, que no se produciría con igual naturaleza e intensidad ante la propia realidad imitada'" (Toro 20). También Toro añade: "Otra función distintiva del arte [brechtiano] es la de mostrar a las grandes masas la posibilidad de una vida mejor en el futuro, un porvenir donde el hombre podrá realizarse como tal" (20). Por suerte este tipo de teatro, el más perentorio "a crear imágenes falsas de la realidad" (Toro 21), se anegó en su misma pirotecnia, como expresó Miranda: "el mal paso fue corto" (*Nueva* 107).

Miranda al continuar analizando esta etapa, se precipita aseverando tesis poco sostenibles. Trata de justificar los dos caminos posteriores que elige la dramaturgia cubana, palpables ya en la etapa anterior. Me refiero al del "realismo" y al del "absurdo, surrealismo o teatro de la crueldad". No ve ninguna contradicción en este nuevo proceso y, menos, en que los "escarceos polémicos" sean señales de contradicciones profundas que ha generado el proceso con su política de toma de partido incondicional o de escarmiento:

> ya desde 1960 se dibujan dos caminos, amplios, pero coincidentes, que pese a los escarceos polémicos que vuelven de cuando en cuando hay que entender no como opuestos, sino como complementarios: uno será el del realismo en sus diversas gamas, inclinado bien al neonaturalismo, al costumbrismo, a la comedia popular, al sicologismo, etc. Otro acudirá a la imaginación en forma de absurdo, surrealismo o teatro de la crueldad. (107)

Como se mencionó en los capítulos anteriores, en su carácter más general, estas dos líneas, nada nuevas, eran perfectamente visibles en el teatro vanguardista hispanoamericano y, mucho más marcado, en el cubano por lo de pionero en una de sus líneas, la del absurdo y su derivación posterior a la crueldad, el cual este mismo proceso acelera. Por ser esta etapa huidobriana bicéfala (1959-1961), representa ambas líneas; este capítulo sólo estudia la parte comprometida con la revolución—la brechtiana—y algunas contradicciones que se derivaron de ésta. El siguiente capítulo, el cuarto, en exclusivo se dedica a la parte cruel, la artaudiana la cual por usar esa relación "esquema-tipo [...] el de oprimidos-opresor" (Miranda 112) sin duda está encaminada al macrocosmo. Salvo alguna excepción en el teatro cubano, las piezas de Montes de esta parte artaudiana niegan rotundamente las afirmaciones de Miranda como también la de otros críticos que con otras palabras aceptan esas tesis[5].

Los pronunciamientos gloriosos de esta parte brechtiana no se hacen esperar. El mismo Miranda cita de Virgilio Piñera una apología que durará poco tiempo y se convertirá en su mismo *boomerang* como también para muchos creadores:

> De las exiguas salitas-teatro se pasó a ocupar grandes teatros; de las puestas en escena de una sola noche se fue a una profusión de puestas y a su permanencia en los teatros durante semanas; de precarios montajes se pasó a los grandes montajes; del autor que nunca antes pudo editar una sola de sus piezas se fue a las ediciones costeadas por el Estado y al pago de los derechos de autor sobre dichas ediciones; se hizo lo que jamás se había hecho: dar una cantidad de dinero al autor que estrenara una obra. Al mismo tiempo se crearon los grupos de teatro, formados por actores profesionales; nacieron las Brigadas Teatrales, la Escuela de Instructores de Arte y el Movimiento de Aficionados. (*Nueva* 106)

Como se sabe, Piñera poco después es estigmatizado a vivir en el ostracismo, como Lezama Lima y muchos otros. "[E]n 1968 él mismo ganó el Premio Casa con *Dos viejos pánicos*, que se estrenó en varios países, incluida la España franquista, pero que en Cuba debió aguardar hasta 1990" (Espinosa Domínguez 39). Piñera muere en 1979 sin poder ver en vida una rectificación de parte de sus inquisidores. Montes ya sugiere en un artículo que la sátira "mordaz" e "irreverente" de Piñera, por aquellos días inaugurales en su "Diálogo imaginario" (*Lunes de Revolución* nº 51, 21 marzo 1960, 38-40) con Sartre, "pudo deberse a que el Teatro Nacional se inauguraba con *La ramera respetuosa*, de un autor foráneo que desplaza al dramaturgo nacional: [puntualizaba Montes que] por derecho propio bien pudo inaugurarse con una pieza de Piñera" ("Teatro en *Lunes*" 22)[6].

Así aparecerá del otro extremo, el otro alegato que no se plegó a aquellos requisitos:

> Nos daban unas cosas con una mano y nos quitaban otras con la otra. Lo que nos quitaban eran cosas fundamentales: nuestra libertad, la independencia de crear sin compromisos, la

posibilidad de comer cuánto quisiéramos y vestirnos cómo quisiéramos y nuestra identidad, desconcertada por la obligación de disimular todo el tiempo. Nos daban lo que no les costaba ni les importaba: los recursos del país, que en el campo de la cultura se dilapidaban con fines únicamente propagandísticos—porque en el fondo el *máximo líder* la despreciaba—. Una cultura desarrollada de este modo a la postre resultaría estéril. (Morín 302)

En contraposición a lo anterior, Rine Leal afirma en su prólogo al *Teatro cubano en un acto: antología* (1963): "Si nuestra primera época es heroica pero semiprofesional, la que inaugura la Revolución debe ser llamada en propiedad la edad profesional de nuestra escena. El desempleo prácticamente no existe (salvo los casos irremediablemente perdidos o los talentos aún por descubrir), y se crean los Conjuntos y Elencos, donde el salario del artista no depende de los avatares de una temporada más o menos exitosa, sino del Presupuesto de la Nación. [...] Un poco más y llegaremos a crear la profesionalidad del autor, con lo que el círculo teatral se cierra y consolida" (39).

Como se nota esa crítica no menciona los elencos de la anterior etapa, que son obligados a cerrar, ni tampoco los artistas que quedan silenciados o tienen que elegir el camino del exilio por no claudicar sus principios éticos y estéticos. Precisamente a partir de esos supuestos se contará con un artista asalariado que más que creador independiente tendrá que comprometer su arte a los lineamientos dispuestos por algún expedito congreso y unos burócratas que prontamente lo harán ejecutar.

No obstante, algunas salas independientes continuarán a duras penas sus representaciones por algún tiempo, como es el caso de la sala Prometeo intervenida por el gobierno en 1967 con una promesa incumplida de indemnización (Morín 327-31). Obviamente estas salas que quedan en pie en esos primeros años no podrán "competir" con todo el aparato estatal de "subvención"—lo que en el anterior gobierno no existía—el cual no les toca por mantenerse al margen de éste, no cuentan con la propaganda estatal, ni nunca pertenecieron a sus intereses. Antes, a la vez que la gestión económica podía ser más competitiva, era más flexible y dependía de la gestión personal de las respectivas compañías. El gobierno se convierte en productor de todos los espectáculos dramáticos del país y regidor hegemónico de lo que políticamente debía o no debía representarse; algo de que los elencos no tenían que preocuparse en el pasado, a pesar de que las representaciones no llevaran el punto de vista político hegemónico.

Por ejemplo, están los casos del teatro de izquierda de Paco Alfonso o el de Prometeo. El primero deriva del Teatro del Pueblo, en que los ideales ideológicos primaban. Tuvo que suspender sus funciones por falta de recepción aunque iba dirigido a las masas, las menos privilegiadas. Prometeo, con Morín a la cabeza, siempre estuvo preocupado por sus resultados estéticos y nuevas formas espectaculares y de repertorio; su espectro de recepción cubrió desde un teatro para el pueblo hasta una clase media culta minoritaria pero que esencialmente no tenía nada que ver con el punto de vista hegemónico. De hecho el movimiento que se produce en Cuba de las salitas a bajo costo, y otros planteamientos estéticos, a principios de la década del cincuenta, nace precisamente por la necesidad de desarticular el sistema hegemónico cultural de los grandes teatros de espectáculos, de repertorios muy variados pero netamente convencionales, que eran los gustos imperantes. También a la manera de Off Broadway, "parecía dar paso a una verdadera alternativa, financiera y cultural" (Marinis 37), se produce el auge de las salitas en Cuba cuatro años después de aquella opción neoyorquina. Morín, en lapidario y agudo análisis, resume las contradicciones de la época y su artista comprometido:

> La revolución nos abrió las puertas a grupos y espectáculos del mundo socialista que antes no conocíamos o no habíamos tenido la oportunidad de ver, y lo hizo, entre otras cosas, con la esperanza de demostrarnos que la creación artística era superior cuando no estaba condicionada por intereses mercantilistas. La teoría parecía darles la razón, pero en la realidad lo que descubrimos fue que, aunque había grupos de excelente calidad en esos países gracias a una respetable tradición en el cultivo de las artes, la sujeción a los condicionamientos políticos y a una forma enmascarada de interés material por parte del artista, que buscaba acomodamientos y privilegios, era más esterilizante que la presión comercialista—en un marco de libertades—, tal como ocurría en los países que ellos despectivamente llamaban "capitalistas". La prueba éramos nosotros mismos. La entrega desinteresada que caracterizó a nuestra generación nada tenía que ver con las ambiciones y lucha de intereses que había desatado la revolución. También, aunque nos resultara sorprendente, lo que este sistema propiciaba era menos popular. En los países libres, el público con su dinero decidía lo que quería o no quería ver y había que complacerle; en Cuba el gobierno, de acuerdo con sus propios dogmas, determinaba lo que era bueno para el pueblo y le daba unos materiales

saturados de propaganda ideológica u obras de "alta cultura", generalmente de un academismo rígido y para un gusto minoritario que no siempre era el mejor. En el mundo que ellos despreciaban, el arte de minorías se hacía a expensas del artista, como resultado de una vocación irrevocable, de una ansiedad creadora sin condiciones y una confianza absoluta en los resultados de la búsqueda personal. (283)

Es significativo que un teórico de la talla de Juan Villegas, de tendencia izquierdista, en *Para un modelo de historia del teatro*, al analizar tres dictaduras, dos de derecha (la de Franco y la de Pinochet) y una de izquierda (la cubana), parece dejar peor parada a la última:

> Considero que sería posible afirmar que en los primeros años del gobierno de Franco en España había una íntima correlación entre poder político, económico y cultural, la que se manifestó en los tipos de discursos críticos dominantes en la España de la época. En el caso de Cuba del período castrista, todo parece indicar que los tres poderes mencionados [el político, el económico, y el cultural] constituyen tres aspectos o plasmaciones de un mismo poder, el poder del Estado. En algunas de las dictaduras latinoamericanas, en las cuales se ha enajenado a ciertos sectores de los estamentos medios, se ha dado el fenómeno inverso, y el poder cultural se ha constituido en el antagonista del poder político, de modo que los discursos hegemónicos son portadores de los valores de los grupos opositores al poder político y económico. [...] En Chile, a partir de 1973 se establece la censura. Sin embargo, esta censura implicaba la censura de los textos a ser publicados. Es decir, debían ser aprobados para ser publicados. El hecho que las representaciones teatrales no eran "publicaciones" las eximía de pasar por la aprobación oficial. Una de sus consecuencias fue que una buena porción del teatro chileno después del 75 se configuró en el espacio de la crítica política. (101-02)

Así el Estado cubano al ser manejador de los tres poderes, dispone a su antojo de todos los recursos materiales y humanos del país. En el caso del artista, a la vez que se le enmarca, se le dicta y se le censura su trabajo creativo. En una palabra: en su mayoría automáticamente se convirtieron en obreros asalariados del Estado.

Al otro extremo, las pocas salitas independientes que sobrevivían, al no poder competir ni económica ni ideológicamente—lo que nunca fue su necesidad—con el Estado, irán quedando relegadas en el mejor de los casos, cuando no se les cerraban sus puertas, acusadas de contrarrevolucionarias, con el pretexto tal vez de erigirse en un posible "espacio de la crítica política". Éstas tenían pocas posibilidades ahora de elegir un reparto a la altura de sus propuestas que, de hecho, escaseaban. Como los teatristas o técnicos no eran totalmente independientes, al estar contratados por el Estado, se podía confundir su actitud—de querer trabajar en estas salitas independientes—como desafecta por elegir preferencias fuera del marco ya previsto. Estas salitas privadas nunca se erigieron como "espacio de la crítica política" como sucedió, según Villegas, en el caso chileno. Éstas pudieron seguir funcionando a duras penas, máxime ahora que existía la censura, con lo que antes no contaban, hasta que el gobierno las intervino[7]. Si comparamos, como hace Villegas, el caso español o el chileno con el cubano, este último será más desalentador: primero por el acaparamiento omnipresente de sus tres poderes hegemónicos; segundo, podríamos añadir, por establecer, sin lugar a dudas, una inigualable férrea censura; tercero, al igual, por su extensión temporal.

El 'nuevo teatro' de la Revolución

En general el teatro continental de vanguardia siempre quedó en desventaja al compararse con las otras manifestaciones artísticas del continente que sí se aseguraron un lugar en relación con sus homólogas europeas. A pesar de los esfuerzos de esa vanguardia teatral, en la cual Cuba se incluyó por derecho propio, por corregir la diferencia, ese déficit se nota en los principales centros focales del continente. En el caso cubano, todavía insiste una crítica, y hasta sus mismos creadores—aunque no es el momento de analizar a estos ahora—en achacar este subdesarrollo a la época prerevolucionaria, sin ver el fenómeno de una manera más global y distanciada a partir de la perspectiva que dan los años y sobre todo sin sectarismos ideológicos: "En realidad, la miseria de lo que pudiera llamarse nuevo teatro antes de 1959 era mucho mayor que cualquier otra" (Miranda 105).

De las tantas utopías que se pretendía en los inicios del nuevo régimen cubano, también era el de poner su teatro a la altura de las otras artes que ya sí habían tenido una rica tradición de logros. Sin embargo, la aspiración fundamental era servir de ejemplo y guía a todo el continente a partir de los nuevos presupuestos ideológicos: "Desde los primeros momentos de la Revolución, el gobierno de Cuba creó las estructuras y las instituciones para instrumentalizar la relación de estos nuevos postulados a nivel nacional e internacional" (Pianca, *El teatro* 61). Por supuesto el *alter ego* de este movimiento será el teórico y dramaturgo Bertolt Brecht: "Brecht, como muchos otros escritores socialistas, tiene una concepción general de la función del arte en la sociedad, la cual se fundamenta, a nuestro parecer, en el Realismo Socialista" (Toro 19)[8]. De esta manera se omitía toda la antigua tradición de la que se partía si no se ajustaba al entarimado ideológico de lo nuevo nacional, por eso muy pocos resistieron esa revisión: "José Antonio Ramos surge del pasado inmediato, dada su preocupación por la problemática social, económica y política. Muy al principio de la revolución se lleva a escena la *Tembladera* y se inaugura el Premio José Antonio Ramos, [el cual se le otorga a Montes por su obra *Las vacas*.] Sin embargo, la preocupación ideológica no es suficiente y la obra de Ramos y su puesta en escena es sometida a un riguroso análisis crítico" (Montes, "Teatro en *Lunes*" 20-21).

Congresos, festivales internacionales, concursos, lineamientos o publicaciones debían asumir y apoyar esa gran voz interesada en definiciones de lo que debía ser y aspiraba el nuevo arte en general, utópica aspiración que muy pronto dejó más sabor amargo que los logros pretendidos. Mientras se intentaba catapultar por todos los medios la línea realista y conectarlo al exterior; el mejor teatro que se produce, el de la otra línea que no era la realista, a la larga es abortado y aplastado por su sentido contestatario. A la vez se invitan a personeros foráneos de esa "anhelada ventaja" que instiguen a los rezagados del patio:

> Hugo Ulive [director uruguayo]—En estos momentos Cuba tiene la enorme ventaja, la anhelada ventaja, de una Revolución que la coloca en una doble posición: la de una *enorme libertad...* y de una *enorme responsabilidad frente a todo el conjunto de la cultura latinoamericana...* Los autores cubanos *deben saber*, y me creo en el deber de *advertírselos* como extranjero, que hay un enorme interés por ver *cómo la Revolución influye en la obra creadora*, cómo produce *un teatro que seguramente se va a manejar dentro de otras coordenadas...* El autor cubano *deberá siempre circunscribir su labor creativa*, como toda empresa cultural latinoamericana que se emprenda, *dentro de lo popular y lo nativo... No puede considerarse teatro nacional* un teatro que imite exteriormente solamente la forma de lo nacional... (*apud* Montes, "Teatro en *Lunes*" 31-32)

Montes comenta de esta reunión en la que participa: "En realidad todas estas definiciones sobre el teatro nacional eran engañosas. No se trataba de definir el teatro nacional sino la función internacional del teatro cubano. Esto explica la importancia de Ulive en esta reunión" ("Teatro en *Lunes*" 34, nota 4).
Continuará el nuevo teatro bifurcándose en esas mismas líneas que ya había elegido desde su inicios vanguardistas. Ahora estas líneas se relacionan con el proceso revolucionario, Terry L. Palls al estudiar la primera década de este teatro expresaba: "los dramas que se publicaron o se presentaron durante la primera década de la Revolución pueden dividirse en dos grupos: realista revolucionarios y no-realista revolucionarios (*apud* Febles, "Prólogo" 5). Palls subdivide el primer grupo en "tres orientaciones"; Febles las resume como: "las obras de esta índole pueden catalogarse conforme a su empeño por justificar, explicar o criticar la transformación del antiguo sistema capitalista" ("Prólogo" 5). La otra división, de no-realista revolucionarios, la afilia al teatro absurdista y entre las varias nociones que baraja, cita Febles dos fundamentales:

> Primero, el presente social sólo le interesa al dramaturgo en la medida que evoque asociaciones y produzca reacciones en el público... Segundo, en vez de reproducir la condición humana en términos objetivamente realistas, los dramaturgos a menudo la interpretan en una metáfora dramática constituida por reconstrucciones de sueños o pesadillas y por una farfulla incoherente que toma el lugar de un diálogo secuencial y lógico. (5)

Después de las anteriores caracterizaciones, Febles propone una tercera categoría, irrefutable por su evidencia, que Palls no incluía por omisión: "para justipreciar la dramaturgia de esta primera década en su totalidad y la de Montes Huidobro en particular" (5). El crítico se refiere a lo que, "siguiendo la terminología de Palls, habría que nombrar 'teatro no-realista antirrevolucionario', o sea, aquel que se ajusta a los parámetros susodichos pero que oculta una actitud política antagónica al suceder transformativo en cuestión" (5). Por supuesto, la denominación de "teatro no-realista antirrevolucionario", admite la posición que a todas luces siempre se ha intentado aplastar y ocultar, la cual da la otra imagen de la verdadera realidad.

A pesar de todo, por aquellos días, en el escenario nacional, preponderaba más y con más fuerza dramática el omnipresente entusiasmo. La sombra trágica de las represiones detrás del entarimado escenográfico quedaba relegada por aquel. Por lo que muchos autores jóvenes intentaban desde adentro en sus inicios sumarse a los acontecimientos, participando en los nuevos cambios. Son elocuentes, otra vez, las afirmaciones de Morín:

> Nuestros autores teatrales estaban conscientes de que en gran medida sobre sus hombros pesaba la responsabilidad de crear un teatro nacional. Los más viejos no habían sido capaces de organizarse, pero los bisoños crearon la Unión de Jóvenes Dramaturgos Cubanos. Muchos de estos fundadores lograron una obra interesante, otros quedaron en el camino. Fueron ellos: Fermín Borges, Adelaida Clemente, Gerardo Fernández, Ignacio Gutiérrez, Reinaldo Hernández Savio, Rafael López, Matías Montes Huidobro, Gloria Parrado, Reinaldo Pérez Guerra, Manuel Reguera Saumell, Frank Rivera, Severo Sarduy, Emilio Taboada y Arturo Viela. Arrancaban llenos de ideas y voluntad de realizarlas, todavía ignoraban que de ese momento en adelante nadie estaba autorizado en el país a tomar decisiones, que éstas correspondían a un sólo hombre o a alguno de sus incondicionales si él se lo permitía. (232-33)

De este grupo Fermín Borges, Reguera Samuel (*Sara en el traspatio*, 1960; *Propiedad particular*, 1961; *El general Antonio estuvo aquí*, 1961; *Recuerdos de Tulipa*, 1962) y Montes Huidobro tuvieron el papel más sobresaliente. Sarduy es la excepción ya que toda su obra posterior derivó a la narrativa o la crítica. Los anteriores, entre muchos otros, tomaron el camino del exilio. Montes es el único de aquel grupo que continuará su obra dramática además de su obra crítica, narrativa y poética.

Cabe mencionar otros importantes dramaturgos jóvenes que, aunque al parecer no quisieron pertenecer a aquella unión, participaron activamente en la escena teatral estrenando sus piezas, como por ejemplo: José Triana (*El Mayor General hablará de Teogonía*, 1960; *Medea en el espejo*, 1961), Antón Arrufat (*El vivo al pollo* y *El último tren*, ambas en 1959) y Abelardo Estorino (*El robo del cochino*, 1961). Triana posteriormente con *La noche de los asesinos* (1965) será el dramaturgo cubano que ha cosechado más triunfos en la arena internacional. Éste, como Arrufat, se interesó por el teatro cruel y absurdista; Estorino por el realista. Otros novísimos se irán sumando a estos años iniciales: en 1961 Nicolás Dorr con quince años estrena *Las pericas* y Raúl de Cárdenas *La palangana* y en 1962 José R. Brene *Santa Camila de La Habana Vieja*, entre otros.

Con relación a este teatro Campa suma un criterio muy general que en algún sentido no deja de ser cierto: "Conviene puntualizar, por ende, que lo nacional de la temática de estos autores se mantuvo atada a la época pre-revolucionaria. A pesar del auge y la promoción ofrecida por el régimen, este teatro no pudo más que cumplir con una etapa transitoria durante los primeros años de Revolución. Las obras de estos dramaturgos revelan el origen de sus formaciones en la época anterior, que por ser la más conocida por ellos y por las características ideológicas inherentes, restringe la temática de sus obras a la crítica del pasado" (Campa 22-23). Sin embargo, esta etapa bicéfala del teatro huidobriano no parece que concuerda del todo con las anteriores generalizaciones. Específicamente la de la parte comprometida, *La botija* no se ajusta al criterio anterior, "la acción se desarrolla en Cuba, en 1959" (89) aunque las réplicas de las figuras recuerden la prehistoria. Ya la de la parte cruel, en *Gas en los poros*, la época y lugar, según lo expresado por el autor en las acotaciones, "no [están] muy precisamente definidos" (105) aunque corren los paralelismos temporales y espaciales de pasado a presente y viceversa. En *La Madre y la Guillotina* "la acción [ocurre] en Cuba, 1959" (167) y por lo peligroso del tema la guarda "y no se la enseñ[a] a nadie" (232). En *La sal de los muertos* la temporalidad espacial queda como en el extraño borde del 'diciembre de 1958', como si esta temporalidad lo excluyera en la posibilidad de salirse fuera del juego aunque se pasa según el cotexto de presente y pasado sin distinciones.

Segunda etapa bicéfala del teatro huidobriano (1959-1961). Primera parte: la brechtiana o de "la breve esperanza"

El teatro de este dramaturgo en este período está representado por sendas trilogías bicéfalas e irreconciliables: una, la de "la breve esperanza" y otra, que he llamado la de 'la crueldad' y que se estudia en el cuarto capítulo. Como señalé en el capítulo II, en el 'deslinde de la primera etapa', esta parte comprometida es la que Escarpenter denomina "la trilogía de la breve esperanza" ("La impronta" 62). Incluye en ella la pieza en tres actos *Las vacas* (1960), inédita y premio José Antonio Ramos ese mismo año, y las dos piezas en un acto *La botija* (1960) y *El tiro por la culata* (1961). Las dos últimas son las únicas que quedarán incluidas en el análisis. Febles comenta acerca de esta parte: "la revolución triunfante halla en el dramaturgo un cantor momentáneo que reitera de algún modo la esperanza generalizada con que se percibieron los cambios radicales que anunciaba el flamante régimen y que prometía desarrollar en un ámbito saneado, esplendoroso y democrático" ("Prólogo" 4).

Estas piezas nacen, recordemos, de la "necesidad de crear un repertorio de obras dramáticas fáciles de representar [...] que reflejara los acontecimientos que venían teniendo lugar en Cuba revolucionaria de ese momento" (85). Sin reservas, Montes aseguraba de una de estas piezas: "Básicamente, no hay ningún compromiso forzado en *La botija*" (85). La última, *El tiro por la culata* responde al llamado del Festival de Teatro Obrero y Campesino (1961) cuyo propósito "era doctrinal y tendía a la descentralización del movimiento teatral" (127). Como síntoma de su época, una funcionaria cultural decía a Montes en una entrevista: "El reciente concurso de Teatro Rural aportó diez obras, pero *necesitamos más*, por lo cual siempre recibimos todas las obras de autores cubanos, de duración corta, *que se adapten a nuestro trabajo con los campesinos y obreros*" (127, el énfasis es mío).

De todas maneras habría que tener en cuenta ciertos elementos que introduce el dramaturgo que, al parecer, lo distancian en algo de las líneas proselitistas que pedía la época. Al referirse Escarpanter a las piezas que él denomina 'trilogía de la breve esperanza' aclara:

> Distintos entre sí, estos textos muestran un propósito común: reflejar el momento de transformaciones político-sociales propiciado por el nuevo gobierno y echar una ojeada ahora sarcástica al pasado inmediato. Estas piezas están concebidas en tono de farsa, a menudo absurdista, escuela triunfante por entonces en la escena hispanoamericana, y revelan por primera vez el incisivo sentido humorístico del dramaturgo. Pero considero que la elección del género de la farsa no fue un simple detalle de moda literaria. Creo que respondía a razones mucho más profundas. La farsa presupone, en primer lugar, una fidelidad a los postulados antirrealistas y, en segundo término, exige una postura distanciada del mundo inmediato que se escoge como material dramático. Aunque la apariencia de las tres obras sea optimista y se prodiguen en ellas recursos cómicos y caricaturescos, leídas hoy muestran una actitud cautelosa por parte del autor, quien muy temprano había vislumbrado que las ilusiones depositadas en la revolución iban a resultar erróneas y efímeras. Este pronto desengaño se expresa ya nítidamente en las piezas que compuso en 1961: *Gas en los poros*, *La sal de los muertos* y *La Madre y la Guillotina*, aunque todas se asocian también con el ayer próximo y con el proceso revolucionario. ("La impronta" 62-63)

Significativamente, en este período de la 'breve esperanza', varias de las características más sobresalientes del teatro de este dramaturgo dejan de aparecer. Se evidencia la ausencia de los rasgos vanguardistas como los ritualistas y los de la crueldad. No experimenta con el tiempo dramático; sólo enfatiza el tiempo lineal, sin fragmentaciones, sin grandes progresiones; vuelve a la unidad de tiempo aristotélica. Tampoco el signo lumínico está en la creación del ambiente ni abunda en acotaciones autoriales. Sí hay que señalar, y ya varios críticos lo indicaron en *Los Acosados* como Escarpanter ahora, el uso de un diálogo diáfano, cercano al habla del pueblo, sin llegar a estereotipos costumbristas.

Farsa del sin sentido al con sentido, La botija[9]

La botija (1960) es una readaptación, en un acto para este pequeño formato, derivada del primer acto de *Las vacas*[10]. Si aquella nació del primer acto de *Las vacas*, ahora, a la vez, *La botija* representa el germen de lo que después será *La sal de los muertos* en lo que respecta a una parte de su temática. Por pertenecer a la 'trilogía de la breve esperanza', es representativa del momento histórico que la vio nacer aunque la 'esperanza', como analizaré, quede permeada por un distanciamiento irónico ajeno a lo que podría esperarse.

La pieza nos muestra el espacio asfixiante y de cerrazón en que vive una supuesta familia acaudalada en el primer año de la Revolución y el intento fallido de tratar de salvar una botija con dinero que han escondido. Sin embargo, en este caso el matrimonio, que irónicamente ha pertenecido a la 'cúpula del nuevo gobierno instaurado', al esconder el dinero mal habido de épocas pasadas en la botija, al final, tendrá que deshacerse de éste más por imposición que por su propia voluntad. Lo implícito de esta idea central de la pieza, es tratar de justificar esa devolución impuesta por una supuesta repartición equitativa de la riqueza mal distribuida, una de las tantas ilusorias ideas de aquellos primeros días.

Como en *Los acosados*, la ubicación espacio temporal "se desarrolla en Cuba" pero ya elocuentemente "en 1959"; así continuará en general ubicando Montes toda su obra, salvo algunas excepciones. Ahora la historia dramática sucede en el campo, en la sala de la casa en la cual vive la pareja enclaustrada, según se infiere a través de las "alusiones dialógicas al espacio" de las figuras (Spang 203). Otra vez éste es mostrado como el lugar concreto de la acción, y queda limitado al de las "cuatro paredes" (95). La "ventana de persianas, cerrada, al fondo" y las "cuatro paredes" delimitan el otro borde fronterizo del espacio aludido. Continúan atrapadas las figuras principales en un espacio "asfixiante" (92), sin salir y encerradas "entre [...] cuatro paredes" (95). Como al final exclama la Mujer: "Estamos acosados por todas partes" (98). Se acentúa la cerrazón al resaltar las réplicas el miedo de abrir "una ventana de persianas, cerrada, al fondo" (89) en cuyos alrededores se ara la tierra:

> El Personaje. Podríamos abrir la ventana... Es necesario un poco de aire.
> La Mujer. ¿La ventana? ¿Se ha vuelto loco? Los campesinos están ahí, arando en el traspatio. (92)

Aquí el acoso que sufren las figuras principales ha empeorado si se compara con *Los acosados*. El espacio aludido, ahora el Estado (que al final está representado por el Señor), atenta contra ellos, hasta el punto de que sus vidas están en peligro constantemente. Por lo contrario, en la anterior pieza la influencia del exterior era de otro orden: aquellos estaban atrapados a sus gustos de consumo, gustos que al parecer la sociedad alimentaba—el Estado estaba ausente—para crear en ellos su dependencia. Por supuesto, aquí estas relaciones de convivencia mutua entre lo uno y lo otro jamás llegan a reconciliarse; en *Los acosados* el ciclo parecía terminar con haber finalizado los pagos de lo comprado mientras que las figuras no decidieran comenzar otro. En ambas piezas también aparece, desde adentro del espacio mostrado, una perturbación en contra de las figuras principales, que siempre son seres indefensos. Si en *Los acosados* la luz amarilla era un cuasi personaje que se había instalado acaparando para siempre un espacio entre la pareja, aquí en nombre de la contrarrevolución desde siempre se ha instalado el Personaje, acosándolos constantemente. Éste aguijonea con su interferencia, desde esa precariedad espacial de encierro, al Hombre y la Mujer durante toda la historia; al final el Señor traspasa el espacio aludido para exigir la botija. El acoso se agudiza desde adentro por el Personaje (que poco a poco viene a ser, entre otras cosas, una contrarrevolución insulsa y ridícula) y desde afuera por el Señor (además de Estado, léase público o vecindad, pueblo o masa). Aquí la semantización espacial es a través del espacio único, cosmovisión representativa al sugerir no sólo la soledad y el enclaustramiento en que viven las figuras principales sino también la dicotomía irreconciliable entre espacio mostrado, el de adentro, en que viven éstas y el otro venido a menos [el Personaje] y el espacio aludido, el de afuera (Spang 205, 216), que representa la voz comprometida del proceso. Ahora que se han reinvertido los polos de influencias hegemónicas con sus 'esperanzadoras equidades' y como en casi todo el teatro posterior monteshuidobriano, las figuras en la historia dramática (como en la realidad) sufrirán catastróficas e irreversibles desventuras debido a esas ilusorias reivindicaciones[11].

A las figuras principales ya les han confiscado "todas sus tierras", las que les rodeaban y cuantiosas sumas de dinero (91). De comodidades, añade el cotexto, quedan pocas, sólo unos accesorios escenográficos: "un sillón, una silla y una mesa de noche" (89). Así replica la Mujer al Personaje: "Hemos perdido veinticinco mil pesos en su último plan [contra la Revolución] y veinticinco mil nos han quitado [la Revolución] por malversación"(93-94). También según conocemos de la prehistoria dramática, a través de las alusiones dialógicas, extrañamente el Hombre y la Mujer han salvado sus vidas o se han librado de ir a la cárcel una vez descubiertos por la 'benevolencia revolucionaria'[12]:

> El Hombre. ¡Habana! (*Entre accesos de tos.*) [...] ¡Ese proceso, esos jueces, esa investigación! ¡La Habana estuvo a punto de matarme!... Y esos contrarrevolucionarios por el otro lado, tratando de quitarme el poco dinero que tengo escondido [...]
> La Mujer. No hables más del asunto... Es algo que yo me sé de memoria, con puntos y comas... Y no dirás que fui yo quien te mezcló en todo esto... Pero si no hubieras seguido los consejos del señor farmacéutico [el Personaje]...
> [...]
> El Personaje. Lo recuerdo claramente... Se trataba de una simple sugerencia... Uds. estaban consternados... Acababan de perder todas las tierras... Una solución se hacía inevitable...
> [...]
> La Mujer. ¡La contrarrevolución! ¿Es que eso le parece a Ud. una simple sugerencia? ¡El descubrimiento, el ridículo, los hilos, el proceso! ¡Poco más, la cárcel! (90-91)

Las *dramatis personae* distinguen con designaciones genéricas a las figuras principales, el Hombre y la Mujer. A pesar del *status* social de antigua familia acaudalada y dueños de "tierras" que representan estas figuras principales, curiosamente quedan despojadas de 'nombres propios', como si las mismas pérdidas de las tierras y del dinero los llevara a perderlos. Si bien en *Los acosados*, con aquellas figuras, había sucedido lo mismo, como había señalado Escarpanter, se nota que por la situación de precariedad y sobrevivencia en que vivían les correspondían a la vez, analógicamente, aquellos despojos de sin nombres propios. Nombres genéricos que se correspondían con su desesperante situación económica. El autor quiere enfatizar, de manera diferente, este contraste en las figuras principales como a la vez lo hará con las figuras secundarias. A la vez, como fue (y sigue siendo) en aquella realidad cubana, nos enteramos en la historia dramática que el Hombre, curiosamente, "dirigía la reforma agraria en el nuevo gabinete [revolucionario]" (92)[13]. Promiscuidad extraña entre el viejo régimen con el que se quiere acabar y el nuevo régimen que pretende ser el saneador. Al implicarlos, señala la severa crítica del dramaturgo, la hipocresía tanto del uno como del otro.

Se acompaña a las designaciones genéricas despersonificadas del Hombre y la Mujer, en el espacio mostrado, otra de inclusión entrometida. Por su permanencia escénica, no se sabe cómo figura entre aquellas; así lo perciben las figuras principales y el espectador-lector. Esta figura secundaria al llamarse el Personaje, ya de por sí "presenta las mayores dificultades teóricas" (Pavis 354), limítrofe entre lo ficcional de su designación y la no menos ficcional, en sí, de la historia dramática. Recuerda en sus interacciones, a la vez, la metamorfosis histórica de 'personaje' desde sus mismos orígenes etimológicos, llegando a la modernidad, al deconstruirlo, por lo que resulta "difícilmente aprehendible" (Pavis 354-62). Figura que, de por sí extraña en su personación, queda entre el "actor [que] se diferencia netamente de su personaje, [y que] es sólo su ejecutante y no su encarnación" y la ambivalente forma de ser "poliformo" (Pavis 355, 362). Al Personaje, en su momento, se le caracteriza como una extraña intromisión ambulante dentro de la casa: "El Hombre. Te está oyendo. / La Mujer. ¿Y qué voy hacer? (*Refiriéndose al Personaje.*) Este hombre no se va nunca de esta casa. Basta que te decidas a botarlo. Necesito hablar" (94). Ya todavía casi al final la Mujer le pregunta: "¿Pero de dónde ha salido Ud.? ¿Qué cosa busca entre nosotros? / El Personaje. ¡La botija! ¡Es necesario que se deshagan de la botija!" (96). Y otra vez, poco antes del final, la Mujer exclama: "Es mía. ¡Váyase Ud.! ¿Qué derecho tiene a meterse en esta casa? / El Personaje. Querida amiga, la contrarrevolución necesita de Ud..." (97). Por su personificación amplificada, es a las claras el menos aprehendible de todos. Su ostensión insinúa una "sinécdoque: [la] parte remite al todo" (Pavis 342). Su ludismo, su no ser por momentos y sus varias apariencias, de sin o con sentido, multiplican su semantización, coadyuvan a la efectividad dramática de la pieza; personaje ambivalente que, a la vez, lo identifican, por separado, como farmacéutico (92, 96) o médico (90), espía-asesino (93) u hombre de poca confianza (95), instigador de sugerencias (91).

Como se adelantó, al final aparece otra figura secundaria, el Señor, otra 'inclusión entrometida': "inesperadamente, un señor sube desde el público" (98). Inverosimilitud que podría ser más discutible en su apariencia, aunque esta figura represente al público, y en escala mayor, se sobrentiende, al pueblo que toma la voz del Estado. Se agudiza esta figura al nombrarla 'el Señor'. Además le acompañan ciertos modales en sus réplicas que contrastan con su caracterización de gente de 'pueblo' o, como debíamos leer ya, 'masa'. Es extraño el uso del adjetivo *señor* o *señora*. Ambos quedaron excluidos como fórmula de encabezamiento en el vocabulario oral y escrito desde los mismos comienzos de la revolución por parecer un defecto pequeño burgués retrógrado y denigratorio, so pena de que quien lo usara fuera estigmatizado como contrarrevolucionario y desafecto al proceso. Como era de esperar, el Señor resolverá el conflicto que plantea la obra, pidiendo para él la botija. Incluye en su mensaje a los vecinos, pero sobre todo recalcará más al 'público', para no "abandonar [tal vez] su apego al metateatro" (Febles, "Prólogo" 6). ¿Acaso insinúa su ficcionalidad? Antes de caer el telón, el cotexto señala: "Con naturalidad, [el Señor] toma la botija. La Mujer no opone resistencia. Sale de nuevo por la sala" (98).

La historia dramática parece calcada de la realidad del momento. Según Escarpanter, el interés del dramaturgo era "reflejar el momento de transformaciones político-sociales propiciado por el nuevo gobierno y echar una ojeada ahora sarcástica al pasado inmediato" ("La impronta" 62). No obstante se debe añadir que esa ojeada 'sarcástica' llega a extenderse hasta el presente revolucionario. Al elegir el dramaturgo los nuevos aires absurdistas en tono de 'farsa' y la manera irónica que entrevera su cáustico humor, lo distancia de la realidad que refleja. Recordando, una vez más, a Escarpanter—crítico que ha calado tan profundamente en la obra dramática de Montes—, éste afirmaba:

> considero que la elección del género de la farsa no fue un simple detalle de moda literaria. Creo que respondía a razones mucho más profundas. La farsa presupone, en primer lugar, una fidelidad a los postulados antirrealistas y, en segundo término, exige una postura distanciada del mundo inmediato que se escoge como material dramático. Aunque la apariencia de las tres obras [*Las vacas*, *La botija* y *El tiro por la culata*] sea optimista y se prodiguen en ellas recursos cómicos y caricaturescos, leídas hoy muestran una actitud cautelosa por parte del autor, quien muy temprano había vislumbrado que las ilusiones depositadas en la revolución iban a resultar erróneas y efímeras. ("La impronta" 62-63)

Si nos atenemos al concepto de que "los dramas del absurdo [...] perpetúan en nuestro tiempo la tradición de lo cómico bruto y del sin sentido" (Pavis 218), esta falsa, sin tanto "del sin sentido", apunta, como señalé al comienzo, al 'con sentido'. Por su crítica velada de la realidad, aunque trate de calcar a esta desde adentro al ser partícipe de ella, el dramaturgo a través de los recursos dramáticos elegidos distorsiona aquellas conceptualizaciones pavisianas que no encajan en su pieza. Entonces se podrá aseverar que en sus engranajes más íntimos, esta pieza, por el distanciamiento asumido y su "aptitud cautelosa", luce que no se ajusta desde los inicios a aquellos moldes que ya iban siendo impuestos a la 'escena' cubana en esas tempranas fechas.

Antón Arrufat en una reseña en el periódico *Revolución*, después de publicar la pieza en la *Revista Casa de las Américas* (1959), comentaba: "nos agrada en el autor ese sentido humorístico y grotesco... Nos agrada en él la ironía, el sarcasmo. Nos agrada la facilidad del diálogo, y sobre todo, el estilo. [...] Otra virtud admiramos en Montes Huidobro, la carencia de poesía verbal" (*apud* Montes 86). También algunos de esos "méritos" ya los había señalado Escarpanter en *Los acosados*, específicamente el del uso de expresiones coloquiales en el diálogo cercanas al habla del pueblo y sin llegar a estereotipos costumbristas ni a verborrea florida ("La impronta" 62).

En efecto, y como toda farsa debe pretender, aquí "al menos triunfa en no dejarse reducir jamás, [aunque al final parezca ser] recuperada por el orden" estatal (Pavis 218). Así "[e]sta rapidez y esta fuerza otorgan a la farsa un criterio subversivo: *contra los poderes* morales o *políticos*..." (Pavis 218, el énfasis es mío). También de la farsa se evidencia más "la amplificación grotesca de los personajes" (Pavis 361-62) por medio de la exageración e ironía de los discursos y por la comicidad y el absurdo de los polílogos. Aunque la acotación autorial sea mínima o casi nula, ésta apoya lo lúdico. Además es de esperar que las figuras abunden en códigos no verbales, como podrían ser, entre otros, la mímica y los gestos; añadiendo la plurimedialidad que caracteriza a la presentación dramática (Spang 158). Efectivamente, Pavis señalaba que la "farsa debe su popularidad eterna a una gran teatralidad y a una atención fijada en el arte de la escena y de la técnica corporal, muy elaborada, del actor" (218).

En una de las secuencias de la pieza se presencia, rápidamente, una ejecución criminal. La palabra parece que vuelve a recuperar sus poderes mágicos como en *Los acosados*. Se induce por medio del trance cailloisiano (*illinx*) la muerte del Hombre sin tener que pasar al segundo nivel de ficción secundario. Ahora la Mujer es la ejecutora oficiante y el Personaje su principal ayudante. Éste, bastante activo, actúa como sugestionador para incrementar la susceptibilidad y así producir, en vez del trance, la muerte (Caillois 94) del Hombre que es la víctima a ejecutar:

La Mujer. [...] ¡He hecho lo que no te imaginas! No iba a vivir sólo con tu desprecio... ¡No iba a oler siempre la peste de tus queridas! ¡El dinero es mío, mío, y te vas a morir, y te voy a enterrar, para quedarme con la botija!
El Hombre. ¡Me muero, mi corazón, las palpitaciones!
La Mujer. Eso quiero yo, que te acabes de morir... ¡Muérete! ¡Ya! ¡Ya!
El Hombre. ¡Mi cabeza!
El Personaje. Es la botija.
El Hombre. No puedo más. Mi cabeza me da vueltas.
El Personaje. Es la botija.
El Hombre. Todo gira. Las cosas no se detienen.
El Personaje. Es la botija.
El Hombre. No puede ser... No puede ser...
El Personaje. Su mujer intenta robarlo... Su propia mujer...
La Mujer. ¡Canalla! ¡Canalla!
El Hombre. ¡Mi botija! ¡Mi botija!
La Mujer. No se lo irás a decir... ¡Acaba de morirte! ¡Acaba de largarte al infierno con todas tus queridas!
El Personaje. Una palabra... ¡La contrarrevolución!
El Hombre. (*Hace esfuerzos por hablar.*) ¡La botija! ¡Perra! ¡La botija está...!
Agoniza. El Personaje se ha acercado al Hombre para escuchar. El Hombre hace esfuerzos por hablar pero no puede. La Mujer, temiendo que hable, corre precipitadamente hacia la mesa de noche, la abre y toma la botija. El Hombre se muere. (96-97)

En *La botija*, por las intromisiones del Personaje y el Señor, las figuras principales son obligadas "a 'poner las cosas en claro' y resultan víctimas de un 'derecho consuetudinario' que ha encarnado en el populismo socializante" (Hernández, "Prólogo" 21). Sin lugar a dudas, con la intromisión permanente del Personaje en la casa como también después abruptamente la del Señor, *La botija* es un antecedente, más que significativo, de la pieza póstuma, *El No*, de Virgilio Piñera con sus jueces o acusadores públicos:

Vicente: ¿Un juez? ¿Y qué más juez que usted mismo, y este señor (*señala al Hombre*), y esta señora (*señala a la Vieja*), y estos jóvenes? (*los señala*). De buenas a primeras tocaron a la puerta, pidieron pasar, tomaron asiento, y ese señor (*vuelve a señalar al Hombre*) nos dijo, sin más ni más, que venían a

averiguar por qué Emilia y yo no nos habíamos casado. (*Pausa.*) Y ya que usted habla de jueces y de justicia, déjeme decirle que también ellos tendrían sanciones para ustedes. Yo podría acusarlos de allanamiento de morada.
Viejo: Nosotros no rompimos la puerta. Como usted mismo acaba de decir, tocamos, pedimos entrar, nos sentamos y...
Vicente: (*Lo interrumpe.*) Y empezaron el proceso. A las cosas hay que llamarlas por su nombre. Y yo me pregunto: ¿con qué derecho? Que yo sepa, no es delito no casarse. (106)

El Hombre si no se hubiese muerto, situación sobre la que no se debería especular, tal vez hubiera podido argumentar lo que Vicente declaraba a ese intruso tribunal popular: "Todos ustedes tienen una justicia muy especial: pueden decir "no", y es un "no" tan incondicional que para sostenerlo se constituyen en tribunal. Pero si Emilia y yo decidimos "no", es un "no" infamante" (Piñera, *El No* 108). En *La botija* la respuesta de la Mujer no se hace esperar, la cual pasa por cuatro estados de comportamiento: a) alteración; b) confusión; c) protesta enérgica y d) no resistencia (98):

Inesperadamente, un señor sube desde el público.
El Señor. ¿Mi botija? ¿Están hablando Uds. de mi botija?
La mujer. (*Alterada.*) ¿Quién es Ud.? ¿De dónde ha salido?
[...]
El Señor. Todo el mundo está molesto. El público no resiste una palabra más. Y al oír que Uds. hablaban de mi botija...
La Mujer. ¿Qué es esto? Será necesario poner las cosas en su lugar...
El Señor. Efectivamente. Yo pido mi botija. El público pide su botija. ¡Nuestra botija! No les pertenece. Todos lo sabemos ya. El dinero robado jamás pertenece a los ladrones.
La Mujer. ¡No pensará recuperarlo! ¡Esto también! Comprenderá que mi marido ha muerto por algo...
El Señor. Cosa, por otra parte, muy lamentable... Pero el público pide su parte...
La Mujer. ¡Esto es un insulto!
El Personaje. ¡Un escarnio!
La Mujer. No representamos nuestra tragedia para esto.
El Personaje. Es un fraude.
La Mujer. Nos quejaremos al Sr. Director. Esto no estaba en el libreto.

El Señor. Nuestra botija...
La Mujer. ¡Nuestra botija! Es el colmo...
El Personaje. Ha sido una trampa.
La Mujer. Estamos acosados por todas partes...
El Señor. Cosa, sin duda, muy lamentable. Si me permite la botija...
Con naturalidad, toma la botija. La Mujer no opone resistencia. Sale de nuevo por la sala. Cae el telón. (98)

La pieza especula con la idea calderoniana de la doble ambivalencia entre lo ficcional de la historia dramática y la posible realidad. Una historia dramática sujeta a cambios, al introducir un segundo nivel de ficción, una vida como teatro. Ilusoria representación son nuestras vidas. Todavía más cuando intenta sumar otro signo al construir un puente entre la representación de la historia dramática y la del espectador. Es por eso que "[l]a única posibilidad de apertura no debe, por tanto, buscarse en la relación escena-sala, sino en el vínculo que podemos establecer entre el universo representado y el nuestro" (Pavis 59). Tampoco nos ha de extrañar la idea calderoniana en este teatro. Algo semejante sucedía en las otras piezas analizadas: Cotton en *Sobre* afirmaba: "Estamos en una misma escena, en un mismo tablado, sobre las mismas rocas y en la misma tierra" (48). En *Los acosados* el hombre insistía: "Sí, es cierto, todo ha terminado. La farsa, la comedia, el drama" (79).

Como se habrá notado arriba, queda interrumpida la historia dramática "inesperadamente" al subir "un señor [...] desde el público". Esto sucede no sin cierta inverosimilitud, al reclamar para él y, sobre todo, para el público, la controversial botija. La protesta airada de la Mujer al exclamar: "No representamos nuestra tragedia para esto. [...] Nos quejaremos al Sr. Director. Esto no estaba en el libreto" (98), es un continuar ahondando en el recurso dramático preferencial, el del teatro dentro del teatro, al cual ya nos tiene acostumbrados el autor. Vale señalar, significativamente, que el primer nivel de ficción no se recupera; la pieza termina en el segundo nivel sin regresar al primero. Por lo que no llega a ajustarse a los términos teóricos discutidos anteriormente en el primer capítulo, de que "[e]stas secuencias de un nivel de ficción adicional siempre se subordinan al nivel primario del que se parte y al que se vuelve" (Spang 136).

Por todo lo antes dicho, esta farsa en todo su recorrido, incluyendo su final, extenúa con creces la idea de una representación realista. En efecto, aunque "*La botija* figur[e] entre aquellos empeños teatrales que procuraron sobrepasar la justificación para *explicar* más desde dentro que desde fuera el porqué de la Revolución y de las transformaciones monumentales que ésta proponía por entonces, [nunca la pieza] abandonar[á] su apego al metateatro y al ludismo escénico" (Febles, "Prólogo" 6). Sin duda, en su carácter más general, se podría incluir esta pieza en el segundo grupo clasificatorio pallsiano de "no-realista revolucionario" (*apud* Febles, "Prólogo" 5).

El tiro *falla la puntería* por la culata

El tiro por la culata (1961) se estrena el 22 de marzo de 1961 en el Festival de Teatro Obrero Campesino en la provincia central de Las Villas. Meses después, el ya prestigioso grupo Teatro Estudio representará otra vez la pieza, bajo la dirección de su importante director Vicente Revuelta, en el Teatro Ñico López del Municipio de Marianao en La Habana[14]. Ésta queda publicada, con otras, en *Teatro cubano revolucionario* ese mismo año (130)[15]. También por estas fechas Montes la readapta para un programa televisivo (CMBF)[16].

Si el lugar mostrado en *La botija* era el de una sala con una única ventana de persianas, cerrada al fondo, limitado por el otro lugar aludido, el campo, con mínimas referencias; ya en esta pieza, en un acto, estamos propiamente en el campo. Le es fiel a aquel Festival Campesino. Lo que según Febles "refleja el compromiso aprobatorio de acuerdo con el molde prescrito por Palls de ubicar la anécdota en un contexto prerrevolucionario opresivo para razonar en un contexto realista (en este caso, ese del campo isleño que Montes Huidobro conoce bien pero en el que a todas luces no se siente a gusto) la necesidad de cambios socioeconómicos y políticos radicales" ("Prólogo" 6). La pieza se ajusta al primero de los dos grupos de Palls, en esta "primera década de la Revolución", es decir, el de "realista revolucionario" al criticar las injusticias del antiguo régimen capitalista (*apud* Febles 5).

Ahora la "acción tiene lugar en Las Villas [provincia donde nace el autor, específicamente en Sagua la Grande, en la cual vivió su niñez y parte de su adolescencia] en 1957" en un espacio múltiple antitético (131). También el aspecto cualitativo de la configuración, según Spang, el cual "se basa en las relaciones de contraste y correspondencia", queda realzado por el "llamativo y espectacular [...] contraste antitético entre los componentes de la configuración: rico-pobre" (179). Así este contraste antitético está dado principalmente entre el hacendado Don Gaudencio y sus arrendadores, la familia de Isidro. Se continúa resaltando el contraste antitético en donde la acción tiene lugar. El espacio mostrado de la primera y tercera (última) escena, el del "[d]espacho [de] la hacienda de Don Gaudencio, en [una c]asa de madera, pero acomodada" (131), se resalta contrastando con el de la segunda escena, la del "[i]nterior de un bohío cubano convencional [con m]esa, taburetes [y] aparador" (136). Así ambos espacios coadyuvan a agudizar desde sus inicios la situación conflictiva de la historia dramática. Lo que permite inferir, según Espadas, en su ensayo inédito, que "Don Gaudencio's power is *exploitative*, based on the wealth and position that allow him to subject others to his needs and uses, as he makes a mockery of marital fidelity and of the system of *compadrazgo*. [Mientras que] Carmelina's power can be described as *competitive*, in that it brings out dormant or not fully developed qualities in her and, as a more constructive type of power than the exploitative variety, it is of higher order and is conducive to victory" (*apud* Montes 130).

Entonces una parte, la primera, queda representada por el acomodado político que viene de La Habana con el 'buen propósito de revisar' sus tierras con su administrador Casimiro y, en especial, de ver a su ahijada a quien desde que la bautizó, cuando era muy chica, no ha visto y ya ha cumplido diecisiete años. La otra parte es la de la familia de los campesinos pobres, compuesta por Isidro, su mujer Ramona e hija Carmelina (ahijada de Don Gaudencio) que a duras penas pueden subsistir de sus tierras arrendadas. Esta bipolaridad antitética se agudiza al conocer de la prehistoria dramática que esta familia se siente chantajeada por un papel que Isidro ha firmado a Don Gaudencio y por no pagar a tiempo el dinero recibido perderían el derecho de arrendamiento de sus tierras y podrían ser desalojados. Por todo lo anterior, Espadas sostenía, según cita Montes en el correspondiente entreacto, que esta pieza es "a Cuban version of the tale of the 'farmer's daughter' [y, en su sentido más general,] a metaphor for the larger society's exploitation of its more marginal members [...] though one could say that humor has somewhat mitigated their intensity, power and violence are present in various forms" (129-30). Añadía además:

> While the violence implicit in the situation remains covert, it is more than the *simple violence* in which one protests being placed in a situation of impotence; rather, it is what one might term *fomented violence*, in which there is stimulation of the sense of impotence and frustration in the intended victims for the purposes of the originator. (130)

Las expresiones coloquiales, el humor y el sarcasmo en las réplicas, aquí en las interacciones de contraste entre Don Gaudencio y Carmelina o las de correspondencia entre Don Gaudencio y Casimiro, representan otra vez el mejor acierto. Estas son características propias de esta etapa huidobriana. Sin embargo, los límites de ambivalencia absurdista o cierta posición de distanciamiento que proponía el autor dramático en *La botija*, ahora desaparecen, a pesar del cierto 'experimento novedoso', proponiendo claramente un teatro realista. Calvert Casey le adjudica al dramaturgo el haber vertido en la pieza "una situación cubana anterior a la Revolución en el molde del teatro clásico español [con] ecos del entremés" (*apud* Montes 129). Casey llega a la conclusión de que "los resultados no fueron todo lo satisfactorios que el autor deseara, [aunque] el experimento valió la pena por lo novedoso" (*apud* Montes 129). Carmelina argumenta sus réplicas, para sorpresa del lector-espectador, con inusitada asombrosa sagacidad *vis-à-vis* los requerimientos mal intencionados de su hipócrita padrino; al final, ella se saldrá con la suya al devolver Gaudencio el papel firmado por su padre. Casey otra vez comenta: "Sorprendió oír hablar a la áspera doncella guajira con una astucia y ponderación que recuerda a la española inglesa cervantina" (*apud* Montes 129).

También la pieza recuerda del teatro clásico español algunos de sus principales tópicos. La villana (guajira) Carmelina, al contestarle a sus padres, se preocupa siempre por su honra:

> Carmelina. ¿Y qué te crees tú? ¿Que soy menos honrada de lo que tú eres? ¿Pero de dónde crees que he salido, mi padre? Yo sé bien lo que me traigo entre manos, que no me vendo por una peseta ni por un peso, ni por todos los pesos de la tierra. ¿Es que no me conocen? ¿Es que no me han visto como me defiendo de todos los que me ponen el ojo encima? ¿Es que creen que me voy a dejar hacer por el viejo ése? Lo que me duele es que no me conocen, porque si me conocieran me dejarían ir sola hasta el fin del mundo, que no necesito que nadie cuide mi honra. (142-43)

Asimismo Gaudencio elogia de su astuto y pícaro administrador Casimiro sus maneras de decir que según aquel no parecen que le son afines:

> Hablas muy bien, mi fiel Casimiro... No pareces ya un simple administrador de provincias, sino letrado de las grandes capitales... (134).

Concluyendo esta etapa de la "breve esperanza", al igual que en *La botija*, aquí la acotación autorial es mínima o casi nula. Las pocas que quedan diseminadas en la pieza no intentan las implícitas ganancias ritualistas de la primera etapa. El autor se deshace de otros signos espectaculares ya característicos de su teatro. El uso del signo lumínico se ausenta de la escena. Los experimentos espacio-temporales que vimos en la anterior etapa, tampoco aparecen. El tema de fondo de intención metafísica artaudiana es omitido. Sin embargo, es necesario reiterar la utilización de un diálogo diáfano, de frases coloquiales y un humor nunca antes visto en su teatro. Humor que lejos de querer perpetuarse a través de los moldes establecidos 'de lo cómico bruto y del sin sentido' lo ha elegido con sentido como límite de distanciamiento crítico. El autor no llega al escepticismo que plasma a las claras en la trilogía cruel, que se analizará a continuación, y que Montes entremezcla también por estos años. En efecto, sí experimenta con las técnicas absurdistas en *La botija*, herederas de Virgilio Piñera. También este absurdo ya va siendo moda en Hispanoamérica a través de las homólogas europeas. Si la aptitud asumida del autor se ve modelada por los acontecimientos históricos, también ahora, tal vez, ha vertido, valiendo "la pena por lo novedoso", una situación cubana prerrevolucionaria "en el molde del teatro clásico español" del entremés cervantino como otra forma de no implicación total con la cruda realidad que presenta.

Recordemos que este 'naciente' teatro nacional, impulsado por la concepción marxista "de la función del arte en la sociedad la cual se fundamenta [...] en el Realismo Socialista" (Toro, *Brecht* 19) y que ya iba siendo impuesto en todo el sector artístico, debía revelar ese carácter doctrinal en sus intenciones últimas. Este arte tiene:

> una función concreta y específica dentro de la sociedad y por lo tanto no puede ser algo desligado de aquella. Es un modo de producción más, y consecuentemente su producto tiene que ser algo *usable* y *aplicable*. Una función del arte aceptada y reconocida por todos los artistas que comparten esta concepción estética, es la de señalar: el arte como un tipo de pedagogía particular. Por una parte debe desarrollar la conciencia social y política del proletariado—o de otras clases—es decir, usar el arte en función de una causa política. [...] Otra función distintiva del arte es la de mostrar a las grandes masas la posibilidad de una vida mejor en el futuro. (Toro, *Brecht* 19)

Con estos propósitos ideológicos, didácticos y fijos moldes para la creación, su peor ejemplo, en el contexto teatral cubano como también en Latinoamérica, derivó en el teatro de creación colectiva el cual pretendía erradicar al autor dramático. Estas piezas incurren en ciertas inverosimilitudes, como padece en general este tipo de teatro, creando "imágenes falsas de la realidad" (Toro, *Brecht* 21); además de sus finales optimistas que inducen a pensar en un futuro más esperanzador y promisorio. Como síntoma de esta época, paradójicamente, en las piezas crueles, la de la otra parte de la segunda etapa de carácter bicéfala—la que he llamado la trilogía de la crueldad—, se plasma el estado desesperanzador de convivencia en que vive el ser humano y la circunstancia siempre opresiva que atenta contra éste.

NOTAS

1. Morín continúa en otra parte reafirmando esta dicotomía: "Todo era teatro en Cuba, pero el teatro que hacía el gobierno era un teatro espúreo, no como el nuestro" (248).

2. Según Pavis en su *Diccionario*: "Para el francés de hoy la palabra *comédien* (comediante) denota igualmente al actor que hace tragedia, comedia, drama o cualquier otro género" (75).

3. Hugh Thomas apunta en su *Historia* a raíz de los juicios sumarios, encarcelamientos y fusilamientos: "el mes de diciembre de 1959 señala un paso crítico en el proceso revolucionario de Cuba, pues el gobierno hizo evidente que sus enemigos no podían esperar que se les juzgara con justicia" (*Historia* 389). En otra parte del libro continuaba: "En cárceles o en campos de concentración, hay gente contraria al régimen de casi todas las épocas del movimiento castrista, incluidos algunos que se opusieron a la revolución de Castro permaneciendo al lado de Batista y que, en 1959, evitaron de alguna manera ser fusilados 'en el paredón'. La mayoría de los prisioneros más importantes son, sin embargo, hombres de la fracasada 'revolución humanista' de 1959. Se trata de personas que constituyeron el apoyo esencial de Castro antes de que llegase al poder y de sus primeros meses en La Habana. Se separaron del régimen en 1959-1960" (529). Morín al expresarse contra la pena de muerte coincide con las reflexiones de Albert Camus (*Reflections on the guillotine, an essay on capital punishment*, Michigan City, Ind., Fridtjof-Karla Publications, 1960): "Los cubanos de mi generación habíamos vivido en un país donde no existía la pena de muerte. Nos parecía una costumbre bárbara con la que el Estado se ponía a la altura de los asesinos. Ahora los líderes "justicieros" de la revolución, provenientes muchos de ellos de medios gansteriles, la habían impuesto de nuevo. Les gustaba jugar con la vida de los demás, proyectar sobre la gente la sombra de la muerte. "Patria o muerte" era el lema de su revolución. Nos obligaba a convivir con ella" (299).

4. Rodríguez Monegal, en "La nueva novela vista desde Cuba" (*Revista Iberoamericana*, University of Pittsburgh, Pennsylvania, 92-93, jul.-dic., 1975), expresó: "No es el cubano un "boom" capitalista, promovido por industriales y publicistas; es un boom ideológico, promovido por un pequeño país sitiado pero que tiene el apoyo

internacional del vasto mundo socialista y que en toda América Latina se basa en la izquierda culturalmente poderosísima del continente" (651).

5. Como más tarde Rine Leal, en una revisión tardía ("Un cuarto de siglo de dramaturgia" (1959-1983)" *Revista de Literatura Cubana* 4, 1985), todavía insiste que en los años subsiguientes de 1960 al 1970 los espectáculos de este tipo de teatro "desideologizaban nuestra escena y la exponen como un mecanismo autónomo que opera en una campana de vacío" (33). Espinosa Domínguez argumenta al respecto: "Basta recordar, que precisamente tuvieron carácter ideológico las polémicas que se suscitaron en torno a textos como los de Milián [*La toma de La Habana por los ingleses*, *Vade retro* y *La reina de Bachiche*] y Camps [*En la parada llueve*], en los cuales éstos incluyeron elementos críticos y visiones de nuestra realidad e historia que no complacieron a los comisarios de la cultura" (37).

6. Montes Huidobro además de participar activamente como autor en este movimiento dramático, también ejerció asiduamente la función de crítico teatral en *Lunes de Revolución*, el cual dirigía Guillermo Cabrera Infante.

7. El gobierno cubano casi desde los inicios abrió un departamento en el Ministerio del Interior exclusivamente dedicado a "atender ideológicamente" toda la rama cultural del país.

8. Para un estudio de estas influencias en el contexto hispanoamericano véase de Fernando de Toro *Brecht en el teatro hispanoamericano contemporáneo* (Buenos Aires: Editorial Galerna, 1987). El interés que despertó esta teoría en el contexto continental "coincidió" extrañamente con los iniciales años de la revolución cubana. El crítico refleja, tal vez inconscientemente, la extensión y decadencia de esta teoría en la sección bibliográfica de "Teatro Hispanoamericano: Crítica" (247-50). Sólo aparecen como era de esperar, y nunca antes, artículos fechados en las décadas del 60 hasta llegar a las tres cuartas partes de la próxima década. Ese último síntoma temporal de anemia brechtiana no sólo se nota en la susodicha crítica, sino también en los autores afiliados a esta estética aunque algo más retrasados en sus comienzos creativos; esto se aprecia en la próxima sección que le sigue de "Teatro Épico Hispanoamericano"(250-51). Precisamente los trabajos ensayísticos a principios de los 80 de Toro y aquel libro de 1987 funcionan como corolario y resumen de una época pasada. Se podría presumir por las obras de los autores y la crítica un desgaste mayoritario de esa teoría por los finales del 70. Hay otros, los más panfletarios, que insisten todavía en que ese proyecto casi llega a nuestros días. Véase un ejemplo en: *El teatro de nuestra América: Un proyecto continental 1959-1989* (Minneapolis, Minnesota: Institute for The Study of Ideologies and Literature, 1990) de Marina Pianca. Las teorías brechtianas se encaminaban en el aspecto de luchas de clases de carácter ideológico sin interesarse en el ser humano *per se* de Nuestra América. Por este período, irónicamente las teorías artaudianas fueron menos estudiadas, a pesar de los permanentes logros que experimentó este teatro, y menos admitir el esfuerzo intentado por Artaud de conocer desde adentro una parte de nuestro continente y sus propuestas escénicas ("La conquista de México") sin duda más afines a este lado del Atlántico; las cuales proponían un giro de certidumbre y no de copia foránea. Ese proyecto monumental, que nunca se ha llevado a escena, Artaud lo eligió por varias razones: "A causa de su actualidad y por permitir aludir de muchos modos a problemas que interesan vitalmente a Europa y

el mundo. Desde el punto de vista histórico, 'La Conquista de México' plantea el problema de la colonización. Revive de modo brutal, implacable, sangriento, la fatuidad siempre viva de Europa. Permite destruir la idea que tiene Europa de su propia superioridad. Opone al cristianismo religiones mucho más antiguas. Corrige las falsas concepciones de Occidente acerca del paganismo y ciertas religiones naturales, y subraya patética, ardientemente, el esplendor y la poesía siempre actual de las antiguas fuentes metafísicas donde bebieron esas religiones" (Artaud 129).

9. Se publica por primera vez en *Casa de las Américas* 1 (1959): s/p. Recúerdese que *La botija* y *Los acosados* se estrenan juntas, en un doble programa, en La Habana el 14 de marzo de 1960, inaugurando el proyecto Lunes de Teatro Cubano en la Sala Arlequín. Para más información véase cap. II, nota 8.

10. Aquí la pieza *Las vacas* quedará exenta de estudio. Fue según Montes el "resultado inmediato de [su] primer impulso de identificación con el proceso revolucionario" (101). El autor, en "Teatro en *Lunes*", aclara que la "puesta en escena es sometida a un riguroso análisis crítico" (21), afianzando la idea escarpanteriana del calificativo de 'breve esperanza', "por no juzgársela lo suficientemente lúcida en sus planteamientos ideológicos" de aquel contexto (Febles, "Prólogo" 6). Al elegir los nuevos aires absurdistas en tono de 'farsa', pero sin tanto "del sin sentido" (Pavis 218), parece que no se ajusta desde los inicios a aquellos moldes que ya iban siendo impuestos a la escena cubana en esas tempranas fechas. Además de obtener Mención Honorífica en el concurso Luis Soto de 1960 organizado por el Patronato del Teatro, recibe el Primer Premio José Antonio Ramos, también ese mismo año, convocado por el Municipio de La Habana (101). En efecto, a esta pieza le ha tocado la peor parte, a pesar de sus premios y su controversial puesta como a las otras ya mencionadas del capítulo I en la nota 20: no ha sido publicada (o el autor tampoco ha querido publicarla según me ha comentado). En el entreacto de *La Madre y la Guillotina* ampliaba el dramaturgo con relación a *Las vacas* y *La sal de los muertos*: "están en imprenta cuando salgo de Cuba y son confiscadas por el gobierno revolucionario después de revisadas segundas pruebas y cuando el libro ya está tirado. Supongo que de la edición no habrá quedado nada" (151).

11. Sobre este tema del medio circunstancial atentando contra el individuo y específicamente el proceso revolucionario, la literatura cubana está plagada de ejemplos. Muy pocos textos en el exilio, como también en Cuba—a no ser los apologéticos—por su férrea censura en la medida en que se han ido conociendo, no abundan en estos detalles. Véase mi artículo "El exilio perpetuo y sus cercanías concéntricas en la poesía de María Elena Cruz Varela", *Anales Literarios Poetas* 2.2 (1998): 156-66.

12. Véase nota 3.

13. Esta reforma agraria no fue tan prometedora como desde un principio se planteó y como aquí quiere parecer. Véase otra vez Thomas, ob. cit. "Reforma agraria: Política y crisis", (354-68).

14. Teatro Estudio, con Vicente Revuelta a la cabeza, representa los lineamientos y moldes estéticos de este período castrense. Sin lugar a dudas este elenco, entre todos sus homólogos, por la buena calidad de la mayoría de sus puestas ha sido por años el teatro de vanguardia *par excellence*. (En este teatro, como también en otros, trabajé de actor y asistente de dirección desde 1978 hasta 1982). Como signo de la época que

corre se puede notar la actitud oportunista de sus fundadores al comparar sus manifiestos de 1958 y, el otro poco después, de 1959 al triunfar la Revolución (véase Leal, *Breve* 128, 130). Como se señaló, a la vez el teatro Prometeo, el elenco de vanguardia del anterior período, con su director Francisco Morín, va quedándose relegado por la censura y las presiones ideológicas del nuevo gobierno hasta que es intervenido en 1967 sin ninguna indemnización (Morín 327-31). Para más información, véase además cap. I, nota 14.

15. Esta pieza se vuelve a editar en *Obras*. Según el autor, sigue la primera edición "sin cambios" (130); me referiré a esta última edición siempre, como ya he dicho.

16. Así consta en su *curriculum vitae* que tengo en mi poder.

CAPÍTULO IV

Otro teatro vs. la revolución cubana[1]

Con el teatro de la crueldad y también con el absurdo que continúa, nace el *otro* teatro de lo 'conflictivo' y 'lo contestatario'. Sin lugar a dudas, la trilogía huidobriana de *Gas en los poros* y *La sal de los muertos* de 1960 y *La Madre y la Guillotina* de 1961 es iniciadora de esta importante tradición en la escena cubana. Por supuesto, este teatro responde a aquella denominación que Febles añadió a las de Palls—en el tercer capítulo—, el de "teatro no-realista antirrevolucionario" ("Prólogo" 5). Sin pretender historiar el desarrollo infamante que ha sufrido este teatro, éste en su mayoría se ha tenido que esconder en una gaveta como Montes tuvo que hacer con *La Madre y la Guillotina*; también se ataca y se silencia si gana un premio al estar mal vista por las autoridades, se excomulga la obra como es el caso de *Los siete contra Tebas* (1968) de Arrufat que todavía a estas alturas es un texto maldito; en otros casos se estigmatiza al autor y su obra, aunque hubiese sido premiada, hasta después de su muerte, como sucede con Piñera. Como otros, Montes es uno de los primeros en elegir el exilio. Por esta razón *de facto* su obra queda excluida del contexto que la vio nacer. No obstante, los autores que se quedan al elegir la línea de lo conflictivo, tarde o temprano, sólo recibirán décadas de absoluto olvido. Otro tanto más de silencio para el artista exiliado añadirá la otra crítica que, desde el exterior, apoyaba la revolución cubana y que sin nombrarlo lo omitía como identidad naciente y de profundas raíces históricas[2].

Especialmente esta trilogía cuestiona y denuncia el pasado como así también los desaciertos de su historia presente, mostrando de cerca el "esquema-tipo [...] de oprimidos-opresor", que va del microcosmo al macrocosmo, prescrito por Miranda al analizar posteriormente *La noche de los asesinos* (*Nueva* 112). Poco o nada se ha reconocido la importancia que tiene esta trilogía en la arena cubana e hispanoamericana, menos aún el compararlas con sus homólogas posteriores por el ya haber transitado anteriormente los caminos por los cuales las continuadoras se reconocen. Por supuesto, esta tradición tendrá su clímax y resonancia internacional con la pieza de Triana (*La noche de los asesinos*, 1965): "esta obra marca, radicalmente, un antes y un después de cuya consciencia depende el futuro del nuevo teatro cubano" (Miranda 114). Sin cuestionar la acaparadora opción, del "antes y un después", y el vaticinio del crítico, y aunque vea este nuevo teatro sin contradicciones, no deja de ser útil el señalamiento en el sentido de la importancia de este teatro como su pieza que lo representa como modelo. En efecto, el crítico al continuar señalando otras características de esa pieza modelo, pareciera que explica la trilogía cruel de Montes a principio de la década del 60:

> La causa del conflicto es la opresión [con] sus múltiples dinamismos internos [o dotado de] todas las posibles relaciones oprimidos-opresor y de los oprimidos entre sí. Estas relaciones están situadas bajo el signo de lo patológico. Ninguno de los personajes es normal en la dialéctica amo-esclavo, que los baña de parecida luz. El oprimido es, en el fondo, cómplice de la opresión. La soporta. Duda entre la lucha liberadora, siempre difícil, arriesgada, imprevisible, y la resignación al sometimiento conocido. [...] De ahí que la reacción del oprimido, cuando se decide a actuar, sea brutal. (113)

Como se señaló en el tercer capítulo, existe un cuerpo crítico que no quiere ver ni tampoco aceptar por sus intereses parciales la idea de un teatro que no respondiera a los lineamientos que establecía el Estado[3]. Lineamientos que desde sus mismos inicios dejaban establecidas las reglas de juego, reglas de coacción y de terror con drásticas sanciones: "Dentro de la Revolución: todo, contra la Revolución ningún derecho". Miranda se equivoca cuando afirma en su inciso "¿Hacia un teatro conflictivo?": "También retrasado en este aspecto, el nuevo teatro cubano se había mantenido ajeno a toda expresión crítica al interior de la revolución, lo que no podía ser sino una consecuencia de su desfase general con el proceso, prácticamente no plasmado aún de ninguna manera" (114). Sin embargo, este mismo crítico cita "la condenación dogmática y precipitada que José Antonio Portuondo hizo en 1960 del teatro no realista" [como también la pintura no-realista, como pasó con sus acusaciones contra Antonia Eiriz y otros] la cual expresaba: "la explicable confusión de algunos jóvenes en el estreno de su plena libertad de expresión, empeñados en hacer de fórmulas surrealistas o abstraccionistas—simples caminos de evasión de vieja raigambre reaccionaria—imposibles instrumentos estéticos del nuevo espíritu revolucionario" (109). Espinosa Domínguez, al analizar el "lustro 1965-1970" de la escena teatral cubana y autores como Milián y Camps también representativos de lo conflictivo, resume lúcidamente la pérdida irreparable de lo que pudo ser esta línea, la cual fue abortada "brutalmente":

> éstos incluyeron elementos críticos y visiones de nuestra realidad e historia que no complacieron a los comisarios de la

cultura. Además, fue un proceso que no llegó a consumarse porque fue brutalmente abortado, por lo cual resulta aventurado y hasta injusto hacer juicios concluyentes. De no haber sido cortado, podría haber seguido una evolución similar a la que, por ejemplo, experimentó el teatro de Argentina, en donde autores como Griselda Gambaro, Eduardo Pavlovsky y Ricardo Monti se fueron apartando paulatinamente de los patrones europeos y crearon obras originales y propias. (37-38)

Es encomiable en este 'lustro' una experimentación más consciente en la escena de lo que ya había sido caldo de cultivo en los teatristas (autores o directores) cubanos de años anteriores, a pesar de las dificultades económicas que ya iba padeciendo sustancialmente el teatro y de la supeditación a los marcos ideológicos prescritos: "Poquísimos fueron los grupos cubanos que salieron al exterior, como contadas fueron las compañías extranjeras que nos visitaron en esos años" (Espinosa Domínguez 38). De ese signo de la negación por los 'poquísimos' intercambios, la frustración, la imposibilidad de escenificar, que en cierta medida es heredera de la prehistoria teatral cubana, y ahora el no poder crear también a sus anchas, se intenta trascender la triste realidad inoperante. Espinosa añade con respecto a la segunda parte de la década: "los creadores intentan la adaptación al contexto cubano de las técnicas, entonces en moda, del absurdo, la crueldad, los espectáculos rituales y lúdicos, el desplazamiento del texto por los códigos no verbales y el uso de la improvisación, un fenómeno que se daba de manera más o menos similar en otros países de Latinoamérica" (37).

Asimismo, estas características inherentes a lo conflictivo en este teatro, aparecen hasta en las mismas filas del teatro realista o en otros acercamientos estéticos, aunque con otras matizaciones, como por ejemplo se plasman en *Los mangos de Caín* (1964) de Estorino o en *Los siete contra Tebas* (1968) de Arrufat. No obstante, creo que éstas no caben ni en lo uno, que se asimila al proceso, o lo otro, contrarrevolucionario. En todo caso la pieza de Arrufat después de obtener el Premio "José Antonio Ramos" fue injustamente atacada, estigmatizada a tal punto de que todavía la maquinaria oscurantista no ha dado luz verde para que sea estrenada.

Por otra parte la crítica al no ver deserciones, como es el caso de Triana, que toma el camino del exilio ya tardíamente en 1980, es capaz de declarar paradójicamente, y para ganarlas a las filas de ese cacareado nuevo teatro, que sus mejores obras son precisamente dos textos cuya voz, en ningún sentido, se encuentra asimilada al proceso revolucionario: "creo que *Los siete contra Tebas* se coloca, hoy por hoy, junto a *La noche de los asesinos* como las obras mayores del nuevo teatro cubano, capaces de compensar el estancamiento del conjunto, de ofrecerse a cambio del resto en caso de tener que medirse en un panorama del teatro mundial" (Miranda 115). Así una gran ironía se cierne sobre los escenarios dudosos que justifican 'la revolución' sin modelos posibles, ya que los posibles son los modelos que se estigmatizan. Paradójicamente las obras del *otro* teatro, en las que se encuentran las huidobrianas como iniciadoras, que cuestionan el proceso revolucionario se muestran como modelos sin escenario que las justifique. El paraíso (del árabe *pairidaeza*, cercado) teatral que jamás habían podido soñar los teatristas cubanos, como opinó Piñera y muchos otros en los iniciales momentos, se convirtió muy pronto en una gran pesadilla que todavía se agranda en sus proporciones.

Después de la década de oscurantismo y persecución homofóbica de los años setenta donde casi todos los más importantes teatristas cubanos son vetados, parece según cierta crítica que la dirigencia acepta desajustar en algo los cinturones con un nuevo maquillaje de indulgencia pero sin admitir de ninguna manera los excesivos errores cometidos. Espinosa Domínguez se muestra muy entusiasta al expresar: "De particular importancia ha sido el rescate de dos autores que tras su brillante irrupción en los años sesenta, conocieron en la década siguiente una cruel marginación: Tomás González (1938) y Eugenio Hernández Espinosa (1936). González, que estrenó, entre otros textos, *Yago tiene feelings* (1962) y *Escambray 61* (1963), debió aguardar hasta 1985 para montar *Los juegos de la trastienda*, que rescata la línea grotowskiana que desarrolló entre nosotros el grupo Los Doce, a cuyo equipo perteneció el dramaturgo" (56). Este crítico no ve en estos ajustes sólo cambios escenográficos que necesitaba urgentemente la escena nacional de última hora debido a los conmovedores sucesos de la embajada del Perú y el Mariel en 1980 y los infames mítines de repudio. En años anteriores el mismo Eugenio Hernández Espinosa con *La Simona* (Premio Casa de las Américas, 1977), había intentado un gesto de su parte para conmover la dirigencia y la conmutación de su sentencia por los largos años de "cruel marginación": "Trece años separan las puestas en escena de *María Antonia y Calixta Comité*, tiempo durante el cual Hernández Espinosa acumuló manuscritos que fueron a parar a la gaveta, a excepción de *La Simona*, que ganó en 1977 el Premio Casa de las Américas" (Espinosa Domínguez 57). No aclara que precisamente *Calixta Comité* después de varios meses de ensayo y de su primera función en el Teatro Mella, sede del grupo Bertolt Brecht, es suspendida con el calificativo de extemporánea. Por suerte Hernández Espinosa no vuelve al ostracismo pero no deja de recibir la advertencia de que nada ha cambiado en las reglas del juego[4].

Es interesante notar que todavía intenta el teatro cubano recuperar una línea que nunca pudo desarrollar a cabalidad y que prometía esperanzadores aciertos. Ahora el teatro cubano actual parece que vuelve a "las búsquedas experimentales de finales del sesenta, más como continuidad de un proceso en el que reconocen aspectos vigentes que como actitud de nostalgia. Se revalorizan así experiencias como la de Los Doce, se vuelve a Artaud y Grotowski, se descubre el minimalismo, la danza-teatro, el teatro antropológico de Eugenio Barba" (Espinosa Domínguez 61). Sin embargo, a pesar de la imposición de aquel teatro didáctico del Realismo Socialista por los burócratas de la cultura, nada parece haber quedado de ese teatro que ha cerrado sus puestas definitivamente como presagio y vaticinio del otro teatro que se desmorona afuera. Como se nota todavía los teatristas, con sus duras penas a cuestas, intentan insertarse otra vez en el mundo al regresar por sus mismas huellas, las que les pertenecían y les fueron borradas por esa historia traumática que todavía persiste en su capricho de permanecer. Este bipolar contraste recuerda a Camus en lo que representa la 'creación artística y la revolución': "Modern conquerors can kill, but do not seem to be able to create. Artists know how to create but cannot really kill" (618)[5].

Segunda etapa bicéfala del teatro huidobriano (1959-1961). Segunda parte: la artaudiana o 'trilogía de la crueldad'

La piezas correspondientes a esta segunda etapa bicéfala, que he llamado 'trilogía de la crueldad', son: *Gas en los poros* y *La sal de los muertos* de 1960 y *La Madre y la Guillotina* de 1961. Montes Huidobro en esta trilogía depura al máximo las características e intereses precedentes de su primera etapa. Son ahora conscientes, permanentes y reconocibles aquellas iniciales maneras de carácter intuitivo, específicamente me refiero a las relacionadas con el teatro de la crueldad y el lenguaje marcadamente ritualista. El mismo Montes se expresa acerca de la primera pieza en esta forma: "ya para esa fecha mi teatro iba tomando una dirección marcadamente ritualista, esbozada en *Los acosados*, que se intensifica con *Gas en los poros*" (101). El crítico José de la Colina añade después de su estreno: "consigue un clima de pesadilla y terror por la sola evocación y por el diálogo de dos personajes" (*apud* Montes 101).

Este teatro total, como es de esperar, recurre a todos los elementos espectaculares posibles, combinándolos para coadyuvar a su plurivalencia. Equipara el gesto, el movimiento, las luces, "lo que constituye por excelencia el lenguaje teatral escénico" (Artaud 123), por la palabra, la cual aparece como "necesidad". Esta en momentos se combina con una suerte de ceremonia ritual o se sustituye por un agónico balbuceo que induce la huida o el horror de la muerte. Continúa su interés por el espacio escénico, por el tiempo dramático, por el signo lumínico y por el teatro dentro del teatro, elementos característicos y técnicas dramáticas preferenciales de su teatro posterior. También vuelve a aparecer el "pesimismo que evidenciaban los textos iniciales y dentro de una opresiva oscuridad ambiental que lo perseguirá hasta *Exilio*" (Febles, "Prólogo" 7). Se percibe igualmente el comportamiento esquizoide de las *dramatis personae*, que prefigura la condición de exiliado en que vive el ser humano, intuición que después se convertirá en la propia realidad del dramaturgo que quedará plasmada en la próxima etapa del exilio.

Esta trilogía escrita en ese corto plazo de los principios de la década del sesenta, se asegura sin lugar a dudas un lugar preferencial en la escena cubana como en la hispanoamericana por esos rasgos pioneros que venía arrastrando de su primera etapa, los cuales ahora son más que palpables. En la escena cubana comparten el lugar conjuntamente con obras del mismo período como, por ejemplo, *El mayor general hablará de teogonía* (1960) de José Triana que "ha de aceptarse al menos [como] una recepción indirecta de las ideas de Artaud" (Blüher, "La recepción" 122) y *Las pericas* (1960) de Nicolás Dorr. Algo más tarde en la Argentina aparecerán las piezas de la Griselda Gambaro y Eduardo Pavlovsky con sus otras crueldades[6]. Para Blüher, aunque analizaba dramaturgos de otros países, estos estaban casi siempre más relacionados con el teatro del absurdo europeo.

A pesar de los escasos estudios de la influencia artaudiana en la escena hispanoamericana, es significativo notar que ninguno de estos ha señalado ni mencionado estas piezas crueles huidobrianas. Es decir, es tal la aberración parcializada de casi toda la mayoría de los críticos que de una forma u otra estudiaron el teatro cubano de aquellos días, que me cuesta trabajo pensar en que sea por desconocimiento de estos textos. Es más que significativo en estos críticos, al tener que referirse a los exilios hispanoamericanos que añadan un injusto silencio al teatro cubano al que jamás reconocen. A Montes, por ser uno de los primeros en salir, le ha tocado la peor parte[7]. A la pregunta de si cuando "tú decides salir de Cuba, [¿]tienes presente la probabilidad de que estés cometiendo una especie de suicidio artístico?" (Febles y González-Pérez, "Entrevista" 232), Montes contesta:

> No creo que tomara eso en consideración. La consideración fundamental fue, estética y éticamente hablando, que había escrito

y escondido en una gaveta *La Madre y la Guillotina*, y así no se podía vivir. [...] Por eso me fui. Lo demás han sido consideraciones *a posteriori*. Desde un punto de vista práctico, hice mal en irme tan pronto. Esto ha creado un desplazamiento temporal en algunos de mis textos, por ejemplo, *La sal de los muertos* (1960), que muy poca gente conoce a pesar de que en 1971 apareció en una antología de Rodríguez-Sardiñas y Suárez Radillo. En realidad es de las primeras obras cubanas que asimila los lineamientos del teatro de la crueldad, con juego de teatro dentro de teatro característicos de esta dramaturgia. Pero como la ignorancia es la madre de todas las injusticias, la crítica la ha pasado por alto. Después, cuando quise publicarla por mi cuenta, me confiscaron la edición, que se quedaría tirada por alguna parte. Es una obra precursora que exige una reubicación textual. Es en ese sentido que hubiera sido más conveniente haberme ido después, cuando ya mi nombre estuviera establecido en Cuba y les hubiera sido difícil dar marcha atrás a los que estaban en concomitancia desde afuera. Otros no se fueron y yo prefiero no juzgar a nadie. (232-33)

En resumen, esta segunda etapa bicéfala muy bien se podría definir con el título: *Conjunciones y disyunciones* de Octavio Paz con relación al acercamiento y a la separación con el nuevo poder instaurado. También esta etapa, como se ha dicho, se caracteriza a la vez, y como no fue ni va a ser en el futuro, por aquellas posturas polares de realismo brechtiano y de antirrealismo artaudiano. Montes continuará con su teatro antirrealista, salvo algunas excepciones. Esencialmente esta parte cruel está marcada por lo de que "su volición y su vocación dramática pronto le impidieron seguir creyendo en la libertad condicionada, tanto en lo social como en lo intelectual, que ofrecía el gobierno castrista" (Schmidhuber, "Apología" 26). Amplía Escarpenter en "La impronta":

En un breve espacio de tiempo, se han producido trascendentales cambios en el ambiente político. Las utopías enarboladas en los momentos iniciales del régimen se han enfumado entre las medidas arbitrarias, el creciente dogmatismo y su inevitable secuela, la persecución política. Montes Huidobro, quien había mirado el pasado con ira, contempla ahora el presente con horror. Esta actitud lo impulsa a abandonar el sentido humorístico recién estrenado y a regresar a las atmósferas de sus producciones iniciales. Pero marcado ahora por las experiencias de una revolución, no va a tratar mal al hombre actual en crisis con un mundo contemporáneo abstracto, sino que va a describir al ser humano víctima de la violencia concreta y la específica represión política que gravitan sobre una porción muy vasta de nuestro tiempo histórico. (63)

Ya en *Gas en los poros* ha quedado atrás la simulación ritualizada implícita o el juego de prefiguración criminal de *Los acosados*. Además de la marcada ritualización que explicita el cotexto, se oficia una ceremonia ritual por envenenamiento. En *La sal de los muertos* resume conscientemente los nuevos aires de crueldad. En *La Madre y la Guillotina* logra uno de los niveles más altos de síntesis dramática de su teatro a partir de las anteriores ganancias y de su técnica dramática preferencial del teatro dentro del teatro.

La familia parece ser el punto de vista predilecto de la dramática cubana. Todos los dramaturgos insisten en ella. Sobre todo esta parte de este teatro cruel ha exacerbado este interés por el microcosmo familiar el cual implica a la vez el macrocosmo nacional. Montes en *Persona* lo afirmaba:

> La familia cubana aparece en las tablas arrastrada por un devorador e hiriente canibalismo. Afán devorador y canibalístico que ha ido creciendo con el tiempo. Hay bastante distancia entre la lucha planteada por Ramos en *Tembladera* a la planteada por Triana en *La noche de los asesinos*. Nos imaginamos dos cosas. De un lado, oscuras razones más allá de los límites temporales; de otro, elementos crecientemente devoradores dentro de la historia local. [...] Hablar de Cuba y de la familia cubana es todo y lo mismo: forman unidad. El teatro cubano lo demuestra. Pero debajo del asunto se esconden turbias facetas. (26)

Estas tres piezas, por ser modelos representativos del *otro* teatro, sin lugar a dudas pertenecen a lo que Febles denominó, según los enunciados de Palls, el "teatro no-realista antirrevolucionario" ("Prólogo" 5), en el cual Montes otra vez fue, con esta trilogía, pionero desde las muy tempranas fechas de aquellos alborales momentos[8]. Fue, a la vez, el primero en crear un cuerpo contrario a toda la fanfarria demagógica. Otra importancia de esta trilogía, y creo que sin proponérselo, es la de sus premoniciones.

Había una vez Gas en los poros[9]

Rine Leal, al tener que elegir la mejor pieza de Montes Huidobro para su antología *Teatro cubano en un acto* (1963), selecciona entre *Los acosados* y *Gas en los poros*, decidiéndose por esta última según él, por varias razones[10]. La primera es:

> la calidad de la obra en sí, que la convierte en su mejor fruto. MMH ha logrado integrar una atmósfera específicamente teatral, un diálogo sin retórica o falsa literatura, al tiempo que una acción, que sin dejar de ser esencialmente Realista, verídica, logra al final expresar más allá de las cuatro paredes de la escenografía, el encierro, la asfixia y deformación moral de sus personajes... [La segunda razón:] es el trasfondo de la pieza, el paisaje humano que se adivina a través del diálogo de las dos mujeres, sus temores y nacientes esperanzas, la pesadilla de una situación política que ha quedado resuelta en la calle, en el exterior de las paredes, pero que va a continuar agonizante en el interior de esa casa cubana: todo el desarrollo dramático de la acción "adentro" es un fiel reflejo de la acción "afuera". Además, porque *Gas en los poros* alcanza una dimensión completa y un juego imaginativo que la hace ir más allá de sus propias palabras y su realidad primaria. No había dudas que el teatro de MMH ganaba madurez y riqueza. (s/p)

Febles, por otra parte, se inclina a definir la pieza, lo que parece más acertado, como un producto estético "más afín [...] al teatro no-realista revolucionario que a su antítesis. [Argumenta que] Rine Leal, quien elogió de manera entusiasta esta obra en un acto, insiste algo forzadamente en la concretez de su acción como para ganársela para la estética socialista emergente, aunque reconoce el predominio de una "semilla expresionista" (*Persona* 456) que proyecta su ambiguo mensaje más allá de las tablas" ("Prólogo" 7-8).

Esta obra en un acto impresiona por el nivel de síntesis dramática que Montes Huidobro ha logrado en ella. El lenguaje, marcadamente ritualista, aparece ya reforzado explícitamente por el cotexto como "necesidad", siguiendo los principios artaudianos. Al mostrarse la palabra "como una necesidad", deja al gesto y al movimiento que lo iguale para multiplicar las posibilidades escénicas (Artaud 112-13): "La Madre. [...] (*Mirándose las manos.*) ¡Piensa en estas pequeñas manos de mujer que jamás se han manchado de fango!" (109). De aquella simulación ritualizada implícita en el cotexto de *Los acosados* se pasa ahora a una ritualización explícita ahondando en los requisitos básicos artaudianos: "Bajo el efecto de luz, la madre recrea la escena, haciendo los movimientos del caso de acuerdo con las sugerencias del texto" (110). El mismo autor comentaba en el entreacto: "ya para esta fecha mi teatro iba tomando una dirección marcadamente ritualista, esbozada en *Los acosados*, que se intensificará con *Gas en los poros*" (101).

Aunque Espadas afirma significativamente: "this play marks a noticeable step toward increasing abstraction and universality of theme and setting" (*apud* Montes 101-02), es obvio que también el espacio aludido apunta a los primeros momentos del triunfo de la revolución cubana. Se evidencia en la historia dramática que en el espacio aludido, el de afuera, se ha gestado un cambio que parece haber acabado con el pasado de horror y sangre que se intenta recordar en el espacio mostrado, el de adentro. Sin embargo, se sugiere que la justicia revolucionaria ha empezado el círculo vicioso de sangre. El Jefe de la Policía ha sido fusilado (118). Por lo que "todo el desarrollo dramático de la acción 'adentro' es un fiel reflejo de la acción 'afuera' (Leal, *Teatro* s/p). Según Escarpenter: "La posibilidad remota de salvación que apuntaba en *Sobre las mismas rocas* y *Los acosados* no aparece ahora. El teatro de Montes Huidobro alcanza así la cota más alta de la angustia" ("Impronta" 63). Ya al final de esta etapa bicéfala con *La madre y la guillotina* (1961) se combinarán al unísono ambos espacios, el mostrado y el aludido, de una manera inédita. *Gas en los poros* representa, en algún sentido, el punto medio de contacto entre la breve esperanza y las otras piezas crueles de esta etapa bicéfala. Vuelve a criticar el pasado inmediato, un pasado terriblemente sangriento, sin embargo ya no luce el futuro tan promisorio y esperanzador. La madre al final vaticina a la hija: "¡Tu libertad no te será fácil!" La hija argumenta: "Es cierto. Todos lo sabemos" (123).

Esta obra antecede a los asesinatos simbólicos estudiados por Zalacaín[11]. Las figuras al estar "confinad[a]s por vínculos de sangre en un espacio cerrado" (Escarpanter, "La impronta" 63) carecen de espacio en ese microcosmo familiar, y al final la hija decide envenenar a su madre. En un sentido más superficial parece decirnos que la nueva generación, para subsistir, tiene que acabar con su progenitor, heredando aquellos hábitos de odio y muerte. En otro sentido, el más trascendente, recuerda a Artaud de que en "en un mundo circular y cerrado no hay lugar para la verdadera muerte, ya que toda ascensión es un desgarramiento, y el espacio cerrado se alimenta de vidas, y toda vida más fuerte se abre paso a través de las otras, consumiéndolas así en una matanza que es una transfiguración y un bien" (105-06).

Otra vez las figuras son caracteres simbólicos con designaciones 'genéricas': "La Madre" y "La Hija". Este anonimato de las figuras se subraya por atemporalidad de época y lugar, por "no [estar] muy precisamente definidos" (105). A esta indefinible ubicación del espacio temporal que implica el antes como el ahora, se le añade un lugar mostrado impreciso. El lugar escénico en que las figuras deben actuar "no es una sala ni un comedor, es un ambiente" (105). De esta forma, el dramaturgo introduce "una noción nueva del espacio" (Artaud 127). En este sentido coincide además con Morín que buscaba "reducir la puesta en escena al mínimo de los elementos, eliminar todo lo estrictamente decorativo, encontrar el teatro esencial" (35). De todas maneras este ambiente estará acompañado de otro de mayor horror, el sótano de la casa o apartamento, que poco a poco, por la evocación duológica, se irá haciendo presente. En este espacio, en un tiempo no muy lejano, se torturaba, como también por los desdoblamientos de las figuras se implica el presente[12].

La pieza intenta, desde los preliminares del cotexto, reforzar la idea del lector-espectador *voyeur*: "la boca del escenario funciona como una ventana imaginaria" (105). Reitera la misma idea, a la manera artaudiana, a través de varias secuencias (113, 116, 118-20, 122), implicando el "espacio [ubersfeldiano] de los que miran" (*apud* Spang 201). Coincide el movimiento con la palabra al ser reforzada por el cotexto:

> La Hija. (*Señalando a la ventana que se supone esté en la boca del escenario.*) ¿Oyes?
> La Madre. (*Acercándose a las supuestas persianas.*) Estos ruidos no te dejan dormir. Cerraré las ventanas.
> La Hija. Escucho mamá.
> La Madre. (*Cerrando las supuestas persianas.*) Hay que cerrar entra polvo de la calle. (113)

Por todo lo anterior, recuerda la última producción del Teatro Alfred Jarry (*Víctor o los niños al poder*) que dirigió Artaud, la cual colgaba "marcos de cuadros vacíos frente al escenario, colocando a la audiencia en una posición de espías de la escandalosa conducta de los Paumelle" (Braun 229). Al revivir las experiencias traumáticas del pasado horrendo en que vivían las figuras, una y otra vez el lenguaje extraverbal por el canal óptico y el lenguaje verbal por el auditivo aparecen como necesidad implicando a los que miran. En su reiteración al inmiscuir el espacio aludido, se pasa significativamente de un tiempo pasado en un primer nivel ficcional al tiempo presente por la inclusión del otro nivel de ficción adicional:

La Madre. ¡Los endemoniados, chorreando sangre, se burlaban una vez más! La sangre saltó por la ventana.
La hija está de espaldas al público.
La Hija. Estaba de espaldas. No la pude ver.
La Madre. Era un río de sangre que se extendía por todas partes. ¿Cómo era posible que lo dejaras de ver?
La Hija. (*Interpretándose a sí misma.*) "No vayas, mamá. No lo sigas".
La Madre. "Iré" (116)

Así "el espacio de juego de los actores se extiend[e] hacia la sala y los espectadores" (Spang 201), haciéndolos partícipes de la acción dramática.

El tema central de *Gas en los poros*, como lo ha visto acertadamente Espadas, es de carácter universal: "the need for freedom and individual control of one's circumstances" (*apud* Montes 102) y esto se intuye desde el comienzo de la obra:

La Madre. (*Enérgica, dominante.*) No vas a salir. No darás un paso hacia adelante.
La Hija. (*Retrocediendo, nerviosa, agobiada.*) No quiero salir, mamá, no me atrevo. (*Sobrecogida, las manos en la cara.*) ¡Dios mío, tengo miedo!
La Madre. (*Frenética, movimientos alucinantes, inesperados, irreal, retorcida.*) ¡El miedo, el miedo, el miedo! ¡Es exactamente lo necesario! (*Siniestra y, a la vez, casi con euforia.*) Eso es bueno. Es saludable.
La Hija. Recuerdo las noches... Las pesadillas...
La Madre (*Acariciándole extrañamente la cabeza a la hija, tirándole tal vez de los cabellos, especie de caricia cruel.*) ¡Pobrecita mía! Pobre... Miserable corazón. (105-06)

Por primera vez aparecerá la violencia física en una de sus piezas. Pasa significativamente de la anterior crueldad verbal—la cual continúa—a una nueva violencia física inédita. A las extrañas caricias de tirones de pelos de la madre (106, 111-12) se suman la bofetada (107) y el maltrato (112).

Si como expresaba Miranda: "El oprimido es, en el fondo, cómplice de la opresión" (113), es interesante notar que se insiste en la actitud pasiva de la hija en el pasado como forma de contubernio: "La Hija. ¿Acaso no me obligabas tú? ¿Acaso no tenía que repetir: 'mamá no quiere', 'mamá no me deja'?" (111). Como signo de su generación, la Hija, sin duda y es de esperar, llevará consigo esa especie de mimetismo hacia el futuro, el cual intuye poco esperanzador porque su "libertad no le será fácil" (123), como ella bien sabe. De ninguna manera esta actitud pasiva aparente de la Hija, que casi siempre quiere representarse como víctima, la desinhibe de sus agresivas réplicas contra la madre. Siempre será ella, aunque se exonere de su responsabilidad bastante cuestionable, la que obliga a la Madre a recordar insistentemente—como forma de tortura mental—ese pasado sangriento en el cual la Madre estuvo implicada: "Tus crímenes, mamá. Los de todos ustedes" (118). A partes iguales pugnan el despotismo de crueldad física de la madre con el otro de acoso y crueldad verbal de la hija.

El miedo será el alimento intercambiable de supervivencia entre ambas, aunque su padecer sea de naturaleza distinta: "¡El miedo, el miedo, el miedo! ¡Es exactamente lo necesario! (*Siniestra y, a la vez, casi con euforia.*) Eso es bueno. Es saludable" (105-06). Coincide este miedo con el que analiza Zalacaín en uno de sus ensayos: "La violencia en el drama hispanoamericano moderno es motivada principalmente por el miedo, no el miedo a la muerte sino a la vida. Los personajes sienten miedo de confrontar su terrible realidad, miedo de no poder comunicarse y, sobre todo, miedo por su soledad" ("El asesinato" 20). El constante conflicto entre la tiranía del victimario (la Madre) y la rebeldía de la víctima (la Hija), sumado a la evocación de ese pasado de horror y sangre en el sótano de la casa que la madre tendrá que oír como reproche, llenará el espacio teatral, el "ambiente", de terror y miedo. Recúerdese al crítico Colina que comentó, con motivo del estreno de la pieza: "consigue un clima de pesadilla y terror por la sola evocación y por el diálogo de dos personajes" (*apud* Montes 101). Se añade a ese clima de miedo, de "pesadilla y terror" desde los inicios de la historia dramática, un sentirse atrapadas y acosadas por ese ya no tan impreciso "ambiente". Así madre e hija aparecen "¡[a]trapada[s] en un redil! ¡[a]cosada[s] por los cuatro costados!" (106). La Hija argumenta: "¿En dónde me has encerrado? ¿En qué cárcel he vivido durante todos estos años?" (113).

En ese constante recordar el pasado, aparecen en la pieza obsesivas secuencias circulares ("Había una vez"). Un total de tres secuencias (1ra secuencia: 109-10, 2da: 113-17, 3ra 120-22) inundan la pieza y, a su vez, van reforzadas teatralmente por cambios lumínicos que las acompañan. El autoritarismo, como crueldad verbal, se evidencia en las réplicas de la hija:

La Madre. Trato de conducirte por el buen camino, pero no quieres. Como si quisieras perderte tal vez... Eres una muchacha... (*Ríe.*) rebelde.
La Hija. Había una vez, mamá... (*Casi autoritaria.*) "Había una vez..."

Primera secuencia de "Había una vez..."
Cambio de luces.
La Madre. Quieres que te lo cuente todo. Está bien. No te cansas de recordar. Ya no tenemos otra cosa en qué entretenernos. (*Pausa*.) "Había una vez una madre, una hija, un sótano y un lobo feroz..." (108-09)

Con esto Montes Huidobro sigue lo recomendado por Artaud, quien aconsejaba que esa "luz, en vez de parecer un decorado, [debe de tener] la calidad de un verdadero lenguaje" (122). Estas secuencias son de tremenda eficacia dramática y estética. Su mezcla en la historia dramática añade insistentemente otro nivel de ficción adicional que intenta persistir una y otra vez. Lo logra también con la sola mención del reiterado *racconto* o *ritornello* esparcido en la historia ocho veces del: "Había una vez" que las figuras incluyen en sus réplicas. El autor, para no dejar dudas acerca del cuento cruel que contará, jugando añade en los preliminares otro "Había una vez" como pórtico después del título asfixiante de *Gas en los poros*.

Esta fórmula, con la que juegan las figuras al reinsertarla en la pieza como una idea fija, logra aquellos efectos cailloisianos de *mimicry* e *illinx*: por la simulación constante en el primer nivel ficcional y el otro adicional y por la persecución del vértigo en el segundo nivel adicional a través de la simulación. Con esta combinación (simulación-vértigo) la "[s]uggestion and simulation increase one's susceptibility and stimulate the trance" (Caillois 94). Las figuras sentirán la necesidad de volver a jugar una y otra vez como fuerza más allá de sí mismas. Pensar en esta representación "es pensar un poder de muerte y de juego" (Pavis 59). La hija exclamaba angustiada: "Entonces dame ese veneno. Es un sopor que me calma. Sólo me queda el pasado. (*Incorporándose*.) 'Había una vez...'" (113). Esta circularidad en redondo a la que se llega y de la que se sale insistentemente, es de ferviente obsesión ontológica (Eliade 94). Especie de ceremonia ritual cíclica, en cada una de estas secuencias, las figuras 're-presentan' el pasado de horror que las martiriza y las atormenta. Al tratar de revivir re-presentando (de esto trata la pieza), ese pasado, repitiéndolo a la manera de una liturgia gestual, de movimiento, de palabra necesaria, se retorna al "primordial mythical time [of horror and blood] made present" (Eliade 68). Otredad pasada que se reencarna en el sí mismo del ahora a través de la ceremonia. Fórmula (la de "Había una vez") que, en su volver, recuerda esa mentalidad atada al pasado que agoniza.

Montes vuelve a anticiparse inconscientemente a otros dos de los cinco elementos reiterativos de la escena cubana señalados en *Persona, vida y máscara en el teatro cubano* (1973). El primer elemento, aparece inédito en su teatro, el de: "b) un afán devorador, feroz, canibalístico, de poderes crecientes, dentro del núcleo familiar cubano (microcosmos que en su proyección más amplia se dirige al plano político nacional y al universal) que se dirige hacia su propia destrucción, lleno de odios y de complejos freudianos" (458). Esto se demuestra a través de las relaciones de convivencia de las figuras, culminando en el envenenamiento de la Madre por la libertad, entre comillas, de la Hija. Montes retomará este punto llevándolo hasta sus últimas consecuencias en *La sal de los muertos*. El autor vuelve a insistir en su preferido juego de desdoblamientos (el teatro dentro del teatro), "rico en facetas externas que son reflejo de los conflictos internos", según comenta el propio Montes Huidobro en *Persona* (458), con respecto a estas preferencias en los dramaturgos cubanos. Estos desdoblamientos de las figuras dentro de un nivel de ficción adicional se dan también entrelazados con las obsesivas secuencias circulares (las de "Había una vez") y, a la vez, van reforzados teatralmente, a la manera artaudiana, por los cambios lumínicos, el gesto litúrgico y el movimiento que acompañan estas secuencias:

> *Segunda secuencia de "Había una vez..."*
> *Cambio de luces. La hija extiende la mano como si creara la magia de una secuencia teatral.*
> La Hija. Entran...
> La Madre. Pero esto no puede ser...
> La Hija. El General, el Alcalde, el Senador, el Representante, el Jefe de la Policía... ¡La vieja camarilla, mamá!
> La Madre. (*Nerviosa, arreglándose los cabellos, entrando "en escena".*) Pero han entrado demasiado pronto. Te gusta que haga el ridículo ante ellos. No has dispuesto la escena. Las tazas de café...
> La Hija. (*Que ha ido colocando unas imaginarias tazas de café sobre la mesita.*) Ya está listo.
> La Madre. ¿No te parece que el Jefe de la Policía es un hombre muy simpático?
> La Hija. (*Por lo bajo.*) Pero tiene la camisa manchada de sangre.
> La Madre. No es sangre. Es vino.
> La Hija. (*Insistiendo.*) Tiene la camisa manchada de sangre.
> La Madre. (*Irritada.*) ¡Eso no es así! ¡Eso no lo dijiste jamás!
> La Hija. Te lo dije, te lo advertí, pero tú no querías escucharme.
> La Madre. No sirves para nada. Ni para esto siquiera. Todo lo dispones de la manera que no fue. (*Interpretando.*) "El café, hija mía. Todos esperamos el café". (113-14)

Como nunca antes, y ahora combinados con las obsesivas secuencias circulares, se pasa una y otra vez del primer nivel de ficción al segundo para volver a regresar a aquel y salir de nuevo. No sólo las figuras se desdoblarán en sí mismas sino también en aquellos represivos ministros del orden o, al final, en las vecinas. Prepondera la parte física en esta secuencia. Ahora del pasado se llega al presente, implicándolo:

> La Madre. [...] Deja de fingir y termina esta escena de una vez para siempre.
> La Hija. Regresaron.
> La Madre. Y tú estabas junto a la puerta, en acecho. (*Interpretando.*) "Estás pálida, ¿qué te pasa?"
> La Hija. (*Interpretando.*) "Esos pasos. ¿Ha pasado algo?"
> La Madre. (*Interpretando.*) "¿Qué podría pasar?"
> La Hija. (*Preguntándole a un personaje imaginario.*) "¿Ha pasado algo, Sr. Ministro?"
> La Madre. (*Cambiando la voz, como el Sr. Ministro.*) "Aquí no ha pasado nada".
> La Hija. (*Corriendo hacia otro lado del escenario, preguntando.*) "¿Ha pasado algo, Sr. General?"
> La Madre. (*Cambiando la voz, como el Sr. General.*) "Nada. Es el viento. Estamos en septiembre y los ciclones..."
> *La hija repite las preguntas una y otra vez a personajes imaginarios. Huye, trata de escapar. La madre la persigue, cambiando la voz, haciendo de múltiples personajes.*
> La Hija. "¿Ha pasado algo? ¿No ha pasado nada?"
> La Madre. "¡Atájela! ¡No la deje salir!"
> La Hija. "¿Ha pasado algo? ¿No ha pasado nada?"
> La Madre. "¡Por allí! ¡Por allá! ¡Por el otro lado!"
> La Hija. "¡Suélteme! ¡Socorro! ¡Sáquenme de aquí!"
> La Madre. "¡Al sótano! ¡Al sótano! ¡Que no salga viva de aquí!"
> La Hija. "¡Socorro! ¡Socorro! ¡Sáquenme de aquí!"
> La Madre. (*Agarrando a la hija.*) ¡Calla! ¡Calla de una vez! ¿Es que no te das cuenta? ¿Es que quieres acabar con todos ellos? Si no te callas no podrás salir viva de aquí. (*Feroz, cambia de voz.*) "¡Al sótano! ¡Al sótano! ¡Que no salga viva de aquí!" (116-17)

Otra vez comienza el ciclo de tortura como medio de represión, otra vez funciona el sótano como lugar donde van a parar los que no se callan. Estas secuencias logran un impactante clima de horror y persecución[13]. Enfatiza los afines signos espectaculares artaudianos del gesto y el movimiento desesperados del huir sin escapatoria y los de la persecución. La palabra acompaña equitativamente a aquellos signos espectaculares más físicos, logrando integrarse al agónico momento de la huida a través de los cambios de voces de los "múltiples personajes". Una puesta artaudiana presupondría la búsqueda onomatopéyica de ese discurso 'múltiple' en esa cacería humana: "al borde del momento en que la palabra no ha nacido todavía, cuando la articulación ya no es un grito, pero tampoco es todavía un discurso, cuando la repetición es casi imposible, y con ella la lengua en general" (Derrida 52).

Se nota, como se analizó en *Los acosados*, cierta discrepancia entre el código verbal y el extraverbal. Esta discrepancia involucra ahora a dos niveles de ficción en una sola figura, específicamente en la Hija. Paradójicamente, al ser desajustados los canales óptico y auditivo, el cotexto refuerza la caracterización de la figura, logrando un contraste de gran eficacia dramática. Se sabe que la sola idea de pronunciar el "sótano", con todas las implicaciones que conlleva, aterroriza a la hija. Aunque la Hija se desdoble, en el segundo nivel ficcional, en el Jefe de la Policía y tenga que pronunciar firmemente aquella palabra tabú, la hija, por recomendación del cotexto, tendrá que taparse 'los oídos' como recordándose de sí misma en su primer nivel ficcional. Esta duplicidad re-presentada por esta figura la hace más vulnerable y, a la vez, más rica. En ese instante, vive en ella el gesto y en el Jefe de la Policía, la palabra:

> La Hija. Se puso de pie.
> La Madre. (*Interpretándose a sí misma en el pasado.*) "¿Adónde vas?"
> La Hija. (*Cambiando la voz, como si fuera el Jefe de la Policía, firme pero tapándose los oídos.*) "Al sótano".
> La Madre. (*Interpretándose.*) "No, deja ahora..."
> La Hija. (*Cambiando la voz.*) "¿Y para cuándo quieres que lo deje?" (115)

Se percibe en la pieza la utilización del tiempo teatral ubersfeldiano. Es decir *a la vez* se nota el fluir del tiempo como linealidad temporal histórica profana, el tiempo psíquico de las dos figuras (de comportamientos esquizoides) dentro de aquella historia como también el de la circularidad temporal del retorno ceremonial. Se acude constantemente a la discontinuidad del tiempo como linealidad temporal histórica profana por la omisión de una referencialidad precisa, por medio de las réplicas frívolas de la madre y por la iteración recurrente del segundo nivel de ficción adicional. Esta discontinuidad se agudiza al aparecer la referencialidad eludida desde el cotexto, ya que época y lugar "no [quedan] muy precisamente definidos".

Aunque la pieza "huye de cualquier dato concretizante [se detectan las] matizaciones intermedias" (Spang 232-33) aludidas en la réplica de la Madre. Aparece el lugar geográfico de dos ciudades cubanas del interior de la isla insertadas en un tiempo muy lejano: "Todo es demasiado complicado para ti y no eres otra cosa que una muchacha educada en un convento. Holguín... Bayamo... La iglesia... El confesionario... [...] Hace mucho tiempo de eso, es cierto. Siglos tal vez" (108). La madre más consciente del pasado sangriento inmediato intenta que su hija olvide el pasado comprometedor. La madre, con frivolidad, le recuerda a la hija otro tiempo ambiguo en el pasado, el de su horario de "clases de piano [que] comenzaban a las cinco" o le indica una estación que otra en el presente: "Es verano. Estos veranos calientes que no acaban nunca" (106). En cambio la hija querrá re-vivir ese pasado comprometido como experiencia vital, como conocimiento de sí misma; a la vez tortura a la madre con ese recuerdo de horror y de sangre vivido. Al volver a su ser pasado, rehace su ser presente:

> La Madre. (*Sinuosa, le pasa la mano por la cabeza.*) ¡Es tan fácil vivir de ese modo! Entonces, estás libre de culpas, ¿no es así?
> La Hija. ¿Acaso no me obligabas tú? ¿Acaso no tenía que repetir: "mamá no quiere", "mamá no me deja"?
> La Madre. Está bien. Yo no te acuso. Pero alguien tenía que mantener en pie esta casa. [...] Alégrate. Después de todo, repetir: "mamá no quiere", "mamá no me deja", resulta mucho más fácil.
> La Hija. (*Enfrentándosele.*) Pero yo quería, ¿entiendes? ¡Yo quería! Esa es la diferencia.
> La Madre. No tuviste que enfrentarte a aquel hedor insoportable, al piso manchado de sangre, a los restos de todo aquello.
> La Hija. ¿Eso fue todo?
> La Madre. Eso creo. No tiene sentido hablar de ese pasado que ya está muerto.
> La Hija. Trato de recordar... ¿No dije yo alguna palabra?
> La Madre. Callabas de tal modo que parecía que habías enmudecido para siempre.
> La Hija. (*Indagando en su propia verdad.*) Tal vez, en voz baja... Las recuerdo vagamente... A veces, [...] de pronto—apenas lo

recuerdo, apenas me daba cuenta—decía la palabra... libertad...
(111)

Parece estar poseída por la idea de recordar ese pasado, interrumpiendo la linealidad temporal histórica profana, con el sustituto de volver a re-presentarlo. La hija al tratar de re-vivir el pasado intenta modificarlo a su manera. Siempre la madre aparecerá criticándola:

> La Madre. ¿No te parece que el Jefe de la Policía es un hombre muy simpático?
> La Hija. (*Por lo bajo.*) Pero tiene la camisa manchada de sangre.
> La Madre. No es sangre. Es vino.
> La Hija. (*Insistiendo.*) Tiene la camisa manchada de sangre.
> La Madre. (*Irritada.*) ¡Eso no es así! ¡Eso no lo dijiste jamás!
> La Hija. Te lo dije, te lo advertí, pero tú no querías escucharme.
> La Madre. No sirves para nada. Ni para esto siquiera. Todo lo dispones de la manera que no fue. (*Interpretando.*) "El café, hija mía. Todos esperamos el café". (114)

A consecuencia de esta idea de volver al pasado, aparece una y otra vez la circularidad temporal del retorno ceremonial. También se ve interrumpida constantemente la linealidad temporal histórica profana por la inclusión del segundo nivel de ficción adicional que viene acompañado por aquel tiempo cíclico.

A la vez y, en el sentido del fondo, como en general hará con sus piezas, el autor continuará con los temas bicéfalos recomendados por el dramaturgo y teórico francés en su segundo manifiesto. El autor combina en la pieza los temas "que correspond[e]n a la agitación y a la inquietud características de nuestra época [con los de] las grandes preocupaciones y las grandes pasiones esenciales que el teatro moderno ha recubierto con el barniz del hombre falsamente civilizado [como son los] cósmicos [y] universales [interpretándolos] de acuerdo con los textos más antiguos, de las viejas cosmogonías" (Artaud 125-26). Si un tema aflora, el otro está palpitando a su lado. El uno en el otro. Si apunta al anverso de lo contemporáneo, lo sostiene la otra cara de su reverso, la de los fondos subliminales del ser humano en su lucha agónica por trascender la realidad onerosa en la que vive.

Desde el punto de vista de la forma, el texto al volver "a las grandes preocupaciones y las grandes pasiones esenciales" ayuda, como prescribe el segundo manifiesto artaudiano, a "la puesta en escena [que tenga] el cuidado de materializar y sobre todo de *actualizar* esos antiguos conflictos"

(126). Los 'actualiza' "en movimientos, expresiones y gestos antes que volca[rlos] en palabras" solamente (126). Esto se evidencia en las acotaciones de Montes Huidobro, quien subraya la necesidad de una marcada ritualización de movimientos y gestos litúrgicos: "Bajo el efecto de luz, la madre recrea la escena, haciendo los movimientos del caso de acuerdo con las sugerencias del texto" (110); "Cambio de luces. La hija extiende la mano como si creara la magia de una secuencia teatral" (113). Nuevamente nos recuerda los postulados crueles del dramaturgo francés. Téngase en cuenta que Artaud pedía, para la puesta en escena, que el texto teatral cediera lugar y estuviera equiparado al gesto, al movimiento, a las luces, etc., lo que constituye por excelencia el lenguaje teatral, escénico. Porque el problema era que éste había perdido el verdadero valor que debía tener como tal, dada la tiranía del texto dramático hablado (123). Aquí, como prescribe Artaud, la palabra tiene "su sentido verdaderamente mágico, de encantamiento" (128).

En esta pieza Montes logra una síntesis dramática sorprendente a la manera artaudiana al combinar fondo y forma. A primera vista en el fondo, más a la superficie de éste, queda una interpretación obviamente política. Sin embargo, la intencionalidad ritualista que ahora explícitamente propone el autor dramático en el cotexto, sumada a "las grandes preocupaciones y las grandes pasiones esenciales", evidencian la parte de trasfondo metafísico. Así el autor "estall[a] el mal en el escenario" (Genet 11), los tormentos más profundos que perturban y atormentan al ser humano. Como advirtiera Genet: "La representación ficticia de una acción, de una experiencia, suele dispensarnos del intento de cumplirlas en un plano real y en nosotros mismos" (11). En la forma, Montes vuelve con un renovado énfasis, como en su mejor teatro, a los medios espectaculares, los que ya le eran afines en su primera etapa. Aparece ahora un autor mucho más maduro. De seguro porque pudo palpar su creación dramática en la práctica dos años consecutivos—como disfrutó excepcionalmente desde 1960 a 1961—a través de las puestas escénicas que se le venían sumando. Lo confirmaba así en una entrevista: "En Cuba, en el 60 y en el 61, tenía posibilidad de que se estrenaran las obras que escribía. Una obra impulsaba la otra y se aprendía algo de la puesta en escena. Esos años fueron de actividad teatral intensa" (Febles y González-Pérez, "Entrevista" 226).

La madre, en sus réplicas, quiere desvirtuar los argumentos de su hija. Intenta insistir en la confusión del sueño y la realidad recomendada por Artaud que, dicho sea de paso, tiene importantes vínculos con las teorías freudianas[14]:

La Hija. La muchacha se ha escapado. Me lo ha dicho en voz baja, a través de la ventana, cuando dormitabas en el sillón.
La Madre. Otras han muerto en el trayecto.
La Hija. Corrió entre el enrejado. La vi entre las sombras. Logró escaparse.
La Madre. Estuviste soñando otra vez. Te quedaste dormida cerca de la ventana y volvieron esos sueños turbios, como si te hubieras liberado de tus más secretos y oscuros deseos. Tal vez no era más que una fantasía. Un hombre que te violaba. (119)

El cotexto recomienda, como una propuesta artaudiana, que las figuras deben "congela[r] abruptamente actitudes y gestos [como también deben dar] repentinamente [...] importancia al detalle" (Braun 228):

La Hija. (*Que ha ido colocando unas imaginarias tazas de café sobre la mesita.*) Ya está listo.
[...]
La Madre. No sirves para nada. Ni para esto siquiera. Todo lo dispones de la manera que no fue. (*Interpretando.*) "El café, hija mía. Todos esperamos el café".
La Hija. Está sobre la mesa.
La Madre. Si al menos lo dispusieras todo tal como sucedió. El café no estaba sobre la mesa. Tú llegabas con él en la bandeja.
La Hija. Lo siento.
La hija simula recoger las tazas de café y colocarlas sobre una bandeja que tampoco está. Se aleja con ellas hacia la puerta.
La Madre. Temblabas. La sola presencia del Jefe de la Policía te ponía nerviosa. Yo, por el contrario, estaba muerta de risa.
La madre simula reír a carcajadas, pero no se le oye. (114)

Al final madre e hija se desdoblan en las vecinas, representando la historia dramática de aquellas que hacen coincidir con la suya. La hija se desdobla en la muchacha revolucionaria que es de su misma generación, transformándose de víctima en victimario, de victimario en oficiante de la ceremonia ritual. La madre se desdobla en la abuela de la muchacha, pasando de victimario a víctima que se ofrece en la ceremonia. El autor logra plasmar dramáticamente la esencial tragedia histórica de desaciertos de la nacionalidad cubana con este recurso del desdoblamiento por parte de las figuras a través de los añadidos niveles ficcionales. Afirmaba Montes Huidobro en una entrevista: "De alguna manera mi teatro, inclusive en sus formas más evasivas, responde a una realidad histórica, política, y acabo siempre buscando en casi todas mis obras, lo medular de esta historicidad política" (Falcón 137). Por pertenecer la abuela a una generación anterior a la madre; es decir, por ser la prehistoria que generó la historia pasada, parece ser la causa, sin duda, de los problemas actuales. El continuar los desmanes de aquella prehistoria de "gritos de esclavos en el batey" hasta el presente, persistiendo en el desajuste del microcosmos familiar, induce a pensar en el macrocosmo nacional:

> La Hija. Sirvió una copa [la muchacha]. Disolvió el veneno lentamente. Había sufrido tanto que había olvidado la pena.
> La Madre. [Habla la abuela, segundo nivel de ficción] "¡El vino! ¿Qué pasa con el vino?"
> La Hija. Aquella mujer [la abuela] era una mujer detestable. Yo nunca la conocí. Pero ella me había hablado tantas veces y había llorado tanto que siento conocerla como si me hubiera enterrado sus garras durante toda mi vida. Dominante, la voz cruel, el gesto duro, los gritos a los esclavos en el batey, la hacienda llena de humo... Tus collares... Tus pulsos... Tu cabeza siempre levantada... Tu abominable orgullo... Tu juego de naipes... Tus amistades... Tu Jefe de la Policía... Tu Ministro muerto y enterrado... Tu sótano lleno de sangre... (*Pausa. Se miran.*) La miró con odio, me dijo. Una última mirada de odio. Carecía de piedad. Aquella mujer sólo entendía el lenguaje de los bastonazos. (122)

Nótese que, dentro de los niveles ficcionales, la Hija, al contar las experiencias traumáticas de la muchacha, las calca, detalle tras detalle, repitiéndolas hasta desdoblarse en ella. Al hablar duramente, en un tiempo pasado, de ese distante sujeto, la abuela de la muchacha, pasa de una tercera persona, narrando el pasado de aquella abuela, a una segunda persona. Esta segunda persona, un tú acusador a la madre, al final vuelve al punto inicial en tercera persona.

Gas en los poros recuerda a *Las criadas* de Genet, obra que tanto impactó a los dramaturgos cubanos. Montes, al dedicar a Francisco Morín su libro crítico *Persona*, reconocía, entre otras cosas, el haber ofrecido "una de las mejores noches del teatro en Cuba con el estreno de *Las criadas* [o *Las sirvientas* según la edición de Losada] de Genet" (7)[15]. En esta pieza hay una muerte por envenenamiento. La Hija es una Solange genetiana, que quiere abrir al fin la ventana "imaginaria" que está frente al público implicándolo, al contrario de la criada de Genet que daba la espalda a éste. Pero, en la obra del francés, había un rito mágico de imposición (por Clara, la otra criada) que consumaba el acto. En cambio aquí la Hija impone el rito por rebeldía y acaba con todo su pasado envenenando a la Madre. La razón es el "algo más simple" que "es la libertad", aunque no le será fácil como "todos lo sabemos" (123):

> La madre da unos golpes en el piso [representando a la abuela].
> Cambio de luz. Fin de "Había una vez..." La madre tiene la copa en la mano. La hija se vuelve hacia la ventana.
> La Hija. Una larga jornada, demasiado larga para mí... ¿Qué soy? He vivido tan tristemente que no sé si tengo derecho a algo... Le había dado la copa pero ella no se daba cuenta. Estaba segura de vivir.
> La Madre. (*Bebe.*) Tiene un sabor extraño.
> La Hija. Esas fueron sus exactas palabras.
> La Madre. (*Pausa.*) ¿Qué pasa? ¿Qué ha sucedido? ¡Es una trampa! ¡Una maldita trampa! Es necesario llamar al doctor, es necesario... [...] Un momento de descuido [...]
> La Hija. Interpretas un papel... Juegas...
> La Madre. ¡Es un crimen! ¡Un asesinato!
> La Hija. No, es algo más simple. Es la libertad.
> La Madre. ¡La rebelión! ¡La rebelión de mis esclavos! ¡Yo soy el amo!
> La Hija. (*Confusa.*) Pero, ¿qué somos? ¿En dónde estoy? ¿En dónde ha ocurrido todo esto? (122)

En estas secuencias hay "algo de la cualidad ceremonial de un rito religioso, pues extirpan del espíritu del espectador toda idea de simulación, de imitación irrisoria de la realidad" (Artaud 62). También coincide con lo que Zalacaín en su artículo afirmaba: "Estructuralmente, el asesinato tiene lugar durante los desdoblamientos de realidades que ocurren dentro del drama mismo [formando] parte del juego metateatral que ejecutan los personajes en su afán de escape y liberación de la realidad" ("El asesinato" 20).

Si en *Los acosados* la idea de la "prefiguración de un crimen" quedaba implícita en la segunda variante caillosiana, *alea*, de la apuesta, ya acá queda explícita dentro de la variante tercera, *mimicry*, la cual implica, en su simulación, los dos niveles "en la representación ficticia de la acción" genetiana:

> La Hija. Interpretas un papel... Juegas...
> La Madre. ¡Es un crimen! ¡Un asesinato!

La Hija. No, es algo más simple. Es la libertad.
La Madre. ¡La rebelión! ¡La rebelión de mis esclavos! ¡Yo soy el amo!
La Hija. (*Confusa.*) Pero, ¿qué somos? ¿En dónde estoy? ¿En dónde ha ocurrido todo esto? (122)

Otra vez, como ha propuesto en casi en todas las piezas estudiadas, Montes especula con la idea calderoniana de la doble ambivalencia entre la realidad y lo ficcional de esta. Siempre se está interpretando un papel, se juega: "La Madre. [...] Deja de fingir y termina esta escena de una vez para siempre" (116). La vida es como un teatro y nuestras vidas son una ilusoria representación. Anteriormente, desde los inicios, se enfatizaba esta idea al intentar incluir el otro nivel adicional:

La Hija. (*Apoderándose de la situación.*) Recuerda, mamá, recuerda... "Había una vez..."
La Madre. Cállate, entretente en otra cosa. Las escenas me cansan. ¡Ya estoy muy vieja para hacer ese papel! Y eso no nos conduce a nada. (113)

¿Aparece la Hija como una derivación de Electra? ¿Venga ella a alguien? El autor subvierte el mito: ella, con el envenenamiento de su madre, más que vengar queda vengada. Liquida a la vez el pasado como la esperanza de futuro, arrastrando el círculo de sangre que ha heredado. Si la única justificación de su matricidio, a las claras, es su libertad individual recuperando una identidad postergada, no es necesariamente un intento de reconciliarse o asimilarse al futuro como podría pensarse. Al decidir acabar con el pasado oscuro de muerte en que vivían ambas en el viejo sistema, sabe que no le será muy promisorio ese futuro anhelado. Implicó un precio deshacerse del pasado, sobre todo el no importar cómo, el fin justifica los medios. Así queda esta pieza de 1960 entre *Aire frío* (1958) de Piñera y *La noche de los asesinos* (1965) de Triana. Se infiere en *Aire frío* que la familia Romaguera "en su apatía política, no pasará nunca de la queja" y que "[c]on Ana [la madre cubana 'clásica'] muere también el viejo sistema" (Muñoz 41). En Triana a través de sus juegos con la muerte de los padres se intenta liquidar el 'nuevo' sistema que ya prematuramente envejecía. Lalo es juzgado por ese acto criminal en sus desdoblamientos y sus juegos al infinito, que jamás terminan, quedando un final abierto. En la pieza de Montes, la hija traspasa la inercia de los Romagueras pero todavía no es juzgada por el nuevo sistema ya que la obra finaliza antes de que esto pueda tener lugar.

En *Gas en los poros* la Hija, como en *Los acosados* y sus figuras, termina donde empieza la obra, reiterando la misma idea de querer salir:

La Madre. ¡Me asfixio! ¡Necesito un poco de aire!
La Hija. Abriré la ventana.
La Madre. ¡Abrela, ábrela al fin! ¡Tu libertad no te será fácil!
La Hija. Es cierto. Todos lo sabemos.
La madre muere. La hija empieza a abrir la ventana. Cae el telón lentamente. (123)

La asfixia del ahogo ya la presuponía el mismo título de *Gas en lo poros* por el ambiente de cerrazón y acoso en que se vive además del terror y la sangre. También Hernández la señala como característica del mejor teatro de Piñera: "los protagonistas de *El no* deciden suicidarse. Con gas, por asfixia. Metáfora tanática del ahogo, del aire enrarecido que se viene respirando en el teatro de Piñera desde los interiores sofocantes de *Electra Garrigó* o *Aire frío*" ("Prólogo" 17).

El final podría aparecer desesperanzador aunque, sin duda, es congruente. Es un continuar ser lo que se es. La hija, al imponer la ceremonia de muerte por envenenamiento, recuerda la intención artaudiana de que el: "mundo circular y cerrado [...] se alimenta de vidas, y toda vida más fuerte se abre paso a través de las otras, consumiéndolas así en una matanza que es una transfiguración y un bien" (Artaud 105-06).

'Materialización visual' de La palabra sal*itrea de los muertos*[16]

Sin duda *La sal de los muertos* (1960), en dos actos, continúa y, a la vez, sintetiza ya conscientemente los nuevos aires de crueldad que se estaban gestando en el teatro cubano por aquellos días. Recordemos lo que Montes afirmaba: "En realidad es de las primeras obras cubanas que asimila los lineamientos del teatro de la crueldad [...] Es una obra precursora que exige una reubicación textual" (Febles y González-Pérez, "Entrevista" 232-33). La pieza sigue arrastrando desde su alumbramiento un doble infortunio, no sólo el que todavía no haya sido estrenada sino también que, por ser confiscada en 1961, quedó desubicada del contexto que la vio nacer por lo que no ha podido ser valorada como se merece. En efecto, Febles expresa que es una "obra esencial del teatro isleño [que] aún no [ha sido] debidamente justipreciada en virtud de una infausta fortuna relacionada directamente con el proceso revolucionario" (Febles, "Prólogo"

8). A todo esto se le añade la tardía reedición de 1971 en el exilio que, aunque queda recuperada como texto, todavía no se ha reubicado dentro del contexto cubano e hispanoamericano. Debe verse como una pieza clave en ambos contextos como portadora consciente de aquellos nuevos aires de crueldad. Se pueden comprobar estas afirmaciones con revisar sólo títulos y fechas de algunos de los más afamados dramaturgos interesados en este tipo de teatro en algunos estudios que ya he mencionado. Con relación a la obra huidobriana, la pieza resume todos los logros de la primera etapa, y añade otros intereses que continuará explorando en sus piezas posteriores. Así lo afirma Colecchia: "*La sal de los muertos* is a pivotal piece in which much of what the author has written earlier appears more fully articulated with indications of the new concerns which will inform his later theater" ("Some" 160).

Desde el punto de vista del fondo vuelve a elegir y combinar los temas duales recomendados en el segundo manifiesto artaudiano (125). En lo que respecta al aspecto profano, el tema de la pieza es la lucha parricida entre padres e hijos por poseer la riqueza robada de Tigre, cabeza de una familia acaudalada cubana. *La sal de los muertos* y *La botija* tienen de común denominador, a nivel temático, el desproporcionado interés de las figuras por el dinero. En esta "sangrienta lucha tribal" (Montes, "Escribir" 42) la voracidad y avaricia de esta familia los lleva a exterminarse en un final apocalíptico. Es una obra desgarrante por la violencia de sus consecutivas muertes, por el aberrante y distorsionado diálogo y por el desquiciamiento esquizoide de la conducta de las figuras. Dado que ellas están, como dice Escarpanter "confinad[a]s por vínculos de sangre en un espacio cerrado", no podrán escapar a su destino. En cuanto a la parte sagrada, una de las figuras secundarias, pero no menos importante, Caridad, representa el contrapunteo metafísico de "las grandes preocupaciones" dirigido "al hombre total" (126). También se representa en el final apocalíptico, cuando Aura y Lobo, aterrorizados, articulan balbuceantes un padre nuestro que resultará muy tardío para la absolución de éstos.

En su segundo manifiesto continuaba Artaud añadiendo: "Renunciando al hombre psicológico, al carácter y a los sentimientos netos, el Teatro de la Crueldad se dirigirá al hombre total y no al hombre social sometido a leyes y deformado por preceptos y religiones" (126). Es interesante notar que el acercamiento de influencias sartrianas que propone Sánchez-Grey, en "*La sal de los muertos* o la comedia de espanto de Montes Huidobro", parece coincidir con las estudiadas, las artaudianas. El teatro sartriano, según su mismo creador:

[t]odo lo que busca es explorar la condición humana en su integridad y *presentarle al hombre moderno* un retrato de sí mismo: *sus problemas, sus esperanzas y sus luchas*. Creemos que el teatro traicionaría sus fines si representara personalidades individuales, aunque fueran tipos universales... porque si va dirigido a las masas, el teatro debe hablar en términos de *las más generalizadas preocupaciones*, diseminando sus ansiedades *en forma de mitos de manera que todos lo puedan comprender y sentir hondamente*. (apud Sánchez-Grey 98; el énfasis es mío)

El carácter simbólico de las figuras se puede reconocer ampliamente en sus nombres, en sus deformidades físicas y también a nivel temporal: Lobito representa el futuro, alrededor de 15 años, es brutal, sucio en su vestimenta, de gran fuerza física, monstruoso y desproporcionado en su sicología y en su intelecto (127); Aura y Lobo representan el presente, son los padres de Lobito: ella, extremadamente cuadrada y corpulenta, muestra una joroba pronunciada como la de Lobo (131); él, alto, delgado, es de muy mal color (142); Tigre, el padre de Lobo, es "el típico político criollo", su "monstruosidad se acentúa de un modo notable", es el progenitor de la estigmática y "pronunciada joroba" que han heredado los otros (149) como también Cuca La Cava, su mujer (149), ambos representan el pasado; Caridad es "un familiar pobre que vive en la casa" (149) aunque "la fortuna empezó por [su] abuelo [...], un viejo veterano a quien Tigre se comió por una pata", según Cuca (150). Caridad no ha heredado la estigmática joroba que llevan todas las otras figuras, es un ser oscuro y desarticulado que parece representar incluso al pueblo inerte. Su soliloquio y su monólogo están llenos de deslumbrantes visiones y de premoniciones atemporales dentro de las cuales ella parece vivir. Su nombre recuerda a la Virgen de la Caridad del Cobre, Patrona de Cuba[17]. Sánchez-Grey señalaba en "la presentación que se hace de Tigre" cierta "afinidad que pudiera tener con el personaje Ubu de Alfred Jarry por lo grotesco de su apariencia física" (100)[18].

La escenografía recalcará, como signo semiótico, el eje del asunto temático: "Se destacará principalmente un aparador lleno de objetos de plata. Otros adornos de plata se verán en la estancia" (126). Estas acotaciones nos recuerdan los manifiestos artaudianos sobre el teatro de la crueldad: "objetos de proporciones singulares aparecerán con la misma importancia que las imágenes verbales y subrayarán el aspecto concreto de toda imagen y de toda expresión" (Artaud 99). Asimismo en las réplicas de todas las figuras, exceptuando Caridad, está subrayado obsesivamente el asunto temático. Este deseo patológico de poseer las riquezas de Tigre los hace ver atrapados en ese espacio de "juego de trampas abiertas" (192-98). Por este motivo, Sánchez-Grey reiteraba en su artículo: "lo simbólico entra en juego tanto en la identificación nominal de los personajes como en otros aspectos, como son la deformación física y las piezas de plata que se tornan en el tesoro apetecido como representación de los bienes de Tigre" (97-98).

Señalé más arriba que las *dramatis personae* cumplen una importantísima función simbólica a nivel temporal. Se agudiza esta función simbólica al precisar la ubicación espacio-temporal, de la historia dramática, por los exactos bordes temporales de "[d]iciembre de 1958" en Cuba (126), señalando ese punto, limítrofe, trágico de la historia contemporánea cubana. En la historia dramática el pasado que representa Tigre se ha derrumbado aunque se insista en revivirlo. El presente, heredero de aquel pasado, es aterrador. El miedo, como en *Gas en los poros*, sigue siendo un buen síntoma (163), ya que es el alimento del presente en sus vidas. Ahora vigilarse unos a otros en el seno familiar, en el mejor de los casos, es la norma, realidad de vida en la historia dramática como en la real.

>Lobo. (A Cuca.) Debes vigilar a Cuca.
>Aura. (A Lobo.) Debes vigilar a Lobo.
>Cuca. (A Aura.) Debes vigilar a Aura.
>Lobo. }
>Aura. } Vigilar... Vigilar... Vigilar...
>Cuca. } (170)

En la pieza la posibilidad de un futuro mejor luce imposible. Lobito que representa ese futuro, es el más inescrupuloso de todos. El lugar de la representación, "posiblemente el comedor" (126), es el lugar del "juego de trampas abiertas" y del "juego sucio" porque "un juego limpio sería la excepción" (137, 163). Más que en ninguna otra pieza, se ven a las figuras asfixiadas, copadas (156) en un "callejón sin salida" (137, 163). "In Montes's theater the issue of time appears intertwined with the question of reality. [...] The relationship of time and reality in Montes Huidobro's theater reduces itself to the more profound and universal question, 'What is reality?'" (Colecchia, "Some" 163). Aura observa: "Si uno pudiera ver la realidad y no las visiones de la realidad" (162).

La función simbólica a nivel temporal, en el segundo acto, a través de las figuras llega a sus últimas consecuencias. Al robar Lobito el servicio de plata (169) de Tigre, compele a que toda la familia se ponga de acuerdo para eliminarlo. Muere así a manos de Tigre con la ayuda imprescindible de Aura (su madre) y Lobo (su padre). También muere Tigre en el último forcejeo. Extrañamente, al irse la luz en este momento desaparecen otros objetos de plata como a la vez los cuerpos mismos de Tigre y Lobito. En efecto, al morir estos parece que se acaba de una vez con el pasado y con el futuro. Sin embargo, ambos—en uno—, por momentos (211, 212) quedarán rondando como fantasmas asesinos en el piso de arriba. El círculo temporal de ambos extremos, al eliminarse pasado y futuro, se cierra en el sí mismo del aquí y del ahora. Aunque Cuca, figura secundaria, sea parte también del pasado—apareció siempre a la sombra de Tigre—y, con la muerte de éste, vuelve a sus tiempos mozos de la casa del Cerro, esto sólo parece un estado transitorio. Se regresa, como era de esperar, al primer nivel de ficción del que se parte. Es decir, a ese presente agónico, ahora limitado y amenazado por los fantasmas de Tigre y Lobito que asesinarán a todo el que se arriesgue a subir las escaleras. Si Aura y Lobo juegan, también desdoblándose al introducir otro segundo nivel de ficción, el juego de volver al pasado de Cuca, es solamente para tratar de descubrir si ella ha escondido el dinero desaparecido. Es otra trampa "sucia" o "abierta" que le han preparado. Este ir al pasado, como el de Aura desdoblándose en la hermana de Cuca la cual ella nunca conoció, no neutraliza el arrollador y precario presente en que se vive y al que se vuelve[19]. Este presente de la historia dramática, permanente y devorador, luce como otra premonición que no acaba ni termina y a cada instante se eterniza en la historia nacional.

Tigre y Lobito, como fantasmas, al ambular por las cercanías de este presente liquidan primero a Cuca, que se arriesga a subir; después, casi al final, Caridad parece inmolarse, al haber "comprendido" (215) la imposibilidad de escape o solución. Así se sumerge "en aquella Trinitaria proliferación maligna" (216). De esta manera se perpetúa el presente, lugar sin escapatoria y sin salida. Aura y Lobo quedan cercados por esos alrededores que se alimentan de vidas a la manera artaudiana. En este juego dramático no habrá escapatoria posible aunque se intente abrir "puertas imaginarias en busca de salidas imaginarias hacia soluciones imaginarias" (216), o pronunciar un esperanzador "padre nuestro" (219). Montes en *La sal de los muertos* se adelanta conscientemente a su posterior etapa del exilio en la cual se interesa en un proceso que "pasando por lo político, vaya de lo sicológico a lo ontológico" (Febles y González-Pérez, "Entrevista" 231) aunque ya lo había logrado en muchas de sus anteriores piezas. Este interés recuerda el segundo manifiesto artaudiano (125). Según Escarpanter esta pieza es:

> una interpretación del pasado reciente cubano, la cual anula cualquier posibilidad de liberación porque descansa en la creencia fatalista de la culpa heredada establecida por la tragedia

griega: el nieto ha crecido asimilando y remedando las felonías del abuelo y aunque ambos se aniquilan en una lucha feroz, los demás parientes, contaminados por el ambiente maligno de aquel hogar, permanecen sumidos en un círculo devastador que sólo los conduce a la muerte. ("La impronta" 64)

El tiempo teatral ubersfeldiano, el tripartito, se percibe ahora a la manera simbólica con que se ha relacionado cada figura y, como era de esperar, prepondera uno por encima del otro. Por un lado, exceptuando a Caridad, las figuras principales y las secundarias viven el fluir del tiempo como linealidad temporal histórica profana, a la vez que están insertados en su tiempo psíquico individual. Aunque constantemente las figuras en su mayoría retornen a re-vivir la ceremonia pasada, este retorno queda atrapado en la historia profana en un ir y un regresar sin muchas distinciones. En cambio, Caridad, aunque comparte a medias aquel fluir del tiempo con las otras figuras, vive a las claras en una realidad atemporal sagrada. Lo demuestra constante y contrastantemente no sólo en las premonitorias visiones de su soliloquio y monólogo sino también en sus intervenciones con las demás figuras. Ahora el fluir del tiempo como linealidad temporal histórica profana queda retenido en la escueta referencialidad de diciembre de 1958. La continuidad de este fluir aparece mermada sustancialmente por los otros dos tiempos, "el tiempo psíquico individual" y "el retorno ceremonial" (Ubersfeld 145). Se privilegia mayoritariamente el tiempo psíquico de las figuras a través de los desquiciados comportamientos, los distorsionados polílogos y la obstinación perniciosa de esa codicia ilimitada que padecen. La ciclicidad del retorno ceremonial aparece de algún modo sutilizada por una nueva manera de enfocar este tiempo dentro de los añadidos niveles ficcionales. Al incluir un segundo nivel de ficción adicional dentro del primero, se amalgaman presente y pasado o viceversa. La acotación autorial enfatiza que deben pasar inadvertidos estos cambios temporales:

> Por momentos Tigre, como el resto de los personajes, se mueve en el pasado—pero pasado y presente es una línea difícil de definir—. Salvo en las secuencias marcadas con comillas, donde el tono debe ser enfático, caricaturesco a veces, burlón quizás, acentuando mucho el juego; en otros momentos los personajes pueden pasar de presente a pasado y viceversa, de un modo natural, sin particulares alteraciones. (153)

Esta nueva manera de fundir ambos tiempos, es llevada a sus últimas consecuencias en la próxima y última pieza de esta trilogía, *La Madre y la Guillotina*; la cual se mezcla además con la historia dramática "ficcional" de las figuras y la historia "real" de éstas. Continúa utilizando el dramaturgo una de sus técnicas dramáticas preferenciales—la del teatro dentro del teatro—, recrudeciendo el conflicto con los constantes desdoblamientos de las figuras al introducir un segundo nivel de ficción, y hasta parece añadir un tercero dentro del primero. En este constante ir y venir de un nivel ficcional al otro adicional, el último nivel subordinado al regresar al primero se combina con frases hechas que pertenecen a otras figuras que no están presentes en la secuencia. Parece insinuarse otro desdoblamiento, en el de la figura ausente, como sumando otro nivel de ficción:

> Lobito. (*Parodiando, por un instante, Lobito deja de ser Lobito e inicia los cargos, como si fuera juez.*) Inicia la defensa... La jorobada se enfrenta al jurado con su joroba y niega los cargos... "No soy jorobada, señor juez... Es que usted no tiene ojos..."
> Aura. (*Violentamente.*) Fue una joroba que vino después. Yo no la tenía.
> [...]
> Lobito. "Pero alguna tara... Alguna pequeña tara escondida por ahí, entre la sangre..."
> Aura. No es cierto. Mi hermano me hizo trampa, eso es todo... En casa me hicieron traición... Entonces salí corriendo... Yo también quería escaparme... Un juego sucio... ¿Sabe usted lo que es un juego sucio?
> Lobito. "Es nuestra especialidad. ¿Quién no sabe lo que es un juego sucio? Un juego limpio sería la excepción..." [Frase hecha aprendida obviamente de Tigre, véase 163]
> [...]
> Lobito. "Bonita historia, señora. [...] ¡Confiese, confiese ahora...!"
> Aura. ¿Y qué iba hacer? ¿Tirarme a morir? Si el cura dormía la siesta yo tenía derecho..., tenía derecho...
> Lobito. (*Sarcástico, saltando.*) ¡Tenía derecho a buscarme una joroba!
> Aura. (*Derrotada.*) Está bien. Al salir de la iglesia estaba él: Lobo. Comenzó a retorcerme. Lo comencé a ver a todas horas. [...] (*Inicia su parodia, movimientos peculiares, voz falseada,*

caricatura de sí misma.) Decía: "¿Eres tú Lobo?" "Ya llegaste" "¿Por qué te has demorado tanto?"... (137-38)

Otra veces, como en algunas piezas anteriores, estos desdoblamientos implican ambos espacios, "el espacio de los que miran y de los que son mirados" (Spang 201 que cita a Ubersfeld). Ahora, por momentos, en el juego dramático, inéditamente intenta invertir los espacios, de tal manera que "el espacio de los que miran" parece la parte "de los que son mirados". Sin duda se infiere que el escenificado canibalismo tribal de esta familia no sólo es parte de la historia dramática sino que este microcosmo es reflejo de la historia del macrocosmo, e inclusive, los que vienen a mirar son responsables y parte viva de esta experiencia. En efecto, se ven éstos reflejando a Lobito, es decir, el Lobito que llevan por dentro. Sobre todo, ven al peor, al que estará por venir. Inclusive las figuras, por momentos, creen ser Lobito:

> Lobo. [...] ¡Lobito, el santo Lobito, el inmaculado! Lo verás. Lo verás y devorará tus ojos. (*La toma violentamente y la vuelve frente al público, dominándola materialmente y retorciéndola.*) ¿Y tú, vieja bruja, te has mirado al espejo? ¿Te has mirado?
> Aura. (*Rabiando.*) ¡Suéltame, suéltame!
> Lobo. ¿Ves a Lobito ahora? ¿Lo reconoces?
> Aura. Soy yo. Eres tú.
> Lobo. Soy Lobito.
> Aura. Prefiero no verlo.
> Lobo. (*Forzándola nuevamente.*) ¡Mírate bien, mírate bien tu joroba!
> Aura. ¡Suéltame, suéltame, Lobito!
> Lobo. (*Que juega a ser Lobito, a Aura* [pero juega con ésta como si fuera Tigre aunque la reconoce como la madre]) No te escaparás, Tigre. Tú eres mi viejo Tigre, mamá, mi viejo Tigre que se enrosca y que se viste de mujer. Mi viejo Tigre devorador, mamá... ¿Son esos tus estertores de agonía?
> Aura. No sigas, Lobito... Basta, Lobo, basta...
> Lobo. Viviré miles de años, mamá. Tantos como el abuelo Tigre.
> Aura. ¡Lobito...!
> Lobo. No quieres convencerte. ¿Por qué habría de quererte, mamá? Soy un monstruo creado a imagen y semejanza... En esta vida lo peor es la imposibilidad de hacer un pacto...
> Aura. (*Lejanamente.*) No... hay... remedio... para... la... soledad...

Lobo. (*La sacude, ya en el plano de Lobo.*) ¿Te rindes ahora? ¿Te convences? (179-80)

Las figuras, exceptuando el contrapunteo metafísico de Caridad, en sus intervenciones se adueñan de múltiples frases hechas, que en su mayoría han heredado de Tigre, repitiéndolas una y otra vez. Estas en su mayoría son desesperanzadoras, como las anteriores de: "En esta vida lo peor es la imposibilidad de hacer un pacto" o "No... hay... remedio... para... la... soledad". Este adueñamiento ajeno de frases hechas no nos debe parecer gratuito sino que al asumir aquellas como propias e intercambiables, son parte de la experiencia y visión de la vida que han heredado. La violencia de sus actos y la de sus intervenciones son "motivadas principalmente por el miedo". Coinciden las figuras, como las de *Gas en los poros* con la interpretación de Zalacaín cuando hace referencia al miedo que tienen de "confrontar su terrible realidad", la imposibilidad de comunicarse con otros y "sobre todo", el miedo a la soledad ("El asesinato" 20).

También por el canal óptico, además del signo escenográfico con sus opulentos objetos de plata, el lenguaje extraverbal de las figuras se adhiere a los postulados artaudianos. La pantomima, el gesto, la postura, los desplazamientos en el escenario, los retorcimientos (136, 138, 139) son las acotaciones frecuentes que aparecen en el cotexto: "Iniciando un juego mímico múltiple, parodiando, interpretando personajes, falseando la voz, moviéndose rápidamente" (128, 138, 170). A través del código verbal, sin el menosprecio del extraverbal al cual se incita a recordar constantemente como "materialización visual" de la palabra (Artaud 72), esta pieza logra un salto cualitativo en su capacidad de producir un agónico clima de pesadilla y persecución como ninguna otra pieza anterior. Escarpanter, además de elogiar el código verbal de la pieza, también expresa que "presenta a través de espléndidos monólogos, diálogos y situaciones donde abundan el surrealismo y las formas más intensas de la irracionalidad, un minucioso análisis de algunas familias cubanas y el entorno social en vísperas de la catástrofe revolucionaria, como pocas veces lo ha conseguido el teatro realista coetáneo" ("La impronta" 64).

Téngase en cuenta que aquí el signo teatral, por su plurivalencia espectacular, mezcla el código verbal con el extraverbal, el más espectacular, de gusto artaudiano. De momento prefiero aislar el código verbal, por conveniencia, para un estudio mucho más particularizado. Este código a veces aparece acompañado con las explícitas acotaciones autoriales; cuando no, sin duda, este código induce al gesto artaudiano que es "la materialización visual y plástica de la palabra" (12). Las intervenciones monológicas, duológicas o trilógicas llegan a exacerbadas distorsiones por el comportamiento esquizoide de la conducta de las figuras. Los "monólogos, así como polílogos están encaminados a demostrar la inviabilidad de la comunicación" (Spang 265). En las intervenciones monológicas, por su importante uso, se debe distinguir entre soliloquio y monólogo. Spang delimitaba estos términos así: "se puede utilizar el término soliloquio para la intervención verbal solitaria de una figura y el de monólogo para la intervención verbal cuya extensión rebasa los límites de una réplica normal" (284-85).

Al estar Lobito solo al comienzo del primer acto y comenzar su larga intervención (129-31), ésta por su apariencia, sin duda, habría que considerarla soliloquio. Sin embargo, desde los mismos comienzos de su intervención, al ser sorprendido Lobito por ese rayo de luz—que otra vez tiene características humanas—que vigila y cuida los objetos de plata de Tigre, sus primeras groseras palabras nada tienen de ensimismamiento introspectivo. Por lo que, al dirigirse al público, este extenso soliloquio "rebasa los límites de una réplica normal". Por ese motivo, recuerda las características del monólogo. Así queda esta intervención de Lobito entre ambos términos, a medio camino, sin que se pueda precisar otro término teórico que la nombre. "De modo que el monólogo o soliloquio [o la frontera limítrofe entre ambos] se utiliza con auténtica justificación dramática como expresión del abandono o por lo menos del deterioro de la dimensión socializante del polílogo y del lenguaje en general. Es cuando el lenguaje pierde su función fática y se repliega sobre el hablante solitario y aislado" (Spang 285-86). Por tanto, el teatro antirrealista huidobriano aparece congruente con sus principios ya que "el dramaturgo que pretende dar la impresión de cierto realismo en su historia evitará los soliloquios y los monólogos" (Spang 285).

Aparece aquella frontera limítrofe, del monólogo y del soliloquio, se combina con el alejamiento del juego dramático a través del aparte *ad spectatores*. Esta combinación se nota en las intervenciones de varias figuras, específicamente en Lobito (129-31), Aura (140-41) y Cuca (150-52, 167). Eligen las figuras la "forma más radical y palpable de apartamiento [es decir, el aparte *ad spectatores*, rompiendo] además la ficción convencional de la separación nítida entre los dos sistemas de comunicación: el de las figuras entre sí y el no admitido entre figuras y público" (Spang 291). Téngase entendido que "la no participación en el juego no implica de ningún modo la desvinculación de la historia dramática y su representación" (Spang 290). Estos apartes de las figuras por la función que persiguen no deben verse como de inspiración brechtiana por ser, en cierta medida, intermediaria entre la historia dramática y el público, ya que las figuras sí son parte de la configuración (Spang 292). Este tipo de intervención verbal aparece más frecuentemente en dramas cómicos (Spang 291). Aquí contrasta su uso por ser una pieza trágica, con lo que otra vez el dramaturgo se aleja de las normas teóricas. Con el aparte *ad spectatores*, trata de implicar aún más a "los que miran", al afiliarse decididamente a un anti-distanciamiento, recordando la esencial intención artaudiana. Derrida expresaba categóricamente: "Nos contentaremos con nombrar los temas que son sin ninguna duda ajenos al teatro de la crueldad. [...] Todo teatro de la distanciación. Éste no hace más que consagrar con insistencia didáctica y pesadez sistemática la no-participación de los espectadores (e incluso de los directores y actores) en el acto creador, en la fuerza irruptora que abre el espacio de la escena" ("El teatro" 60-61).

Lobito, desde el inicio de su intervención, se aparta del "acontecimiento escénico", insistiendo en alejarse del juego para dirigirse "ostensiblemente al público" (Spang 290-91). Esta intervención será contra todos. Primero, su diatriba será contra la luz vigilante que lo sorprende, segundo, contra el público y, tercero, contra su familia. Su revisión de cuentas—de una violencia verbal inusitada—incluye el grito, la mofa, la parodia, la pantomima; involucra de una misma manera al público haciéndolo participe de sus terribles desavenencias con su familia:

> *Entre las sombras se presiente la figura furtiva de alguien que no se puede definir claramente, pero que se acerca a los objetos de plata, los toca, los toma y los vuelve a dejar. Inesperadamente, un rayo de luz cae sobre la figura, que se vuelve violentamente, sorprendido.*
> Lobito. (*A la defensiva, como un ladrón.*) ¿Quién? ¿Quién es? [...] (*Molesto.*) ¡Las luces! ¡Las cochinas luces otra vez! (*Gritando.*) ¡Que apaguen esas luces! ¡A la *eme* con esas luces! (*Da unos pasos.*) Tenía que ser. Siempre se están chivando. (*Violento.*) Si me quieren ver y requetever y meterse en lo que no les importa, tendrán que oírme... Van a tener para rato... No saben dónde se han metido... (*Decidido a contar.*) Soy Lobito, y si de contar se trata, no dirán que me las callo, porque precisamente no me callo nada. A la boca entonces, porque si se quedan en los intestinos, ustedes volverán a sus casas con los estómagos vacíos, porque cada cual ha puesto su grano de arena para hacerme... ¿Quieren verme, no? Pues me van a ver desnudo... Así que nadie se queje... (*Pausa. Unos pasos.*) ¡Soy el niño lindo de mamá! ¡Soy el niño lindo de abuelo! ¡Soy el engendro de todo eso y mucho más!... (127-28)

Los insultos de Lobito contra esas luces vigilantes, sus gritos, conjuran además, una especie de preámbulo prologal que va dirigido violentamente contra el público el que ya, desde sus inicios, ha heredado la culpa de su violencia y su vulgaridad porque todos han "puesto su grano de arena". Significativamente la *mea culpa* de la inexcusable aptitud de Lobito, la maneja como forma de chantaje, herencia heredada que le fue dada. La culpa es de otros y él solo es un producto de aquéllos; otro acierto que añade la pieza a nivel simbólico por las implicaciones que se infieren dentro del macrocosmo. Por una parte, como se adelantó, al no quedar dentro de los límites de la introspección y "rebasar los límites de una réplica normal" y, por la otra, al alejarse de la historia dramática y adentrarse en ese careo con el público, la intervención de Lobito se queda entre ese prólogo que informa lo por venir de esa anormal "historia familiar" a la vez que introduce el aparte *ad spectatores* implicando al público en aquella familia.

La obstinación perniciosa de esa codicia ilimitada que padecen las figuras los lleva, indefectiblemente, como se analizó, a que la "incomunicación desembo[que] en una monologización" (Spang 285). Por las exacerbadas distorsiones de los polílogos y el comportamiento esquizoide de las conductas de las figuras, estos polílogos también "están encaminados a demostrar la inviabilidad de la comunicación" (Spang 265). El polílogo de grupo se convierte en monólogo al establecerse el consenso entre los hablantes (Spang 289). Así, en la siguiente intervención trilógica, aunque no contestan al unísono, se repiten iguales las réplicas incondicionales de las perturbadas autocensuras. Al final se establece "el consenso":

> Aura. (*Gritando desproporcionadamente.*) "¡La plata también se destruye, Caridad...! Se mancha, se ensucia... ¿Cuántas veces te lo tengo que repetir?"
> Lobo. ¿Por qué no te callas, Lobo?
> Aura. ¿Por qué no te callas, Aura?
> Cuca. ¿Por qué no te callas, Cuca?
> Lobo. }
> Aura. } ¿Por qué? ¿Por qué? ¿Por qué?
> Cuca. } (169)

Lobito, en una intervención duológica, al heredar y ejercer la crueldad moral y física de Lobo, duplica el comportamiento de su padre (179). Aura añade a esta intervención otro tanto. El cotexto redunda en sus intenciones. El espejo donde se refleja esa deformada figura de la madre vuelve a ser el implicado público, "el espacio de los que miran":

Lobito. (*La toma violentamente y la vuelve frente al público, doblegada, el cuerpo retorcido, dominándola.*) ¿Y tú, vieja bruja, te has mirado al espejo? ¿Te has mirado?
Aura. (*Forcejando.*) ¡Suéltame, suéltame!
Lobito. ¡Mírate bien, mírate bien tu joroba!
Aura. (Soltándose.) ¡Pero no la heredé! ¡No heredé la joroba!
Lobito. (Llevándose la mano al rostro, como si hubiera recibido una bofetada.) ¡Me pegaste, mamá, me pegaste! (136)

En las intervenciones de las figuras se reiteran obsesivas ideas fijas—profanas—, exceptuando las sagradas de Caridad que tienen un sentido atemporal y metafísico. Estas ideas fijas profanas son: la avaricia ilimitada de poseer riquezas, la tiranía de las relaciones de poder entre padres e hijos, el miedo que sienten todos aunque sea de naturaleza distinta, la crueldad física y verbal intercambiable en las relaciones de voracidad que se establecen entre ellos. Principalmente, vigilar como forma de control, que se entiende como perseguir o ser perseguido (174, 175, 177, 178). Llegan, inclusive, al extremo de que algunas figuras se sienten perseguidas por sí mismas (170). Todo este deterioro moral conlleva a la incomunicación y al desamparo de estos seres, microcosmo desesperanzador que en su sentido más amplio es reflejo del macrocosmo de la circunstancia. Aunque cambien sus modelos de subsistencia, siguen agudizándose las relaciones del ser humano. Acordémonos de lo que Montes expresa de estas características de la escena cubana: "[l]a familia cubana aparece en las tablas arrastrada por un devorador e hiriente canibalismo. Afán devorador y canibalístico que ha ido creciendo con el tiempo" (*Persona* 8).

La sal de los muertos, con sus crueldades, antecede conscientemente a todas sus homólogas y debe verse como una obra clave no sólo de la parte cruel de esta etapa sino también de la escena cubana que ya por esos días iba siendo la abanderada del teatro latinoamericano con su teatro absurdista y cruel, por un lado, y el comprometido por el otro. Como se sabe, ambas ramas temáticas tenían ya una prehistoria de gestación en la arena cubana antes del 1959. Más que ninguna otra de sus piezas anteriores, *La sal de los muertos* "es parte de un devenir en la corriente del teatro cubano" (Rodríguez-Sardiñas y Suárez Radillo 120), ya que incluía inconscientemente todos los aspectos fundamentales que iba plasmando la escena cubana contemporánea y que Montes estudiaría en *Persona*. En la extensa carta a los editores de esta pieza el autor exponía (vuelvo a repetir algunos aspectos que ya hemos mencionado por ser imprescindible hacerlo ahora):

En reciente recorrido por el teatro cubano, en busca de material para un futuro libro sobre el teatro cubano contemporáneo, me han llamado la atención los puntos siguientes: a) la presencia soterrada del espíritu martiano, en el juego de cercanía a la tierra y elevación [...] choque de polos opuestos; b) un afán devorador, feroz, canibalístico, de poderes crecientes, dentro del núcleo familiar cubano (microcosmos que en su proyección más amplia se dirige al plano político nacional y al universal) que se dirige a su propia destrucción, lleno de odios y de complejos freudianos; c) una técnica dramática preferencial (el teatro dentro del teatro) que les permite a los dramaturgos cubanos un juego elaborado, rico en facetas externas que son reflejo de los conflictos internos, el constante laberinto de las personalidades que se desdoblan y que juegan al juego de ser otros; d) una distorsión constante del lenguaje y de las situaciones, una constante frustración, una repetida fijación en nuestro interior de objetos amados ya perdidos que nos llevan a los límites de la esquizofrenia; e) una constante evocación mágica, una invocación para la realización del milagro, un afán de alcanzar poderes especiales para poder obtener por medio de la magia y de la fe aquellos sueños que nos han sido negados constantemente. No creo que cuando escribiera *La sal de los muertos* estuviera consciente de estos aspectos. Pero todos estos aspectos estaban, de algún modo, dentro de mí. Formaban parte de un latido interior que, como es probable en el caso de otros autores, nos impulsaba a una verdad trágica: la verdad de Cuba. (*Persona* 457-58; o en Rodríguez-Sardiñas y Suárez Radillo, *Teatro* 120-21)

En todas las piezas de la parte cruel de esta etapa, las figuras vuelven a estar "confinad[a]s por vínculos de sangre en un espacio cerrado [aventurándose] en juegos peligrosos" (Escarpanter, "La impronta" 63). A estos juegos crueles se suman los "sucios" y, el más cruel y terrible de todos, el "de las trampas abiertas". Este último, irónicamente, servía para entretener la infancia de Lobito. Con este mismo juego, ahora de antemano, se ha puesto de acuerdo toda la familia, su madre una de las primeras, para eliminar a Lobito por haber robado los cubiertos de plata. Tigre invita a jugar a Lobito recordándole aquel juego de la niñez que tanto habían jugado en la familia:

Tigre. [...] Basta jugar y el que pierde grita: "Tramposa, cochina tramposa". Es decir un halago, un premio. Cuando uno habla de estas cosas se siente joven otra vez. Vuelvo a la infancia. Quisiera jugar, Lobito. ¿Qué me dices? ¡El juego de las trampas abiertas! (192)

En este juego y en otros en que abunda la pieza, y en el que el improperio y las malas palabras son premios, se enfatiza el balance del código verbal con relación al no verbal. La palabra cede espacio a los medios más espectaculares que proponen estos juegos, es decir, el movimiento, los saltos, la pantomima, el gesto, la luz que los acompaña. Lo que recuerda los postulados artaudianos de que el autor dramático debe saber "crear imágenes materiales, equivalentes a imágenes verbales", cediendo "a lo que podríamos llamar la tentación física de la escena" (Artaud 38); como a la vez coincide con la proposición pirandelliana de la acción hablada.

Con respecto al juego anterior, el "de las trampas abiertas", el cotexto insiste en la función artaudiana:

> Comienza el juego. Los tres personajes se disponen a sí mismos como fichas de un tablero y comienzan a moverse, dando saltos, como si el piso fuera un tablero. Así cambiarán de posición en el transcurso de la escena. Usarán una silla, que cambiarán indistintamente de posición y que entra en el juego también. El director podrá ir disponiendo a los personajes como fichas, pero en lo posible establecerá relaciones dramáticas entre ellos de acuerdo con las sugerencias del diálogo. Todo debe estar dispuesto para que haya suficiente espacio para que el juego se pueda realizar con movilidad. Algunos muebles podrán o deberán moverse de sitio. (192-93)

La acotación autorial "trata de sustituir el lenguaje hablado por un lenguaje de naturaleza diferente con posibilidades expresivas a las del lenguaje verbal, pero nacidas en una fuente mucho más profunda, más alejada del pensamiento" (Artaud 112). Montes al interesarse en el "lenguaje típico del teatro", el de la puesta en escena, deshace la dualidad dicotómica entre autor y director por la de un "creador único". Su preocupación por ese lenguaje teatral, lo lleva a sugerir maneras y formas escénicas. Las amplía sugiriendo posibilidades que, a la vez, al recordar al director se convierte en el creador, artaudiano, único:

El lenguaje típico del teatro tendrá su centro en la puesta en escena, considerada no como el simple grado de refracción de un texto en escena, sino como el punto de partida de toda creación teatral. Y en el empleo y manejo de ese lenguaje se disolverá la antigua dualidad de autor y director, reemplazados por una suerte de creador único, al que incumbirá la doble responsabilidad del espectáculo y la acción. (Artaud 96)

En su segunda carta sobre el lenguaje teatral (París, 28 de septiembre de 1932), Artaud añadía en su posdata: "El autor habrá de descubrir y asumir lo que pertenece a la puesta en escena, tanto como lo que pertenece al autor, pero transformándose a la vez en director, de manera que cese esta absurda dualidad actual de director y autor. Un autor que no crea directamente la materia escénica, ni evoluciona en escena orientándose e imprimiendo la fuerza de su propia orientación al espectáculo, traiciona en realidad su misión" (114). A la vez, también, de "uno a otro medio de expresión se crean correspondencias y gradaciones; y todo, hasta la luz, puede tener un sentido intelectual determinado" (97):

> *Tigre hace que el propio Lobito se entierre el cuchillo de plata al caer, pero éste, al mismo tiempo, tiene fuerzas suficientes para enterrárselo a Tigre en el último momento. Todo esto muy rápido. Hay un oscurecimiento total, salvo un cono de luz que cae directamente sobre el rostro de Caridad que ya está al pie de la escalera.*
> Caridad. ¡No, a mí no! (*Gritando espantada.*) ¡Socorro! ¡Socorro! *Y se lleva las manos a los ojos. Todas las luces se apagan. Se oyen voces.* (197-98)

También esta obra antecede a los asesinatos simbólicos estudiados por Zalacaín[20]. En el espacio circular y cerrado en que viven las figuras, no queda espacio para nadie, vida y muerte se consumen en una matanza. Tigre, progenitor de esa avaricia y odio insaciables, al acabar con Lobito, heredero de aquellos hábitos inculcados, y a la vez morir con éste, borra toda esperanza en el futuro. Desde la muerte, los dos en uno, siguen asesinando a todos los que se arriesguen a subir al piso de arriba. En el precario espacio de juego del presente sólo queda escapar; las figuras parecen como alimañas atrapadas en un redil en que a toda costa intentan buscar una salida. Si relacionamos esta desesperanzadora imagen con el contexto nacional, esta pieza queda como una denuncia demoledora a "lo medular de esta historicidad". Además de su proyección intuitiva hacia los tiempos que habrán de venir. Unido a esta interpretación vuelve a recordar los postulados artaudianos de que en "en un mundo circular y cerrado no hay lugar para la verdadera muerte, ya que toda ascensión es un desgarramiento, y el espacio cerrado se alimenta de vidas, y toda vida más fuerte se abre paso a través de las otras, consumiéndolas así en una matanza que es una transfiguración y un bien" (105-06). Lobito para subsistir tuvo que robarle a su abuelo. Si su progenitor acaba con él, y éste con aquél, en este "alimenta[rse] de vidas", aquí se va más allá de la vida, es decir hasta la muerte, para continuar lo de que "toda vida más fuerte se abre paso a través de las otras". Lobito y Tigre desde la muerte, como dos fantasmas en uno, siguen liquidando vidas, abriéndose "paso a través de las otras".

Casi todas las intervenciones de Caridad parecen responder a una 'realidad atemporal', la cual no deja de ser vaticinadora. Cuando no, declara saber proféticamente una salida de escape de la terrible realidad en la que se vive. Predice lo que será la realidad cubana en su querer huir; ya por aquellos iniciales días, aconsejaba: "El pájaro de hierro" o "El pez de acero" (158). Específicamente el soliloquio (171-72) y el monólogo (215-16)—que no es más que una amplificación del anterior—de Caridad están llenos de deslumbrantes visiones y de premoniciones atemporales que, a la vez, parecen vivir en ellas. Como se aclaró, el nombre de Caridad recuerda a la Virgen de la Caridad del Cobre, Patrona de Cuba. Esto se confirma, tal vez, cuando Caridad lo sugiere al decir: "Todo el mundo comenzaba a conjurarme" (172).

Ahora en Caridad se repiten las discrepancias entre el código verbal y el extraverbal, las que ya hemos visto en algunas piezas anteriores; las utiliza para resaltar sus clarividentes intuiciones. El cotexto señala explícitamente la contradicción que se establece entre el código verbal y el extraverbal:

Comienza a subir [Cuca] *las escaleras.*
Caridad. (*Interviene de pronto, espantada. Está junto a la escalera, al pie de la misma. Sus movimientos, en todo momento, son los de una ciega. Pero dice ver.*) ¡Allí, Cuca, cuidado! ¡El cuchillo al final de la escalera! (210)

Las intenciones del autor apuntan al interés primordial de las aspiraciones metafísicas de este teatro como a la vez las combina con las de las realidades históricas. Significativamente, tal vez y como nunca antes en algún texto de la literatura cubana, muchas de esas visiones dichas por Caridad habrán de ser realidades. Aunque, al final, Aura "se adelant[e] al centro del escenario, de frente al público, como si abriera una puerta" (216) no llegarán, ni ella ni Lobo, a encontrar la salida de escape. Las mismas predicciones de Caridad vaticinaban el porqué de la imposibilidad de ese lado: "El mar tenía olas rojas con espumas de sangre. [...] Porque la isla tenía mar por todas partes y nadie podía librar[se] de aquel mar [...] Pero ya no corría, sino avanzaba porque ya había comprendido. Y no tenía sentido abrir puertas, porque todo era lo mismo. Y eso se lo dejaba a otros, que ya estaban muertos, pero se engañaban en la sal" (215). Ese mar que cerca la isla paradisíaca ha sido su sino, la imposibilidad permanente de escapatoria del que sueña poder escapar; quien no esté comprometido a arriesgar su vida tampoco logrará escaparse.

Se debe resaltar que Caridad en su monólogo utiliza explícitamente, ya casi al final, uno de los símbolos más antiguos de las viejas cosmogonías, el de la imaginería cristiana de la trinidad, recomendados por Artaud (126). Recuérdese que ya habían aparecido implícitamente estas influencias en la función tripartita entre las figuras y actantes en *Sobre las mismas rocas* y en Cotton mismo, como también Zalacaín lo había estudiado. Aquí llega a más cuando al describir la trinidad reinvierte el mito para volver a la realidad. Se refiere obviamente a los muertos que se han ido sumando (Tigre, Lobito y Cuca), reconociendo en esta unión una "trinitaria proliferación maligna":

> El mar tenía olas rojas con espumas de sangre. [...] Porque ellos me desposaban para siempre y yo no podía decir ni que sí ni que no [...] Porque la isla tenía mar por todas partes y nadie podía librarme de aquel mar [...] Pero ya no corría, sino avanzaba porque ya había comprendido. Y no tenía sentido abrir puertas, porque todo era lo mismo. Y eso se lo dejaba a otros, que ya estaban muertos, pero se engañaban en la sal. Ya no sentía lástima de mí, porque ciega por haber visto, había comprendido. Y ya no soñaba aquel verdor del campo ni aquel azul del mar que nunca había sido, sino que subía hacia ellos, que era El, de los tres en uno, hecho carne misma él, nunca abandonado sino siempre protegido del Padre, la Paloma que bajaba en verbo, unida yo a la unidad en tres y desposada, pero me prometía tan sólo un grito ahogado en aquella unión en el mar, sumergida yo en aquella Trinitaria proliferación maligna. (215-16)

Al final, agónicos y balbuceantes, Aura y Lobo, por medio del "gesto artaudiano" que es, reitero, "la materialización visual y plástica de la palabra" (Artaud 72), "abrirán puertas imaginarias en busca de salidas imaginarias hacia soluciones imaginarias" (216). Aura y Lobo, tratando de escapar, experimentan una "relación atroz y mágica con la realidad y el peligro" como a la vez también el público, al reconocerse en ellos (Artaud 91). Ya anteriormente, en el primer acto, Caridad expresaba aquel mismo terror ontológico de mentalidad primitiva de abrir puertas: "Cuando uno abre algo, siempre tiene miedo. Nadie sabe lo que hay adentro" (169). Aura siente el mismo terror ontológico de mentalidad primitiva (esa huida a riesgo total de la vida, ¿acaso no lo es?), repitiendo casi las mismas palabras premonitorias de Caridad. Por indicación del cotexto, se implica al público, a los que miran: "(*Que se adelanta al centro del escenario, de frente al público, como si abriera una puerta.*) Cuando uno abre algo, siempre tiene miedo. Nadie sabe lo que puede encontrar" (216). Aura aterrorizada proponía, múltiples posibilidades de salida, tal vez con la esperanza de que una de éstas creara el milagro: "(*Abre.*) Por aquí, un poco a la derecha, un poco hacia atrás, entre las cuatro paredes de este laberinto" (219).

Entre el terror de quedarse atrapados en esa realidad horrenda de muertes y la desesperación de la huida, Aura y Lobo entretejen en sus intervenciones un esperanzador padre nuestro; tal vez esperan una absolución milagrosa que los salve en la huida o de esa vida canibalística en que viven. Aniquilados y sin salida, desgarrados en el atropello de sus inarticuladas voces, el entretejido padre nuestro no tendrá efecto porque obviamente será demasiado tarde para que ellos puedan lograr su salvación:

> *El telón va cerrándose muy lentamente, pero no terminará de cerrarse hasta el final de la secuencia que sigue.*
> Aura. Padre nuestro... Abre... Muere... Sigue... Son las tres...
> Lobo. Que estás en los cielos... Abre... Muere... Sigue... Son las cinco...
> Aura. Hágase su voluntad... Abre... Muere... Sigue... Son las siete...
> Lobo. Así en la tierra... Abre... Muere... Sigue... Son las nueve...
> Aura. Como en el cielo... Abre... Muere... Sigue... Son las once...
> Lobo y Aura. El pan nuestro... Abre... Muere... Sigue... Es la una... De cada día...
> Telón (220)

Las horas, aunque distintas, se perpetúan "cada día". Son las mismas dentro de esa terrible realidad de la que se quiere escapar. Con este agónico padre nuestro de Aura y Lobo se reitera el requisito esencial del teatro artaudiano; se recalca el signo más esencial, el metafísico. Ya este signo, de interés metafísico explícito, se anticipa en el soliloquio de Caridad en el primer acto y después se continúa ampliando en el monólogo de casi al final del segundo, algo anterior a las intervenciones de Aura y Lobo que cierran la pieza.

Este teatro crea "una metafísica de la palabra, del gesto, de la expresión para rescatarlo de su servidumbre a la psicología y a los intereses humanos... [Además sin duda parece haber producido esa] especie de apasionada ecuación entre el Hombre, la Sociedad, la Naturaleza y los Objetos" (Artaud 92). Estas figuras atrapadas en su microcosmo hacen pensar que no son más que un reflejo en miniatura de la sociedad en que viven, dependiendo y dependientes de esos objetos (de plata) y de esa circunstancia natural (el mar) de que se sienten rodeados. Esta pieza "trae [...] una enseñanza y revela [...] aspectos misteriosos o terribles de la naturaleza y del espíritu" (Artaud 123). De esta manera también, "por su aspecto físico [...] porque requiere *expresión en el espacio* (en verdad la única expresión real) permite que los medios mágicos del arte y la palabra se ejerzan orgánicamente y por entero, como exorcismos renovados" (Artaud 91).

Era de esperar que este final enfatizara por igual los signos espectaculares artaudianos del gesto y el movimiento y el de la palabra agonizante. En el huir desesperado a toda costa para lograr encontrar cualquier salida y en el agónico y desarticulado padre nuestro, ambos signos se integran poderosamente con eficacia inusitada. Por una parte, tal vez porque nunca antes o nunca después ninguna pieza del autor haya logrado tales resonancias premonitorias que ya tan tempranamente vaticinaba su obra. Por la otra, también se logra porque se piensa en el "atletismo afectivo" artaudiano en que "el cuerpo del actor se apoya en la respiración": "Hay que admitir en el actor una especie de musculatura afectiva que corresponde a las localizaciones físicas de los sentimientos" (Artaud 133). Y más allá de una puesta artaudiana que presupondría la búsqueda onomatopéyica del discurso (Derrida 52), se llega por medio de la respiración al exacto sentimiento de desesperación: "Es indiscutible que todo sentimiento, todo movimiento del espíritu, todo salto de la emoción humana tienen su respiración propia" (Artaud 134). A través del signo extraverbal, el de la huida, y el verbal, el del angustioso padre nuestro, "[e]s posible ver a ese espectro de alma como intoxicado con sus propios gritos—que corresponderían a los mantras hindúes—, esas consonancias, esos acentos misteriosos donde las penumbras materiales del alma, acosadas hasta sus madrigueras, llegan a librar sus secretos a la luz del día" (Artaud 135). En este final, pensando en la puesta artaudiana, "la articulación ya no es un grito, pero tampoco todavía es un discurso, cuando la repetición es casi imposible, y con ella la lengua en general" (Derrida 52). Este teatro "persigu[e] por todos los medios un replanteo, no sólo de todos los aspectos del mundo objetivo y descriptivo externo, sino también del mundo interno, es decir del hombre considerado metafísicamente" (Artaud 94).

> "La guillotina política a caza de cabezas que rueden ejemplares"
> Guillermo Cabrera Infante,
> *Mea Cuba* 192

Vida y muerte en La Madre y la Guillotina[21]

Esta obra en un acto sin duda logra uno de los niveles más altos de síntesis dramática del teatro huidobriano, lo que tal vez haya sido una de las razones, entre otras, de sus repetidas puestas. Del título, como pórtico, sobresalen los antitéticos conceptos de *La Madre y la Guillotina*; la conjunción copulativa no hace más que resaltar lo arquetípico de ambas, vida y muerte[22]. El cotexto para la puesta en escena continúa contraponiendo con énfasis lo uno y lo otro, la madre al frente y al centro frente al público, la guillotina al fondo: "En la parte anterior del escenario, dos sillas de tijeras. Una de ellas debe estar colocada en el mismo centro, de frente al público. Allí estará sentada la Madre durante casi toda la obra (167); "El fondo del escenario estará dominado por un gran mural, enloquecedor e impresionante, donde aparece una guillotina" (167).

En efecto, como en sociedades primitivas y, por momentos, hasta nuestros días, las figuras femeninas—aunque aquí específicamente la madre, su nombre lo evidencia—están relacionadas con la vida, los hombres—o los sistemas gobernantes—aludidos se relacionan a través de sus objetos con la muerte[23]. Así, a la manera artaudiana, continúan "los objetos ordinarios [y no tan ordinarios], e incluso [e]l cuerpo humano [léase aquí la Madre o los hijos de la historia dramática (Ileana, Silvia) o los de la realidad (César, Camacho)] elevados a la dignidad de signos" (96). Bissett, en *"La Madre y la Guillotina* and *Las paraguayas*: Subverting the *Male Gaze"*, hace otra lectura sumamente interesante por incluir esta última pieza sólo figuras femeninas:

It is interesting to note the way in which woman as sign in the above mentioned plays functions within a dramatic world constructed by a male writer. A careful reading, and subsequent production, of Montes Huidobro's works will alow his women characters to be received by the audience as signs much more powerful than those normally created from the perspective of the male gaze. (136)

Continuaba añadiendo: "The women characters, in this play, are creations of a male dominant society, but as signs for both woman as victim, and art in crisis, Ileana, Silvia, Peluquera, and la Madre interrupt and shift the way in which they are perceived by the audience" (138).

De nuevo, y desde el punto de vista de fondo, Montes elige los temas duales recomendados por los postulados artaudianos (125). De las piezas crueles estudiadas, ésta es la única que ubica "[l]a acción en Cuba, [en] 1959" (167), ya con el gobierno revolucionario instaurado en el poder. En esta parte profana, aparece a través del comportamiento de las figuras el oportunismo político y la delación que engendran los nuevos cambios. También se evidencia en *crescendo*, desde el espacio aludido al mostrado, la omnipresencia del nuevo gobierno, unida a la delación, en su desatada revancha e imposición del terror a través de los ajusticiamientos. Si primero fueron dirigidos a los representantes del régimen anterior después estarán dirigidos a los "hombres de la fracasada 'revolución humanista'" (Thomas 529). Paz, al expresarse sobre los regímenes totalitarios en *El laberinto de la soledad* muestra su lucidez, y nos aterra poder recontextualizarlo ya para estos iniciales momentos:

> La persecución comienza contra grupos aislados—razas, clases, disidentes, sospechosos—, hasta que gradualmente alcanza a todos. Al iniciarse, una parte del pueblo contempla con indiferencia el exterminio de otros grupos sociales o contribuye a su persecución, pues se exasperan los odios internos. Todos se vuelven cómplices y el sentimiento de culpa se extiende a toda la sociedad. El terror se generaliza: ya no hay sino persecutores y perseguidos. El persecutor, por otra parte, se transforma muy fácilmente en perseguido. Basta una vuelta de la máquina política. Y nadie escapa a esta dialéctica, ni los dirigentes. (62)

En la parte sagrada, entremezclada con la profana, se espera "la realización del milagro" por medio de la invocación, y que la "evocación mágica" por medio de la fe (Montes, *Persona* 458) resuelva los asuntos de la historia dramática y los de la realidad. Lacera ese impotente llamado a Dios, forma del vocativo que no será escuchado. Montes contrasta ambos arquetipos, la barbarie de la muerte (masculina) a la de la madre (vida) en favor de su progenie. Paradójicamente como la diosa griega de la fertilidad y de la tierra, Deméter, también la Madre es madre de la muerte, sufrirá las muertes de sus hijas en la historia dramática como la de sus hijos en la realidad. Expresaba el dramaturgo sobre esta pieza: "Aunque la obra no es, en modo alguno, un ataque a la revolución cubana, cuestiona aspectos fundamentales de todo proceso revolucionario (entre ellos el cubano) y enfoca la atención en las ejecuciones sumarias que lo acompañan (Cuba, 1959-1960) y el oportunismo seudo-revolucionario, que lleva a la delación y al crimen" (152).

A la manera artaudiana se combina fondo y forma, lo cual requiere "de la puesta en escena [...] el cuidado de materializar y sobre todo de *actualizar* esos antiguos conflictos" (126). Introduce "una noción nueva de espacio usando todos los planos posibles y los grados de la perspectiva en profundidad" (127), "sumando una idea particular del tiempo" (127). Ahora el espacio mostrado es un espacio esencial con detalles mínimos. De las recomendaciones preliminares sobresalen cuatro escenográficas: la primera, la del "gran mural, enloquecedor e impresionante, donde aparece [la] guillotina"; la segunda, la de una plataforma ligeramente más alta [para los acusadores, parece decir]; la tercera, la de las "sillas de tijera" que podrán intercambiarse, aclara el cotexto, por "rústicos banquillos"— de 'acusados', ya que hay acusadores—; la última, allí donde la madre estará sentada, "durante casi toda la obra", "estará iluminada", como también existirá un "[j]uego de luces de acuerdo con el foco de acción" (167).

En este espacio, en el cual se han dado cita las actrices, sucede el supuesto ensayo de una obra futura; éstas vuelven a quedar "confinadas por vínculos de sangre [en la historia dramática] en un espacio cerrado" (Escarpanter, "La impronta" 63). Montes afirmaba respecto a lo anterior: "*La Madre y la Guillotina* [como *Gas en los poros*] tienen una concepción de hecho recurrente, obsesiva, de callejón sin salida" (Febles y González-Pérez, "Entrevista" 227). Irremediablemente ese espacio de juego "circular y cerrado" lo invade el aludido del nuevo sistema; otra vez el más fuerte "se alimenta de vidas, y toda vida más fuerte se abre paso a través de las otras, consumiéndolas así en una matanza" (Artaud 105-06). Montes, como el creador único artaudiano, al experimentar con "una noción nueva de espacio" se preocupa por eliminar la dicotomía entre autor dramático y director de la puesta (Artaud 114, 127); en sus preliminares vuelve a coincidir con los gustos escénicos de Morín que buscaba para su teatro "reducir la puesta en escena al mínimo de los elementos, eliminar todo lo estrictamente decorativo, encontrar el teatro esencial" (35), que también comparte con el artaudiano.

Dentro de los preliminares la escenografía recalcará, entre otros, el eje del tema: "El fondo del escenario estará dominado por un gran mural, enloquecedor e impresionante, donde aparece una guillotina" (167). Ésta rememora, otra vez, los postulados artaudianos sobre su teatro (99). Recúerdese que la guillotina desde sus inicios tuvo mucho de representación teatral, aprovechándose del "gusto por el crimen" del espectador: "Above all, the guillotine is theatre" (Gerould 106)[24]. Gerould recuerda los tiempos 'gloriosos' de Monsieur Guillotine en la revolución francesa, ese drama público y gratuito en cualquier plaza:

> The drama of death on the public scaffold—always one of the most impressive state ceremonials—evolved an entirely new stagecraft. In a revolution which was itself highly theatrical and constantly described by both participants and spectators in terms of the stage, the most theatrical of all events were the guillotinings. Of course, the elements of theatrical performance have always been present in public executions. The scaffold is the stage, the executioner and his victim the principal actors (with assistants, confessors, and officials in supporting roles), and the mob is the audience. The inevitable denouement is anticipated from the very beginning in an almost classical form of suspense. (28)[25]

También las réplicas subrayan obsesivamente el tema de la pieza. Por una parte, la actriz que debe representar la figura de la madre, es "madre de todos" los hijos ajusticiados; no sólo las hijas de la historia dramática sino los, o el, de su realidad:

> La Madre. Es una pesadilla. Cuando me dieron el papel me dijeron que era la madre de Ileana y de usted. Estuve dispuesta a aceptarlo, aunque no entendía del todo. Pero ahora me doy cuenta, ahora me exigen demasiado.
> Silvia. Se atormenta inútilmente. Después de todo, la guillotina es de cartón.
> La Madre. Está ciega. No se da cuenta. ¡Yo soy la madre de Él! Ya se lo dije. Es una trampa.
> Silvia. ¿De él?
> La Madre. ¡Sí, de Él! Y él está muerto y mi corazón gime y se retuerce y clama, clama locamente, como una pesadilla...

Silvia. Ud exagera, como siempre...
La Madre. No puedo evitar recordarlo. Es mi hijo también. [...]
Sufro demasiado... Es demasiado doloroso.. ¿Por qué me han
dado este papel? Dios mío, Dios mío, no quiero ser la madre de
todos... (185)

A la madre le han propuesto representar ese papel para probar su supuesta integridad al nuevo sistema; la han chantajeado. Aparece sufriendo la muerte del hijo de su realidad que, a la vez, al final coincide con la de sus hijas ficcionales de la historia dramática a quienes tendrá que delatar. Ha experimentado en carne propia el benevolente proceso de justicia revolucionaria; por eso duda y confunde ambas historias:

Silvia. Usted delira. No puede seguir trabajando. Este papel le
ha destrozado los nervios.
La Madre. ¿Podría tener, alguna vez, seguridad plena de su
inocencia? (185)

Esta terrible situación a la que el ser humano está expuesto bajo un sistema totalitario, antecede y recuerda el poema de Heberto Padilla, "En tiempos difíciles": "A aquel hombre le pidieron su tiempo / para que lo juntara al tiempo de la Historia". Al final, para más horror, ambas historias convergen y es precisamente la madre la que delata a sus hijas de la historia dramática en la realidad. Se cumple la justicia 'revolucionaria' contra aquellas hijas inocentes, contra el otro hijo o hijos de la realidad inmediata, que no se puede saber si verdaderamente fueron tan inocentes. La Madre de todos los hijos ha perdido a sus hijos, un hijo insustituible, que puede ser todos, pero que es él, el único. Madre arquetípica que sólo puede sufrir, impotente, el dolor de las muertes de sus hijos. En su soledad y su desesperanza Dios también la ha abandonado a la suerte de su ser, para volver a ser. Signo de lo que se es, en su imposibilidad de dejar de ser.

Por otra parte, la guillotina es una presencia que poco a poco va corporizándose. El terror queda establecido desde los inicios con la presencia de la guillotina al "fondo del escenario" como entidad intimidadora que recuerda la omnipresencia de la justicia revolucionaria. Aquí, como en la obra de Carpentier, su presencia es un signo de horror y terror. Las figuras preguntan con insistencia si la guillotina es de papel (175, 185, 189):

Ileana. (*Inesperadamente.*) ¿Cree usted que la guillotina es de
papel?

La Madre. (*Aterrada.*) ¿La guillotina? ¿De qué habla usted?
Ileana. (*Con cierta naturalidad.*) ¿No ha leído la obra? Hacia el final funciona la guillotina. Es sólo un minuto, un instante, allá, en el fondo del escenario...
La Madre. Esta obra es terrible. No puedo resistirlo.
Ileana. (*En el plano de actriz.*) María Antonieta... Los cabellos recogidos... El fino, delgado cuello blanco... La cabeza hacia abajo... Sería un final impresionante...
La Madre. ¡Basta! ¡Basta!
Ileana. (*Transición.*) ¿Pero se ha vuelto loca? ¿Trabaja usted de gratis? Esto es teatro. (175)

Se puede esperar en una puesta artaudiana, al quedar ciertas secuencias exentas de cotexto, que las figuras al dar "repentinamente una importancia al detalle", al de la guillotina (185, 189), deberían "congela[r] abruptamente actitudes y gestos" (*apud* Braun 228). Cada vez más estas figuras serán "personajes desvaneciéndose moralmente [...] reemplazados por dobles inertes" (*apud* Braun 228). Vivir en el terror será ahora la única forma de convivencia entre el individuo que representan las figuras y el trasfondo omnipresente de la estrenada revolución. El nuevo gobierno instaurado desde un inicio actúa como actante ausente, en el espacio aludido, y poco a poco acapara el espacio mostrado a través de sus jueces, acusadores y expeditivas ejecuciones de sus víctimas. Recordemos que: "el actante es sobre todo una función de la historia dramática [...] un actante puede estar ausente del escenario y, sin embargo, poseer funciones de actante presentadas a través de las intervenciones de las figuras" (Spang 111).

Por mediación del polílogo, en los diferentes niveles ficcionales que implica, se entreteje al unísono el espacio mostrado y el aludido de la historia dramática, que coinciden con el de la realidad. Al implicar ambos espacios, en su reiteración, se alude al uno como al otro. Ya desde el comienzo van desapareciendo los límites que los separan:

Ileana. ¿Qué papel representa usted en la comedia?
La Madre. (*Siempre preocupada.*) Yo soy la madre.
Ileana. ¿La madre de quién?
La Madre. De usted y de la manicure
[...]
Ileana. [...] Los autores siempre complican las cosas. En la vida real todo es más simple.
La Madre. (*Angustiada.*) ¿Está usted segura?

Ileana. (*Con desdén.*) Al menos me hago la idea.
La Madre. (*Con naturalidad.*) ¿Le gusta a usted el teatro?
Ileana. (*Con cierto descaro.*) Vivo de él.
La Madre. (*Seria.*) Pero, ¿lo toma en serio?
Ileana. La vida es un juego peligroso en el que hay que defenderse como gato boca arriba.
La Madre. (*Algo desconcertada.*) No la entiendo muy bien.
Ileana. ¿Por qué?
La Madre. (*Vacilante.*) Ileana... ¿Se llama Ud. Ileana, no es así?
Ileana. Sí.
[...]
La Madre. No quisiera tomarle afecto y cariño. Pero quizás sea inevitable. Temo sufrir una decepción y que esto no sea una comedia. ¿Ha leído usted la obra?
Ileana. No. Pero, ¿de qué habla usted? ¿No le pagan por esto?
La Madre. Yo soy la madre. Temo que le pueda pasar algo.
Ileana. (*Que poco a poco es la hija.*) Mamá, yo sabré defenderme. Hasta ahora me las he arreglado bien, ¿no es así? (167-68)

Esta combinación de ambos espacios se agudiza rápidamente a medida que progresa la pieza hasta llegar a su final. Así "el espacio de juego de los actores se extiend[e] hacia la sala y los espectadores" (Spang 201).

Las formas de convivencias "motivadas principalmente por el miedo" que estudiaba Zalacaín "en el drama hispanoamericano moderno" ("El asesinato") quedarán en desventaja y obsoletas con relación a esta pieza puesto que ya aquí la sangre: "corre otra vez, como antes, mucho más que antes" (190). Esas formas del miedo que padecen las figuras como las de "confrontar su terrible realidad", en la imposibilidad de comunicarse unos a otros y, "sobre todo", en el miedo a la soledad ("El asesinato" 20) se trastocan en la pieza desde el principio por el terror, más que miedo, de la supervivencia de la doble 'realidad' que introduce los niveles ficcionales, de la historia dramática y la de las actrices. También, y tal vez por primera vez en la literatura cubana, se expone este tipo de relación cainita de delación entre hermanos o familias. Esto dio por resultado la división y la separación de la familia, que desde sus inicios impulsó el nuevo gobierno, justificándolo por la idea de las diferencias ideológicas:

La Madre. (*Evasiva.*) No puedo decirlo. No me comprometa.
Ileana. (*Transición, dulcemente.*) Por fuerza lo tienes que saber, mamá.

La Madre. (*Evasiva.*) Más vale que no hablemos del asunto.
Ileana. Se trata de mí, mamá. ¿No te das cuenta? Estoy aterrada. Y ahora que los fusilamientos están aumentando...
La Madre. Hija mía.
Ileana. En estos momentos todos estamos en peligro... La dictadura ha caído. La Revolución triunfa... Y la Revolución es blanca y roja, inmaculada y sangrienta, ¿no es así?
[...]
La Madre. Tengo miedo. Me encuentro en una difícil situación.
Ileana. ¿Es que no estás de mi parte?
La Madre. (*Implorante.*) ¿Cómo no voy a estarlo? (*Desesperada.*) Pero ella es mi hija también, ¿no te das cuenta? No puedo hablar de ella contigo. Le puedo hacer mal. (169-70)

Es por eso, más que nunca, que las figuras se "desvanecen moralmente". La delación y el oportunismo son las únicas formas de comportamiento.

Aunque las *dramatis personae*, en apariencia, sean las menos simbólicas de esta trilogía, específicamente en los nombres de las figuras secundarias (Ileana, Silvia, Peluquera) no deja tampoco de aparecer la figura principal con la designación genérica de "la Madre". Ésta representará, a nivel simbólico, un arquetipo de madre que abarcará a nivel temporal el pasado de su historia real como la ficcional de la historia dramática. Madre de todos. De hecho el título ya contrapone esa madre atemporal, que puede ser una madre cualquiera o la Madre patria contra el horror de la guillotina que representa la temporalidad de un tiempo finito a través de sus hijos. Aquí continúa con la idea arquetípica de la madre y su lamento irreconciliable y no escuchado:

La Madre. A veces, con tal de tenerlo vivo a mi lado, preferiría cualquier cosa antes que su muerte. Las madres sólo tenemos hijos, hijos nada más. Es difícil pensar otra cosa. Es difícil hacerle ver a nuestro corazón las razones. ¡Es tan difícil, Dios mío! Hijos, hijos muertos... (179)

El tiempo teatral ubersfeldiano, el tripartito, parece fundirse en sí mismo en una discontinuidad constante. "El tiempo, como en *Los acosados*, fluye imperceptiblemente ante el lector/espectador para dejar al *deus ex machina* del asunto, o sea, la Revolución, que está concebida como un ser omnipresente que no ofrece soluciones a los conflictos, sino que precipita a los personajes a su destrucción" (Escarpanter, "La impronta" 64). 'Progresa' el tiempo de la pieza como a la vez retorna al tiempo mítico.

El repetido desdoblamiento en los añadidos niveles de la historia real o referencial (Spang 227) de las actrices y el del ficcional de las figuras desacelera aquel tiempo. Además del lugar de la acción dramática (Cuba) de esta pieza, como la de *La sal de los muertos*, el fluir del tiempo como linealidad temporal histórica profana queda retenido en la mínima referencialidad. Si la precedente llegaba a los límites de diciembre de 1958, ahora la última ha cruzado ese significativo borde de 1959 (167). Por el pesimismo intrínseco huidobriano de esta etapa cruel, ambos espacios aludidos son percibidos y criticados de manera negativa y desesperanzadora. Sin embargo, esta pieza, como será el resto de su producción cuando incluya el tema cubano, denota con creces una crítica mucho más contundente al nuevo gobierno instaurado. No sólo de las formas más evidentes: "La Peluquera. [...] Nos han engañado. Todo era una mentira. La sangre corre otra vez, como antes, mucho más que antes" (190), sino más profundas aunque no inadvertidas:

> Ileana. En estos momentos todos estamos en peligro... La dictadura ha caído. La Revolución triunfa... Y la Revolución es blanca y roja, inmaculada y sangrienta, ¿no es así?
> La Madre. Hija mía, yo no sé nada de política.
> Ileana. Y todos quieren sacarle el mejor partido... Esto da asco. Es repugnante, mamá... (169-70)

Montes aprovecha y vuelve a insertar, en la intervención de Ileana, ciertas palabras claves del momento histórico y teatral que ya había utilizado en *La sal de los muertos*[26]. Recordemos que el epíteto 'inmaculado' venía del título irónico de la obra de Ferreira, al parecer inspirado en un sanguinario capitán de Batista. Este epíteto también está relacionado con el inescrupuloso de Lobito. El de blanco era el color de la vestimenta que elegía aquel capitán para cubrir sus crímenes y Tigre su suciedad. Al referirse a la Revolución con estos epítetos contrastantes de "blanca y roja" e "inmaculada y sangrienta", estos en vez de contrarrestarse por su sentido semántico y simbólico se afirman en una multiplicación que los cuatriplica. La conjunción copulativa es el multiplicador. Las primeras palabras de la serie enumerativa, "blanca" e "inmaculada", responden, obviamente, a aquella ironía al repetirlas ahora; las segundas, "roja" y "sangrienta" son múltiplos de aquellas, recuerdan, una de ellas, su símbolo, y la otra su semántica. El añadido sugerente de arribistas y oportunistas de que "todos quieren sacarle el mejor partido" sólo redunda en la significación del anterior signo.

A través de varias secuencias esta pieza se encamina a implicar, como era de esperar, a la manera artaudiana al "espacio [uberfeldiano] de los que miran" (*apud* Spang 201), específicamente con el alejamiento del juego dramático a través del aparte *ad spectatores*. Al elegir la "forma más radical y palpable de apartamiento" (Spang 291) implica aún más a "los que miran", recordándoles—con insistencia marcada—que la referencialidad de la que se parte no sólo se refiere a la historia dramática ficcional sino a la cual ellos, como espectadores, pertenecen participando en ese mismo proceso. Tampoco deja de insistir, como si fuera necesario añadir, a través de la intervención de Silvia, que ésta en su "vida real" es otra persona. Esta pieza intuye además, a manera de simple preámbulo, lo que más tarde sucede en 1980 con los sucesos del Mariel cuando el gobierno institucionaliza los infames actos de repudio y que algo más tarde, mejor entrenados y organizados, llamará Brigadas de Acción Rápida[27]:

> Silvia. (*Con naturalidad.*) Pero, ¿de qué César habla usted?
> Ileana. (*Al público.*) ¿Han visto ustedes un descaro mayor?
> Silvia. (*Sin alterarse, con naturalidad, como si hablara consigo misma y en cierto sentido con el público.*) Será necesario cambiar un poco del diálogo de la obra. Hay gente que no comprende nada, como esta infeliz, confundida y atormentada por su conciencia. Lo peor es que el público no entenderá si no se aclara este enredo, esta maraña. Ella quiere comprometerme, echarme una mancha encima, y si no hago algo no me la podré quitar.
> [...]
> Silvia. (*Grandilocuente, en parte a Ileana pero en parte también al público.*) Miren, no le hagan caso. Yo soy yo. Yo soy en la vida real (¡en la vida real, sí!) una mujer que ama la revolución y repudia al crimen. Todos repudian el crimen, ¡pero no como yo! Por eso estoy inconforme con ciertas cosas (ciertas cosas nada más) de mi personaje...
> [...]
> Silvia. [...] (*Gritando con todos sus pulmones.*) Porque en la vida real soy distinta y no quiero que me chiflen y me griten "chivata" cuando salga a escena. (172-73)

Entre otros recursos artaudianos utilizados anteriormente, vuelve por el signo lumínico y por la confusión del sueño y la realidad: La "luz, en vez de parecer un decorado, [tiene] la calidad de un verdadero lenguaje" (Artaud 122). En su "[j]uego de luces de acuerdo con el foco de acción" resalta sobre todo el interés fundamental de las antitéticas enumeraciones de la Madre y la guillotina. "La parte anterior del escenario [...] estará iluminada", donde la Madre aparece sentada "durante casi toda la obra" frente al público (167). En el otro extremo, al fondo, y en la medida que la guillotina va acaparando el espacio mostrado, el cotexto señala:

> El escenario se oscurece. Se va escuchando, poco a poco, el redoblar de unos tambores. Unos reflectores caen sobre la espectral escenografía del fondo donde se ve la guillotina. Comienzan a perfilarse algunas sombras de soldados tocando tambores. Se ilumina el escenario nuevamente. Aparecen Ileana y Silvia, figuras fantasmales, el cabello recogido, quizás llevando extrañas cofias blancas. Las sillas y la mesa no están. (188)

En efecto se insiste, otra vez, en la confusión del sueño y la realidad[28]. Al revés de *Gas en los poros*, ahora la hija (Ileana) en sus réplicas es la que quiere desvirtuar los argumentos de su madre:

> La Madre. ¿Un hijo? ¡Mi hijo, sí, mi hijo! He sufrido tanto... [...] Su muerte... ¡Su muerte! ¡No, no puede ser...!
> Ileana. (*Le pasa la mano por la cabeza.*) Despierta, mamá. Es una pesadilla. (179)

Se utiliza un nuevo recurso, el peinado, cuando Ileana recuerda la historia francesa de la *guillotine* en una de sus más famosas ejecuciones: "Ileana. (*En plano de actriz.*) María Antonieta... Los cabellos recogidos... El fino, delgado cuello blanco... La extraña, abrumante cuchilla bajo el sol..." (189). Kowsan en su antológico ensayo de "El signo en el teatro" afirmaba que: "desde el punto de vista semiológico, muchas veces el peinado representa un papel aparte del maquillaje y del vestuario, un papel que en ciertos casos puede comprobarse, resulta decisivo" (28-29). Como es el caso al final de la pieza, cuando aparecen las figuras fantasmales de Ileana y Silvia, éstas llevaran "el cabello recogido, quizás llevando extrañas cofias blancas" (188).

Montes retoma con insistencia inusitada su preferido juego de desdoblamiento (el teatro dentro del teatro). La pieza es eso. Por medio de sus figuras, desde sus iniciales momentos hasta el sangriento final de las hijas decapitadas, extenúa esa técnica preferencial.

De la relación cainita que practican las supuestas hermanas, una de éstas se desdobla inconscientemente en su opuesta antagónica. Una repite, confundiéndose, la réplica de la otra (173, 177), la cual se expone a que la confundan con la otra y caiga en desgracia:

> Ileana. (*Arrobada, frenética, en un torbellino.*) ¡Se equivoca, se equivoca! ¡Lee mi papel! ¡Gracias, Dios mío!
> Peluquera. (*A Silvia.*) Tenga cuidado. Creo que se confunde.
> Silvia. ¿Confundirme? Estoy segura...
> Peluquera. (*Aprehensiva.*) La vida está llena de peligros. Debemos medir nuestras palabras y nuestros actos.
> Silvia. ¡Pero no es posible!
> Peluquera. ¿No siente la cercanía del peligro? ¿Y si llegan a confundirla? ¿Y si llegan a pensar que usted es la otra?
> Ileana. (*Acercándose a la madre, excitada.*) ¡Mamá! ¿Te das cuenta? Se equivoca. Se confunde. Hace mi personaje... Quizás pueda salvarme...
> La Madre. (*Agobiada y desesperada por el peso de todo esto.*) Silvia, Silvia.
> Ileana. (*La sacude.*) Mamá, mamá, soy yo, Ileana...
> Silvia. Ella es capaz de todo. [...]
> La Madre. (*Gritando.*) ¡Olvida!
> Silvia. ¿Qué más sabe usted de la mani...? (*No logra terminar la pregunta. Se da cuenta de la confusión.*)
> Peluquera. Calle... Calle...
> Silvia. (*Aterrorizada, frenética.*) ¡La red! ¡La red! Es una trampa, es una maldita trampa. ¡Quiere atraparme como un ratón! (177-78)

También la Madre al final se desdobla, como la verdadera madre del hijo que le han fusilado en la realidad, para acusar a las hijas de la ficción. Ya antes habíamos visto que el papel que le tocaba representar se lo habían dado premeditamente para ver el grado de compromiso que era capaz de asumir. Tampoco las otras actrices, las hijas de la historia dramática, se exoneran en este sentido, ya que también en su vida real habían tenido alguna relación amorosa con el hijo, o los hijos, de la Madre y es de suponer que, al igual que la Madre, les han impuesto que represente este papel. Es al final cuando nos damos cuenta de estos pormenores:

> Ileana. ¡Ceeesaaaaaar! ¡Ceeeeesaaaaaaar!
> La Madre. (*Acusando.*) Es ella, señor Comisario. Es ella. No me cabe la menor duda.

Silvia. ¡Querrá decir el comandante Camacho! ¡Comandante Camacho! ¡Camacho!
La Madre. (*Acusando.*) Sí, señor Comisario. Es ella. No me cabe la menor duda.
Ileana y Silvia. ¡No, no! ¡Socorro! ¡Soy inocente!
La Madre. (*Cae de rodillas.*) ¡Mi hijo, mi pobre hijo muerto! ¡Al fin! ¡Al fin! (189)

Esta pieza, con sus múltiples desdoblamientos, no sé si se ajusta a lo que expresaba Zalacaín en su artículo: "Estructuralmente, el asesinato tiene lugar durante los desdoblamientos de realidades que ocurren dentro del drama mismo [formando] parte del juego metateatral que ejecutan los personajes en su afán de escape y liberación de la realidad" ("El asesino" 20). Aunque los desdoblamientos de las figuras se suceden uno tras otro dentro de sus varios niveles ficcionales, el asesinato coincide con el nivel de la supuesta realidad haciéndonos partícipes del acto criminal. Como nunca antes y después, de estas obsesivas secuencias circulares se sale y se entra. Se pasa una y otra vez del primer nivel de ficción al segundo y a un tercero (188-89) para volver a regresar a aquel y salir de nuevo.

Esta obra es la más desesperanzadora de esta trilogía. La realidad horrenda de muertes en que se vive parece no tener fin y el oportunismo creía poderse aprovechar de la situación imperante. Si las obras anteriores eran pesimistas, con mira al pasado, ésta lo es más, porque nos habla del presente vivencial. En un sentido, por los ajusticiamientos, así lo afirma la Peluquera: "Sí, es cierto. ¡La guillotina! Nos han engañado. Todo era una mentira. La sangre corre otra vez, como antes, mucho más que antes. No era una comedia" (190). En otro, no menos importante, ya Bissett lo señalaba, el del "art in crisis" ("La Madre" 138).

Como se adelantó al principio, el título de esta obra nos llama la atención; al igual que el de las otras piezas, porque ésta representa una clave alegórica del tema tratado. El autor, al reforzar el título con la escenografía artaudiana, la guillotina, poco a poco, ésta va cobrando vida a medida que la obra progresa hasta resultar un símbolo omnipresente de la revolución. Pero es al final, cuando la Madre y la Guillotina alcanzan su verdadera significación. La Guillotina, en definitiva, es el nuevo poder tiránico que proviene de cualquier ideología, "hace correr la sangre otra vez, como antes, mucho más que antes" (190). La Madre clama por sus hijos muertos. Un hijo, o los hijos de la realidad, ya habían muerto aunque el espectador no conocía ese detalle. Es sólo al final de la obra cuando nos damos cuenta: "¡Mi hijo, mi pobre hijo muerto!" (189). Las otras, las dos hijas de la ficción teatral, son lloradas porque también éstas mueren: "Y ahora ellas, mis hijas, mis pobres, mis pobres hijas muertas" (190).

Otro de los muchos aciertos de esta obra es el juego constante que existe, a la manera pirandelliana, entre la realidad personal de estas actrices y la ficción teatral que protagonizan. La Madre, como las otras actrices, quedan atrapadas y confundidas entre la realidad y la ficción pirandellesca. En efecto, más que ninguna de las obras anteriores, esta nos recuerda al dramaturgo italiano. Al extenuar esta nueva manera de fundir estos niveles ficcionales y temporales, a través de los códigos verbales y extraverbales, logra un clima de terror inusitado llegando hasta el implicado público.

Desde un punto de vista estrictamente histórico, *La Madre y la Guillotina* y *Exilio*, mucho más tardía pues es de 1988, se complementan. En la primera obra, el estado represivo y de terror que impone la Revolución permanece como un personaje replegado entre bastidores, aunque omnipresente hasta el final. En cambio, en *Exilio*, tiene nombres y situaciones concretas. Dice el crítico Escarpanter, en el prólogo de esta obra, que Montes Huidobro "fue de los primeros escritores cubanos que tuvieron la lucidez de comprender la trascendencia del desastre revolucionario y tempranamente lo expuso en dos obras escritas en Cuba" (5), refiriéndose a *Gas en los Poros* y a *La Madre y la Guillotina*. Esta pieza parece coincidir en algún sentido con lo que señalaba Hernández del teatro de Piñera: "El gran tema del mejor teatro de Piñera (*Electra Garrigó*, *Aire frío*, *El no*, *Dos viejos pánicos*...) es, como en la tragedia, el enfrentamiento de la familia a una exterioridad" (16). Al inaugurar Cuba en 1959 su mejor teatro cruel en su historia como también algo después en su escena, nos recuerda las infortunadas sentencias de que con la revolución todo contra la revolución nada, por lo que comprometía a toda la colectividad a totales definiciones, sin opciones individuales. Otra vez, como vimos en *Gas en los poros*, por medio del desdoblamiento de los añadidos niveles ficcionales de las figuras, vuelve a "lo medular de esta historicidad política" del momento: "De alguna manera mi teatro, inclusive en sus formas más evasivas, responde a una realidad histórica, política, y acabo siempre buscando en casi todas mis obras, lo medular de esta historicidad política" (*apud* Falcón 137).

Escarpanter señalaba que: "*La Madre y la Guillotina* es una obra de gran destreza técnica, pues resulta una de las integraciones más audaces de recursos tan dispares como el teatro dentro del teatro, el distanciamiento brechtiano y el teatro total" ("La impronta" 64). Se nota que por estar interesado el teatro artaudiano en "la agitación y [...] la inquietud características de nuestra época", coincide con la "función denunciadora" del teatro brechtiano (Spang 150, Roberts) aunque es diametralmente opuesto en su última y principal intensión, la metafísica (Derrida). Por la inclusión de los varios niveles ficcionales en la historia, revela en algún sentido "el artificio de la construcción dramática y del personaje" brechtiano (Pavis 148); sin embargo, la "atención del espectador [no] se centra en la fabricación de la ilusión, en la forma en que los actores construyen sus personajes" (Pavis 148). Por el contrario, a la manera artaudiana, en su énfasis de "todos los medios de expresión artística (teatro total)", el espectador "experimentará un 'tratamiento emotivo de choque' destinado a liberarlo del dominio del pensamiento discursivo y lógico, para reencontrar una nueva experiencia inmediata en una nueva catarsis y en una experiencia estética y ética original" (Pavis 481).

Otro tanto añaden los efectos irreales de la iluminación que no tienen el "afán antiilusionista" del teatro épico (Spang 150). Sus intenciones implican y conmueven al espectador, estableciendo "una comunicación directa entre el espectador y el espectáculo, entre el actor y el espectador" (Artaud 98). El mismo tema de la obra recuerda los gustos artaudianos, específicamente "su gusto por el crimen":

> El teatro sólo podrá ser nuevamente el mismo, ser un medio de auténtica ilusión, cuando proporcione al espectador verdaderos precipitados de sueños, donde su gusto por el crimen, sus obsesiones eróticas, su salvajismo, sus quimeras, su sentido utópico de la vida y de las cosas y hasta su canibalismo desborden en un plano no fingido e ilusorio, sino interior. (94)

Por "ser [el teatro] un medio de auténtica ilusión [...] no fingido e ilusorio, sino interior", exceptuando la etapa comprometida huidobriana, como en casi todas las piezas estudiadas, Montes vuelve a especular con la idea calderoniana de la doble ambivalencia entre la realidad y lo ficcional de ésta. Ahora al mezclar en diferentes niveles la supuesta historia real de las actrices en el ensayo teatral con la de la historia dramática y que poco a poco van representando, se insiste, como nunca antes, en la interpretación de la vida como un gran teatro y sus vidas como una ilusoria representación. La pieza, en sí misma, al proponer ese ir y venir al unísono de un nivel a otro, funde ambas historias. Por igual, el primer nivel de la historia 'real' se subordina al adicional de la historia dramática rompiendo el requisito teórico en estos casos (Spang 136) o este último regresa, y es lo que se podría esperar, al nivel primero de donde supuestamente partió. De estos niveles se sale y se entra desde el inicio hasta el término de la pieza.

Ni antes ni después Montes, con esta técnica dramática preferencial (del teatro dentro del teatro), intentará superarse.

A primera vista, a medida que progresa la pieza, haciendo una lectura aristotélica, se podría argumentar que "presumimos que nosotros [el espectador] (o alguno de los nuestros) también podríamos ser víctimas, y que el peligro parece próximo" (Aristóteles, *Retórica* II:3); así para Aristóteles, aclara Pavis, "la tragedia consuma la purgación (catarsis) de las pasiones provocando la piedad y el terror en el espectador" (502). Genet irónicamente disiente: "Esto es lo que una conciencia conciliatoria no deja de susurrar a los espectadores. Pero ningún problema expuesto debería resolverse en la imaginación, sobre todo porque la solución dramática corre hacia un orden social acabado. Por lo contrario, que estalle el mal en el escenario, que nos muestre desnudos y nos haga huraños, si es posible, y sin otro recurso que nosotros mismos" (11).

Por la manera que quieren significar los recursos técnicos utilizados, como el teatro dentro del teatro y la iluminación, por el signo fundamental arquetípico de contraste bipolar de vida (madre) y muerte (guillotina, el hombre), el "texto [artaudiano] se canta en una especie de sortilegio ritual (en vez de ser expresado en el modo de interpretación psicológico). Toda la escena se utiliza como si fuera un ritual [especialmente esto se pone de manifiesto en la muerte de las hijas] que apel[a] al inconsciente del espectador; recurre a todos los medios de expresión artística" (Pavis 481) como aspira el teatro total artaudiano. El espectador experimenta el "'tratamiento emotivo de choque' [artaudiano] destinado a liberarlo del dominio del pensamiento discursivo y lógico, para reencontrar una nueva experiencia inmediata en una nueva catarsis" (Pavis 481).

Todavía las figuras siguen "confinadas por vínculos de sangre en un espacio cerrado" (Escarpanter, "La impronta" 63), ahora en ese espacio de juego ficional que es el lugar de ensayo dispuesto para la supuesta representación. Las relaciones de convivencias se han agudizado, más la añadida omnipresencia del exterior atentando contra aquellas. Las figuras se sienten comprometidas con lo que dicen. Al confundir ficción y realidad y al estar en desacuerdo con sus papeles esperan hablar con el director. Aunque en sus réplicas constantemente se refieran a la comedia (168, 169), al teatro (175, 178, 185-86) o a la farsa (186), llegarán a la terrible realidad del drama real de que se les "h[a] engañado" y que "[t]odo era una mentira. La sangre corre otra vez, como antes, mucho más que antes. No era una comedia" (190). Como en "[l]a caída de Jerusalén, [...] con el color rojo sangre que mana de la ciudad y ese sentimiento de abandono y pánico de las gentes" (Artaud 101), se permea con ese estado de terror al espectador que de manera inconsciente participa en ese 'tratamiento emotivo de choque' de la representación artaudiana.

NOTAS

1. Montes en un artículo reciente, ("La voz del otro en el teatro cubano contemporáneo", *La Má Teodora* 1 (oct./dic., 1998: 3-7), hacía el mismo hincapié en la relación bipolar excluyente del teatro cubano en relación con la revolución cubana la cual analicé en el tercer capítulo y ahora continuo en éste: "Es decir, configura una división de la consciencia nacional cuya identidad nace de una definición del yo histórico en oposición a la materia ideológica constitutiva del otro yo, que se forma a medida que se produce un acto de rechazo. Al afirmarse como ser, la parte contraria queda "fuera" del espejo, como escoria, mientras que la parte asimilada queda "adentro" del espejo, como arquetipo. La parte contraria que resiste la hegemonía del ser histórico-político es expulsada del ser histórico nacional. Esto produce una patología de la existencia histórica, en que ambas partes se desprecian y al mismo tiempo no pueden negar su resultado y su existencialidad. La dualidad se vuelve una obsesión" (5). Se refería al primer intento encomiable de unir ambas partes en el *Teatro cubano contemporáneo* (donde aparece su pieza, con el significativo título, *Su cara mitad*) ya que "restablece la unidad y continuidad de nuestra dramaturgia, alterada en la trayectoria histórica nacional" (5).

2. El próximo, y último, capítulo estudiará estas aseveraciones además de las piezas representativas de este período.

3. Véase capítulo III, nota 5.

4. Estas afirmaciones no son nada gratuitas. Trabajé personalmente con el dramaturgo, que además dirigió la puesta, en el montaje y asesoría de varias escenas de violencia en *Calixtra Comité* en la sede del Teatro de Arte Popular. Este autor, Eugenio Hernández Espinosa, se interesa por la otra parte de la identidad cubana, la negra, que con su extraordinario triunfo de *María Antonia* (1967) extrañamente en una revolución de 'iguales': "llegó casi hasta el insulto en algunos que no aceptaban ver el mundo de lo popular alcanzar la grandiosidad y profundidad de la tragedia" (Inés María Martiatu, "Una Carmen caribeña" [*Teatro cubano contemporáneo*, Madrid: Centro de Documentación Teatral, Fondo de Cultura Económica, 1992: 935-40] 935). Es de una urgencia vital un estudio del porqué este autor fue tan silenciado en una revolución que prometía un saneamiento total a nivel horizontal y racial.

5. Véase *Art in Theory 1900-1990. An Anthology of Changing Ideas* (edited by Charles Harrison and Paul Wood; Oxford, UK and Cambridge, USA: Blackwell, 1996) la cual recoge un extracto de la obra de Camus *The Rebel*. Aquí este multifacético autor plantea un interesantísimo contraste entre la creación artística y la revolución.

6. Blüher continúa expresando en "La recepción de Artaud en el teatro latinoamericano: "De Griselda Gambaro es conocido que, como ha demostrado S. M. Cypress, no sólo ya recurre en *Las paredes* (1963), *El desatino* (1965), *Los siameses*

(1967) y *El campo* (1968) a las técnicas del *teatro del absurdo*, sino que, por propia lectura, está familiarizada con las ideas de Artaud sobre el *teatro de la crueldad*" (121). De Eduardo Pavlovsly menciona que: "desde sus primeras obras en un acto de su teatro de vanguardia, se confiesa asimismo partidario de la tradición de Artaud, Beckett e Ionesco, como se deduce de sus obras de primera época *Somos* (1962), *Espera trágica* (1962), *Un acto rápido* (1965), *Alguien* (1966), *Acto sin palabras* (1966) y *El robot* (1966)" (121).

7. En el próximo capítulo, la etapa del exilio, se estudiarán estas ausencias y otras características de la etapa.

8. Por supuesto se podrían incluir otras piezas. Tomo una que por lo controversial es un buen antecedente de la trilogía huidobriana: me refiero a la de Ramón Ferreira, *El hombre inmaculado* [*Teatro. Donde está la luz. Un color para este miedo. El hombre inmaculado. El mar de cada día*, Miami: Ediciones Universal, 1993] que aunque la terminó en 1958 según Montes, "[f]ue la obra más significativa estrenada en Cuba en 1959" (*Persona* 189). Por coincidir su inmaculado hombre, Inocencio, con una de las figuras más abominables del antiguo régimen la crítica quiso ganársela para el nuevo teatro doctrinal en formación. El autor negó rotundamente esta interpretación y para que no quedara duda de sus amplias resonancias universales, como también al nuevo régimen, añadió al programa de mano del estreno: "*El hombre inmaculado* no se ha escrito para condenar a nadie en particular... *El hombre inmaculado* pretende iluminar el rincón de la conciencia de cada cual, y advertir que en ese rinconcito acogedor, donde tan prestamente nos refugiamos para condenar a otros, anida una capacidad para el mal que es necesario extirpar" (12; cito por Escarpenter de su prólogo a aquella edición). El crítico Escarpanter añadía otro tanto sobre las lúcidas y premonitorias ideas de este autor: "Palabras estas de gran repercusión en el devenir de los años, pues, por desgracia, los exaltados acusadores en aquel momento de personas como Esteban Ventura, el supuesto inspirador de la pieza, al pasar el tiempo han desempeñado las mismas funciones represivas que hicieron tristemente famoso a aquel personaje" (12). En efecto, la trilogía huidobriana trasciende esa lectura histórica de un antes o un después, sin duda apuntando a un sentido más universal.

9. *Gas en los poros* (1960) se publicó por primera vez en *Lunes de Revolución* (el 27 de marzo de 1961). Dos años después Rine Leal incluiría la pieza en su antología *Teatro cubano en un acto*. Utilizó la versión editada en *Obras* que según el autor contiene "algunas variantes mínimas y aclaraciones de dirección que no están en las dos versiones publicadas" (102). La obra se estrena por primera vez "con éxito [en un] programa doble de teatro cubano" (Morín 139) con *Falsa alarma* (Piñera) en el ya mencionado grupo Prometeo, dirigido por Francisco Morín en diciembre de 1961. Desafortunadamente Montes no pudo asistir al estreno porque obtuvo "el permiso de salida de Cuba el 27 de noviembre de 1961" (102). No podrá ver montada la pieza hasta 1986. Ésta se escenifica en City College (Nueva York), otra vez Morín estará a cargo de la puesta, volviéndola a reponer al año siguiente en Drew University (102). También Julio Matas dirige una versión televisada en 1961 (104).

10. Es de suponer que el crítico no conoció la última pieza que escribe Montes antes de salir de Cuba, *La Madre y la Guillotina* (1961): "[d]espués que la escrib[e] la

guard[a] y no se la enseñ[a] a nadie" (152) por la situación de censura y represión que ya imperaba en Cuba.
11. En este artículo, "El asesinato simbólico en cuatro piezas dramáticas hispanoamericanas" (*LATR* 19.1 Fall 1985: 19-26), Daniel Zalacaín estudia las siguientes piezas: *El cepillo de dientes* (1961) de Jorge Díaz, *La noche de los asesinos* (1964) de José Triana, *Dos viejos pánicos* (1968) de Virgilio Piñera y *Segundo asalto* (1969) de José de Jesús Martínez.
12. Neglia ha estudiado el tema de la tortura en *El hecho* ("El tema de la tiranía en el teatro hispanoamericano"), aunque no menciona ninguna pieza cubana. Afirma "que el sistema que permite la tortura es una tiranía, pues aunque existen casos de tortura bajo otros regímenes, la tortura es más difundida e impunemente permitida bajo un gobierno dictatorial" (184). El crítico, para concluir, se permitía una "predicción" en 1985 *a posteriori* cuando ya dos piezas de esta trilogía se las habían planteado como volverá hacer en *Exilio* de manera más explícita: "creemos que las nuevas obras sobre la tiranía se van a preocupar menos por el mito y más por definir las causas. Se dejará de poner de relieve la extravagante conducta del tirano para concentrarse en cambio en la sociedad y en el individuo que permite su subida al poder o que sufre las consecuencias de la dictadura" (199). También se cumplían las predicciones en obras como las de Pavlovsky y las de Benedetti (184). Repito aunque el estudio de Neglia no recoge ninguna pieza cubana, que yo sepa no se ha estudiado tampoco el tema en la dramaturgia cubana como merece a pesar de ser tan prolífico en sus diferentes matices y a la vez que es reflejo de la realidad histórica que sin sectarismos ideológicos abarca el período anterior y posterior a 1959. En el teatro de esta etapa, además de la tortura física de la que hace referencia constantemente *Gas en los poros*, en *La Madre y la Guillotina*, existe otra indeleble a nivel mental: la que le imponen a la actriz que representa a la Madre.
13. En *La sal de los muertos* al final también aparecerán las figuras tratando de escapar del lugar opresivo en el que se encuentran.
14. Consúltese Derrida op cit. El mismo Montes en *Persona* se interesa por las teorías freudianas aunque en otros aspectos.
15. Para más información sobre *Las criadas* véase cap. I, nota 18.
16. Esta pieza aún no ha sido estrenada a pesar de su importancia en el teatro cubano. El autor intentó publicarla por su cuenta en Cuba en 1961; el gobierno revolucionario le confiscó la edición, quedándose "tirada por alguna parte" (Febles y González-Pérez, "Entrevista" 232-33). Sigo la edición antológica de Orlando Rodríguez-Sardiñas y Carlos Miguel Suárez Radillo, *La sal de los muertos. Teatro selecto contemporáneo hispanoamericano* (Vol 3. Madrid: Excelier, 1971. 3 vols. 115-220).
17. Esta pieza señala subliminalmente a través de sus figuras ciertos momentos históricos de ese presente en que fue producida. Con relación a la tirantez existente entre el gobierno revolucionario y la iglesia, el nombre de Caridad no sólo evoca la Patrona de Cuba (la Virgen de la Caridad del Cobre) sino, tal vez, un incidente histórico. Thomas expresa en su *Historia*: "Pero, a finales de noviembre [de 1959], un gran congreso de seglares celebrado en La Habana se convirtió, en realidad, en una protesta contra el comunismo. Los asistentes gritaron a coro '¡Caridad! ¡Caridad!' con el mismo ritmo que caracterizaba a los gritos de '¡Paredón! ¡Paredón!' de los revolucionarios" (390). Podría añadírsele a Tigre cierto paralelismo con

Inocencio, figura principal, en *El hombre inmaculado* de Ramón Ferreira (para más información véase nota 8). Ambos se visten de blanco para borrar sus fechorías y crímenes. Tigre, por ser "el típico político criollo", viste "su traje de dril" (149), y le dice a Lobito: "Sabes que soy una cosa sucia, pero que siempre me visto de limpio" (190). En la pieza de Ferreira, este hombre inmaculado, de irónico nombre Inocencio, se inspira en un sanguinario capitán de Batista que también vestía de blanco como para cubrir sus crímenes. También Montes identifica a Lobito, y no por el nombre, con el "inmaculado", y parece más cruda ahora su ironía cuando ya no lo viste de blanco: "Viste un sucio pullover y un pantalón mecánico no menos sucio" (127). Lobo, presagiando el futuro, le dice a Aura: "...como si al nacer [Lobito] te hubiera envenenado las entrañas... ¡Lobito, el santo Lobito, el inmaculado! Lo verás. Lo verás y devorará tus ojos" (179). Otro paralelismo posible, entre la historia dramática y la real, se da en que Lobito, al igual que el máximo líder, ha estudiado en el "colegio de Belén" (128).

18. Si de afinidades se trata valdría recordar, como interés histórico, que el primer teatro que funda Artaud precisamente se llamó Teatro Alfred Jarry a fines de 1926 (Braun 226) por lo que representó este último para su época con el estreno de su *Ubu Rey* (Braun 65-74).

19. Colecchia añade otras consideraciones temporales en su ya conocido artículo: "Time, which seems objective at the start of *La sal de los muertos*, becomes more imprecise as the work unfolds. The author suggests this in the mysterious footsteps heard by the family just before the unexplained disappearance of the family silver as well as in Caridad's recurring dream. Finally, he blends past and present in anachronistic distorsion of reality in which Cuca returns to her youth and Aura assumes the identity of Cuca's dead sisters and carries on discussions which occurred years before of which she would have had no prior knowledge" ("Some" 162).

20. Véase nota 11.

21. Después de que Montes ya estrena varias piezas entre 1960 y 1961, en su "imposibilidad de conciliar [su] ética y [su] estética de escritor con la política revolucionaria cubana" (151-52), decide marcharse del país. El mismo afirma: "*La Madre y La Guillotina* tuvo un papel significativo en esta decisión. Después que la escribo la guardo y no se la enseño a nadie" (152). Como le ha pasado a muchos escritores cubanos en el exilio, esta pieza se publica primero irónicamente en inglés bajo el título de *The Guillotine*, por cierto mutila la otra parte esencial de éste (La Madre), en *Selected Latin American One-Act Plays* (1975). Esta pieza y *La navaja de Olofé* son las que más se han representado. El teatro Prometeo y su director Francisco Morín, "ahora radicado en New York", la estrena "el 23 de abril de 1976, entre otras funciones en inglés y español, durante el Contemporary Hispanic Theater, Simposium and Festival, celebrado en el Queensborough Community College de Nueva York" (160). Morín la repone otra vez en julio de ese mismo año en el Festival Hispano II, en Mercy College, "pasando a los escenarios de Café Teatro El Portón de Nueva York" (160). John Dial la dirige en inglés "durante el Symposium on Alienation and Revolution que celebra Marquette University en Milwaukee en 1980", como también Larry A. Szymanowski en la Universidad de Wisconsin en 1981 y Tony Curiel en Standford University, California (160). Ya más reciente, en abril de 1986, Rafael Prieto la presenta "[d]urante la Conferencia sobre

teatro cubano en USA, celebrada en Florida International University" (160). También ya en esta década en 1991 en la ciudad de Nueva York tengo la oportunidad de ver por primera vez una excelente puesta de esta pieza, Jeannie Dobie la dirige en Pulse Ensemble Theatre en el One Act Play Festival.
22. Sobre la importancia del título en general, véase del capítulo II, nota 13.
23. Leonard Shlain estudia esta dicotomía de Males: Death / Females: Life (capítulo 4) en *The Alphabet Versus The Goddess: The Conflict Between Word And Image*, NY: Viking, 1998.
24. El tema de la guillotina como objeto, sus implicaciones sociales o en la literatura, entre otros, tiene una abundantísima bibliografía. Daniel Gerould en *Guillotine. Its Legend and Lore* (New York: Blast Books, 1992) cubre una amplia gama de estos temas, además añade una amplia bibliografía. También, con respecto a este estudio, es interesante notar intereses comunes en ciertos autores que hemos mencionado. En el inciso "Alfred Jarry and The Disembraining Machine"(203-05), señala: "The guillotine is a frequent point of reference and subtext in Jarry's work" (203); en "Beatrice Cenci and The Italian *Mannaia* [la pre-guillotina en la Italia renacentista]" (17-21) entre muchos autores interesados de esta trágica historia, por supuesto, señala, aunque someramente, a Antonin Artaud (*Los Cenci*, 1935). Precisamente esta "producción arruinó a Artaud y lo desacreditó artísticamente, y lo dejó agotado debido a la inmensa responsabilidad que tuvo que asumir como escritor, actor, director y promotor" (Braun 235). Gerould en otro inciso, "The Guillotine Sails for the New Wold" (245-50), señala una colaboración bastante sorprendente entre Artaud y Carpentier en París: "Carpentier had directed the orchestra for the Artaud-Weill radio production of *La grande complainte de Fantômas* in 1933" (245, 218). En otro sentido, recúerdese que Antonin Artaud "[c]omenzó a elaborar su idea del 'teatro de la crueldad' hacia 1932" (Braun 229). Otra vez en el 'nuevo mundo', *a posteriori* de *La Madre y la Guillotina*, Carpentier publica *El siglo de las luces* (1962) donde recuenta la historia de horror de la guillotina en el Caribe: "Con la Libertad, llegaba la primera guillotina al Nuevo Mundo" (Habana: Ediciones UNION, 1993: 157). Sin duda esta cita podría intercalarse en la pieza de Montes.
25. Haciendo un paralelo con la revolución cubana: "Frente a tantas críticas [por los juicios sumarios que ejecutaban], el gobierno cubano decidió celebrar el primer consejo de guerra importante de La Habana en público, en el gran estadio deportivo. [...] Desgraciadamente, el estadio se llenó de una muchedumbre furiosa y vociferante, además de trescientos periodistas cubanos y extranjeros. La multitud interrumpía las declaraciones gritando 'bandido', 'asesino', 'esbirro'. Sosa Blanco, el primero en ser juzgado, tuvo una actitud cínica, divertida y digna ante lo que él mismo calificó de un 'circo romano'. [...] Indudablemente Sosa Blanco era culpable, según el testimonio de mucha gente [...] Este juicio, que quería ser una prueba para el resto del mundo de la integridad de la justicia revolucionaria, en realidad fue la peor propaganda posible. La prensa norteamericana coincidió con el acusado en que el juicio era un circo" (Thomas 268). Todavía, con esta idea de lo teatral en estos juicios sumarios, recientemente el régimen castrista sentenció a muerte a dos de sus coroneles más famosos, Arnaldo Ochoa y Tony De La Guardia, acusados de tráfico de drogas. Este espectáculo fue televisado, y como dijo Albert Camus para otra

ocasión (*Reflections on the Guillotine*, Indiana: Fridtjof-Karla Publications, 1959), "for those unable to attend" (10).
26. Véase nota 17.
27. Guillermo Hernández, en *Memorias de un joven que nació en enero* (Honolulu: Editorial Persona, 1991), nos narra su dolorosa experiencia personal y la de su familia con relación a estos 'actos de repudios' por tener solamente el deseo de abandonar el país por el Puente marítimo del Mariel (33-34).
28. Véase nota 14.

CAPÍTULO V

El teatro cubano en el exilio. Su particularidad fundamental. Otras consideraciones

Este inciso muy bien podría ser el título de un libro que todavía está por hacerse. Los orígenes se remontan a las últimas décadas del siglo XIX con la contribución del teatro bufo en Ivor City (Florida). Ya en este siglo, después de 1959, aparece su aportación fundamental que va produciendo continuada y paulatinamente un cuerpo significativo ascendente en la muy escindida dramaturgia cubana. En "Introducción [de] obras dramáticas de autores cubanos publicadas fuera de Cuba" (*Anales Literarios Dramaturgos* 1.1 (1995):151-54) agregan Montes Huidobro y González Montes:

> Dado el carácter cualitativo que representa la emigración cubana a partir de 1959, y teniendo en cuenta también el carácter cuantitativo de la misma, la revolución cubana crea un nuevo espacio en la historia de Cuba y, paradójicamente, establece un nuevo territorio, geográfico e histórico, en las letras cubanas, el cual no tiene, debido a sus dimensiones, precedentes en Hispanoamérica, ni siquiera en el caso de otros éxodos. (151)

En efecto, Espinosa Domínguez en su prólogo introductorio al *Teatro cubano contemporáneo. Antología* reconoce que "[a]l igual que ha ocurrido con la música, las artes plásticas y la literatura, en los [cuarenta y siete] años que corresponden a la etapa de la revolución ha surgido y se ha desarrollado una corriente de teatro en el exilio. Como a esas otras manifestaciones, se le conoce poco y mal, sobre todo en Cuba, debido a la ruin e inflexible práctica de borrones, exclusiones y silencio llevada a cabo por las instituciones y publicaciones de la isla. Y como ellas también, durante mucho tiempo fue despreciado por la intelectualidad progresista de Estados Unidos que, en un primer momento, simpatizó con Castro" ("Una dramaturgia escindida" 64).

Todavía a estas alturas el desprecio continúa, al punto que Marina Pianca en *El teatro de nuestra América: Un proyecto continental 1959-1989* (1990) no sólo niega el exilio cubano sino que ni siquiera lo menciona entre otros exilios latinoamericanos. En "Exilio y continuidad" (259-93) al barajar ciertos dramaturgos y directores, entre ellos solamente selecciona un cubano, Manet. Concluye tergiversadamente de que muchos de éstos toman el exilio por "[l]a decisión de tentar fortuna en el extranjero [la cual] está frecuentemente basada en factores socio-económicos y en la percibida falta de oportunidades en su propio país" (259). Se podría argumentar contra ese discurso crítico hegemónico de la "intelectualidad progresista", por lo de "ruin e inflexible práctica de borrones, exclusiones y silencio", las teorizaciones de Villegas, también, de evidente formación marxista. Aunque no sé si estas teorizaciones se pensaron para este contexto, al menos su crítica se encamina contra estas exclusiones intencionales: "El discurso crítico hegemónico ha tendido a hacer una historia del teatro con perspectivas que originan historias parciales, en las que se excluyen los textos que no corresponden a sus códigos estéticos o que en su afán de producir una historia coherente o sistemática dejan fuera grandes sectores de producciones teatrales" (*Para* 59). Sin duda, aquel modelo de historia antes mencionado es uno de los más bochornosos que se hayan escrito en estos cuarenta y siete años de cierta manera contra el teatro del exilio cubano.

Mencionar del teatro cubano en el exilio sus múltiples temas, sus características, sus obras más significativas y, por último, sus dramaturgos, sin adentrarse en las particularidades de cada uno o una que los represente, nos parece una simple cronología o un catálogo superficial inexcusable. Representa un esfuerzo mayor que no tiene cabida en estas páginas[1].

Escarpanter puntualiza que "[t]odos tienen en común la revolución y el destierro, pero también esta doble experiencia ha adoptado rasgos muy distintos, determinados por la edad, la situación social, los años de permanencia bajo Castro y las condiciones del exilio" ("Veinticinco" 58). Independientemente de la diversidad temática y la tendencia estética, el crítico señala la 'particularidad fundamental' que caracteriza estos textos: "en todos ellos aparece un motivo común: la referencia cubana" (58).

Por aquella disyuntiva de "la revolución [o] el destierro", reiterativa de lo uno o lo otro, este teatro frecuenta por la disección histórica de 1959 el 'antes' y el 'después' de esa fecha. Escarpanter señalaba en el artículo mencionado que una gran parte de ese teatro bordea esos límites:

> Un sector muy fecundo de este teatro está compuesto por el ciclo de piezas que aluden a la vida cubana antes y después de la Revolución, pero sin detenerse en el análisis a profundidad de esta última. En la mayoría de ellas se usa el procedimiento del

contraste ayer/hoy vertebrado por una estructura episódica muy cercana a la del teatro épico. (59)

El crítico señala que *La Madre y la Guillotina* está entre las "pocas obras [que] se han dedicado a presentar el proceso revolucionario cubano en sí mismo" desde sus inicios, aseverando, como ya sabemos, que la pieza "es desde el punto de vista histórico, la primera y la más valiente, pues el autor la compuso aún en la isla" (60). Montes en *Exilio*, obra algo posterior al análisis del crítico, vuelve a profundizar en el desarrollo del "proceso revolucionario". En la pieza, el autor, como veremos en este capítulo, incluye también dos exilios, un exilio en el "antes" y un exilio en el "después", para no dejar duda de su ética y responsabilidad intelectual con la verdad histórica. Aunque no es menos cierto que el exilio en el 'después' queda como el más traumático, y largo, de los dos exilios.

Otro tanto agrega Espinosa, al parecer, mucho más crítico: "Como era previsible, el proceso revolucionario ha sido asunto o por lo menos telón de fondo de varias obras. Es posiblemente la vertiente temática más lastrada por el resentimiento y el tono apasionado, lo que ha malogrado más de un proyecto prometedor" (68). Específicamente no está de acuerdo con la actitud de los autores en relación a "las referencias explícitas y las alusiones directas", con lo que no deja tampoco de incluir a Montes: "[n]i siquiera un autor del talento y la profesionalidad de Matías Montes Huidobro (1931) logra salir indemne al tratar esta temática en *Exilio*. En cambio, consigue textos tan logrados como *La Madre y la Guillotina* y *La sal de los muertos* cuando prescinde de las referencias explícitas y las alusiones directas y expresa sus ideas mediante la frustración y la desilusión de los personajes. [...] Pero, insistimos, en la mayoría de los casos son autores que lograron sus mejores textos cuando se han ocupado de temas distanciados de la realidad política más inmediata" (Espinosa Domínguez 69). Independientemente de su criterio estético e ideológico y con relación a *Exilio*, al menos este crítico se equivoca al desconocer que *La Madre y la Guillotina* y *La sal de los muertos* fueron escritas en Cuba en las peores condiciones de censura. Recuérdese que la primera fue 'guardada en un gaveta', la segunda confiscada al salir del país el autor. En cambio *Exilio*, como su título indica, fue escrita con entera libertad y en su período de madurez dramática, veintisiete años después de salir de Cuba. Para Montes *Exilio*: "es un texto definidor de lo que significa escribir en el exilio y de lo caro que ha sido" ("Escribir" 43). Las otras dos, *La Madre y la Guillotina* y *La sal de los muertos*, fueron concebidas dentro de aquellos 'amplios' límites de "[d]entro de la revolución: todo; contra la revolución ningún derecho" (Castro 11). Scotto señala que "under a regime that commands silence on some issues and demands public profession of orthodoxy on others, careful attention to real meaning in words hedged and shrouded by silence becomes a vital aspect of communication and, ultimately, of communion" (*apud* Montes, "Censura" 22). Montes, por otra parte, en el artículo anterior, categóricamente se pronuncia contra esa falacia de despolitizar el texto y de distanciarse de esa "realidad política más inmediata":

> Despolitizar el texto equivale a desubicarlo de la estructura histórica que lo engendró, que en el caso cubano es obvia y difiere de otras dramaturgias. En este sentido, *La noche de los asesinos*, con el exilio de Triana, es arquetípico, ya que implica una sacudida de la crítica que vio el texto desde una perspectiva hegemónica. [...] El caso de Piñera, que [la crítica] lo excluyó de todas las antologías publicadas en el extranjero y que se mencionaba muy de pasada, prácticamente ignorado por la crítica extranjera durante su largo período de marginación, es igualmente interesante con respecto a estas correlaciones entre exilio, censura y marginalización, y la responsabilidad ética y estética de la crítica, que no es cosa de lavarse las manos. De ahí que toda lectura de los textos de la dramaturgia cubana después de 1959 lleva un marcado riesgo, y exige, en definitiva, una posición política, inclusive en el caso de aquéllos que aparentan no tomarla. (20-21)

En el primer número de *La Má Teodora*, revista trimestral de artes escénicas publicada en Miami, Montes profundiza en el porqué de esa búsqueda en el pasado: "Desde 1959 el teatro cubano, en cada punto de su trayectoria, ha desarrollado una conciencia del pasado debido en gran parte a la fragmentación y desmembramiento histórico. La obsesión por el pasado que se desconoce, acrecentada por la otredad de espacio fabricada por la historia, ha calado en superficie y profundidad en sus textos" ("La voz" 7). Si termina con una advertencia, que ojalá llegue a ser una esperanza, sabe que la realidad es otra y que, embotada, no parece salir de ese letargo detrás de esa trastienda. Los ojos asombrados no pueden ver otros caminos:

> La incógnita de lo que fuimos reafirma lo que se desconoce, en lugar de mirar hacia adelante se mira hacia atrás, fija la vista en la niebla del trópico, como si tuviéramos ojos para no ver. (7)

Es interesante notar en las cuatro décadas y media, se dice y no se cree, que corren de la Cuba comunista y la exiliada ciertas correlaciones que se pueden deducir del otro ensayo ("Censura, marginación y exilio en el teatro cubano contemporáneo") de Montes Huidobro ya mencionado. En este ensayo asevera que el "triple proceso (exilio, censura y marginación) no es un fenómeno estático, sino fluctuante, tanto dentro como fuera de Cuba" (14). De manera que Montes agrupa esta "movilidad fenomenológica" en tres décadas consecutivas, a las cuales por el tiempo transcurrido, ya desafortunadamente se le puede añadir una y media más. Ante todo advierte que "[l]a división es algo simplista, pero de indiscutible utilidad práctica" (14), advertencia que creo innecesaria si analizamos la historia cubana cuidadosamente en sus finales de décadas. Parece que por azar entre los límites de sus finales y comienzos de esas décadas siempre han sucedido cambios profundos, para bien o para mal, en la historia misma. Si la década de los sesenta en Cuba, como coinciden la mayoría de los críticos, fue el mejor período del teatro cubano contemporáneo, para la otra parte, la exiliada, que poco a poco alarga la lista de sus dramaturgos y teatristas en general, sin duda, fue su peor momento. Este teatro en sus inicios quedó marginado y olvidado en un total silencio[2].

La cronología de la ya citada "Introducción [de] obras dramáticas de autores cubanos publicadas fuera de Cuba", de Montes Huidobro y González Montes, demuestra que ninguno de los dramaturgos exiliados pudo publicar en la década de los sesenta y menos aún, salvo una que otra excepción, pensar en una puesta dramática. Tristemente algunos de aquellos mencionados jamás volverían a escribir teatro, interrumpiendo su creación dramática. Si para la década de los setenta en Cuba, como enfatiza Espinosa Domínguez, "[s]e inicia para la escena cubana su década más estéril y de calidad más baja" ("Cronología" 103), en cambio la parte exiliada se va recuperando al menos con algunas publicaciones y con alguno que otro esporádico montaje. En Cuba la década de los ochenta según Montes "comienza nuevamente con su signo nefasto [...] la marginación del autor en favor del montaje" ("Censura" 19). Añade que la:

> política del 'montaje' y de los festivales teatrales, que se incrementan durante los ochenta, dan al teatro cubano un prestigio internacionalista, paralelo a su participación política en conflictos internacionales, en el cual se sacrifica la producción nacional y cuya esterilidad queda de manifiesto, de forma permanente, en las obras que se escriben, las cuales, a nuestro modo de ver, todavía no resisten un análisis comparativo con la

producción dramática de épocas más precarias pero más fructíferas. (19)

Espinosa Domínguez, más optimista y no sin caer en ciertas contradicciones, disiente, y expresa que el "teatro [isleño] inicia una lentísima recuperación del lamentable estado en que había quedado" (50). Se entiende que esos conatos de recuperación del teatro de los ochenta fueron, más que todo, a nivel cosmético. El mismo crítico puntualiza que para "algunos, no obstante, la justicia demoró tanto que no alcanzaron a verla, bien por haber muerto (Piñera) o bien por haber optado por el exilio (Triana, Ariza)" (50)[3]. En cambio en el exilio si "la década del setenta resulta esporádica y de afirmación, la década del ochenta lleva a la afirmación de la dramaturgia cubana en el exterior en cuanto a las posibilidades de montaje y publicación, que van gestando las nuevas direcciones con la que se inicia la década del noventa" (Montes, "Censura" 23). Otra vez con revisar la 'cronología' antes mencionada nos cercioraríamos de las anteriores afirmaciones.

En la década de los noventa se acrecienta el sórdido panorama del teatro isleño, ese "teatro moribundo, agónico, que ha estado demasiado sometido a la eficacia política, a esquemas ideológicos estáticos y a un realismo—no importa si socialista o burgués—que, en muchas ocasiones, se queda en un naturalismo trasnochado" (Espinosa Domínguez 60). Por algunos nuevos experimentos dramáticos, este crítico se apresura a señalar que, como era de esperar ya que han pasado más de cuarenta años, se nota "un indicio significativo de la presencia, indetenible ya, de una nueva generación que está a punto y exige un lugar en nuestra escena" (60). Mas al fin de su documentado prólogo vuelve insistentemente a añadir "hechos [negativos] como la notoria ausencia en el programa del Festival Internacional de 1991 de muchos de los proyectos más interesantes e innovadores de las últimas temporadas, constituyen augurios no precisamente buenos. Asimismo, el recrudecimiento de la represión contra cualquier forma de disidencia hace temer sobre el futuro de este teatro inconformista" (63). Como síntoma de un mal sin fin, se sabe que algunos de estos pinos nuevos subrepticiamente ya han tomado el camino del exilio como es el caso de Joel Cano, último autor que antologa Espinosa en *Teatro cubano contemporáneo* (1992).

En cambio el teatro cubano del exilio, a pesar de sus sinsabores, se robustece cada día más. Específicamente en el área de Miami, se suceden uno tras otro los montajes de autores cubanos por grupos independientes o en su Festival Internacional de Teatro Hispano. Aunque no con la frecuencia que tanto se quisiera ver y como debería ser[4]. Otro síntoma de vigor de este teatro se muestra en las publicaciones de piezas teatrales que llegan a niveles nunca antes superados. Sin ningún afán estadístico, en la 'cronología', sólo quiero subrayar que estas publicaciones, en el primer tercio de la década del noventa, superan con creces las de la década anterior.

Por otra parte, como síntoma general de la década de los noventa, se suceden en el exterior algunos esfuerzos antológicos, el ya mencionado *Teatro cubano contemporáneo* (1992) que se publica en España que se distingue por ser la primera antología de su tipo y en Alemania *Kubanische Theaterstücke* (1999). También en este último país aparece el texto crítico *De las dos orillas: Teatro cubano* (1999). Estos encomiables esfuerzos al incluir ambas orillas tratan de unir la ya muy escindida dramaturgia cubana. Otra característica inédita de esta década, sin precedente en la cara isleña, son las puestas miamenses y neoyorquinas de autores cubanos que viven en la isla por algunos grupos teatrales de estas ciudades, cosa que por supuesto ha creado alguna polémica pero que demuestra, al menos, una nueva imagen de los aires que corren por la escena cubana del exilio. González Cruz en "Dramaturgia" al referirse al ya mencionado Festival miamense manifiesta generalizando que:

> resulta estimulante a estudiosos de nuestro teatro, a los públicos que asisten a este evento y, muy en particular, a los dramaturgos de la isla (residentes en ella o fuera de Cuba por igual) que han sido llevados a escena o que ven la posibilidad de que esto ocurra en el futuro. Las tendencias ideológicas o políticas, si es que las hay, parecen estar subordinadas al valor artístico de los textos que se van escenificando. Tal "apertura" es otro aspecto positivo del festival de Miami que cada día amplía más sus fronteras, tratando de mantener, sin embargo, por encima de todo, un alto nivel estético. (60)

Allá en la isla por el sistema anquilosado y represivo, y sin ánimo vaticinador, jamás se podría pensar que se tomara un paso tan favorable en este sentido. Ese teatro, al vivir como nunca antes sus peores condiciones, como toda la cultura y la sociedad, está amenazado (nada nuevo bajo aquel sol), por "el recrudecimiento de la represión contra cualquier forma de disidencia" (Espinosa Domínguez 63).

Si se resumiera esta rápida caracterización de la escena cubana contemporánea, casi por consenso, la isleña logra su clímax en los años sesenta. Supo beneficiarse de todo el esfuerzo anterior de aquellos teatristas de vanguardia de la época precastrista que "por amor al arte" hacían teatro y, en su época, de las 'esperanzadoras promesas' del nuevo régimen instaurado. Por la excesiva politización y represión de ese sistema, esa curva ascendente de logros dramáticos descenderá precipitadamente en el correr de sus cuatro décadas y media sin que todavía parezca recuperarse. Nos parece lógico que así suceda. Sólo con los años, el régimen ha demostrado su único interés primordial que es el de perpetuarse en el poder. Las condiciones paupérrimas de toda índole en que vive la sociedad cubana dan muestra de la incapacidad de ese mismo poder para gestionar una vida mejor para su pueblo.

En cambio, ese desangramiento de la sociedad cubana que se produce desde los mismos inicios del triunfo castrista tendrá que empezar otra vez de nuevo en suelo ajeno y extraño a su cultura, en condiciones sumamente difíciles. A su teatro, en especial, le tocará, como es de imaginar, la peor parte. Es ahora cuando "sin pararse a contemplar su estado" en su cuesta ascendente, después de sus cuarenta y tantos años, recoge sus merecidísimos triunfos. Es ahora también que una gran parte de la crítica académica ya no tiene otro remedio que reconocer este teatro del exilio después de haber sumado en sus inicios un silencio absoluto y haberlo marginado injustamente por décadas. Esta tercera etapa huidobriana, la que se analiza en el próximo inciso, constituye un paradigma en el cual se pueden sustentar las aseveraciones anteriores de ese progreso por décadas que ha experimentado el teatro del exilio. A grandes rasgos, en la década de los sesenta padece de un total silencio, es su *hiatus scaenicus*. En la etapa del setenta, ascendente, escribe varias piezas que quedan publicadas; de su etapa anterior, a la vez, queda una antologada y otra se traduce y se publica en inglés. En la del ochenta sigue publicando nuevas piezas, como también se traducen algunas de éstas, y empezará a escenificarse. En la del noventa continúan las publicaciones pero además sus piezas se escenifican con más frecuencia. Un ejemplo fehaciente del reconocimiento ascendente que ya definitivamente tiene su obra dramática, son estos primeros años del siglo XXI. En el 2000, se escenificó *Oscuro total* y, en este año del 2006, *Su cara mitad* y *Un objeto de deseo* todas ellas en diferentes partes de los Estados Unidos.

Tercera etapa del teatro de Montes Huidobro (1961...). Hiatus scaenicus y continuación en los Estados Unidos

La tercera etapa huidobriana, de finales de 1961 en adelante y en los Estados Unidos, está marcada en sus inicios por lo que he llamado su *hiatus scaenicus* de una década (193)[5]. Parece que esta dura realidad, del silencio o ser silenciado, fuera el sino, con exilio o sin exilio, que deben de padecer los dramaturgos cubanos:

> Nuestros dramaturgos han funcionado siempre dentro de grandes espacios de silencio, empezando por José Antonio Ramos. Virgilio Piñera lo comenta en su *Teatro completo*, y Carlos Felipe lo confirma: durante tres años consecutivos, 1947, 1948 y 1949 produce tres de sus obras dramáticas más importantes, *El chino, Capricho en rojo* y *El travieso Jimmy*, respectivamente, para después dar el gran salto a *Réquiem por Yarini*, por 1960, apenas interrumpido por otros saltos menores. Una cronología del teatro de José Triana y Abelardo Estorino confirmaría lo expuesto. No iba a ser [Montes] la excepción que confirmaría la regla. (193)

Por supuesto, a Montes, sin lograr ser la excepción, se le puede añadir el hecho de que tendrá que esperar un cuarto de siglo para poder ver otra pieza suya en escena (204), específicamente, *La navaja de Olofé* (1981). Miguel vaticinaba a Román, ambas figuras de *Exilio*, lo que le esperaba con creces, en general, al escritor exiliado: "Que si te vas te jodes... No podrás poner la tinta en ningún papel... Escribirás en los terribles silencios de las madrugadas con los testigos de tu propia desolación. Escribirás en el exilio" (55). Sin embargo, en Montes no se llegó a cumplir el vaticinio, su tenacidad y entrega están a prueba de todas las adversidades. De hecho, éstas le son un acicate. Así se expresa el autor: "Comparto el punto de vista de Cela, cuando dice, con respecto a la creación de *Pascual Duarte*, que se lo debió todo, o más o menos todo, a sus enemigos. Yo siempre, cuando he tenido momentos adversos, reconstruyo la adversidad escribiendo" (Febles y González-Pérez, "Entrevista" 227-28). Sus cuantiosas publicaciones niegan cualquier tipo de duda. De ninguna manera el *hiatus scaenicus* significó una renuncia a la creación dramática: "hay una década de silencio teatral (no teatral silencio—o quizás sí)" (193).

Este alejamiento estuvo impuesto por las nuevas y duras circunstancias que debía vivir un escritor—cubano—exiliado y en especial en el mundo anglosajón. Al intentar adaptarse al medio, tuvo que sustituir su creación dramática por la narrativa o la poética. También continúa con creces la crítica, que ya había experimentado en Cuba, y que sin duda estuvo requerida e impulsada por su trabajo académico[6]. De esta última sobresale *Persona, vida y máscara en el teatro cubano* (1973), *Persona, vida y máscara en el teatro puertorriqueño* (1986) y, recientemente, *El teatro cubano durante la República. Cuba detrás del telón* (2004). Para

Escarpanter el primero, dijo en su momento, "constituye la interpretación más a fondo que se ha llevado a cabo hasta ahora sobre el teatro cubano de este siglo" ("La impronta" 65). Sin duda, con su última entrega, supera con creces aquella primera propuesta[7]. Montes recordaba en una entrevista aquella actitud creativa tomada de aquellos años: "La narrativa, en aquel momento, era el único vehículo creador que me parecía posible y los concursos eran un incentivo" (Febles y González-Pérez, "Entrevista" 226)[8]. Así todo "la vocación teatral de Montes Huidobro rebasa inclusive las dificultades impuestas por el exilio, la marginación y la imposibilidad del montaje y la publicación" (Febles, "Prólogo" 11). En otra parte de aquella entrevista Montes comentaba ambos procesos, el crítico y el creativo:

> Con respecto al teatro, ante la imposibilidad de una puesta en escena, me enfrasco en la interpretación crítica que a su vez se vuelve un período de aprendizaje teórico, preparación y, además, de interpretación de la vida cubana. Surge así *Persona, vida y máscara de la vida cubana* y, después, retomo un proceso creador interrumpido. Por consiguiente, hay una lógica, un sistema, una dirección. (Febles y González-Pérez 227)

En otra entrevista, con relación a ese "interés por diferentes géneros creativos, además del teatro, así como en la crítica literaria y la teatral", se expresa de manera más integral y por una total unidad:

> Para mí todo forma una gran unidad y un género se complementa con el otro. Nunca he entendido cómo un novelista, por ejemplo, puede despreciar el teatro o la poesía, como declaran algunos. Para mí, por ejemplo, hacer crítica literaria es algo natural, que fluye del acto creador al analítico. De ahí que mi crítica, espero, tenga un carácter creador además de investigativo, porque de lo contrario sería una crítica muerta. (Falcón 137)

El teatro huidobriano, en esta etapa de madurez, continúa con las características permanentes que ya había logrado conscientemente en la segunda etapa de la parte cruel, la de la trilogía de la crueldad. Por supuesto, entre las características que ya se habían señalado de aquella parte, valga mencionar las relacionadas con el teatro de la crueldad y el lenguaje marcadamente ritualista. Este teatro total vuelve a recurrir, por igual, a todos los elementos espectaculares "por excelencia", combinándolos para coadyuvar a su plurivalencia. Vuelve por "lo que constituye por excelencia el lenguaje teatral escénico" (Artaud 123). Al equiparar el gesto, el movimiento, las luces, o como en *La navaja de Olofé* la música y el canto, por la palabra como "necesidad", recuerda otra vez los gustos artaudianos. Sigue apareciendo su interés por el espacio escénico, el tiempo dramático, el signo lumínico y el teatro dentro del teatro. Incluirá otros nuevos intereses temáticos además de los conocidos, que no se encontraban en su anterior teatro. Añade a esta etapa otras características propias del género narrativo, específicamente en *Exilio y Su cara mitad*[9].

Aunque todos [los dramaturgos de este período] tengan "en común la revolución y el destierro" (Escarpenter, "Veinticinco" 58), Montes amplía su espectro temático. Tal vez por su largo exilio, por sus muchos viajes y también por sentirse parte de la gran comunidad hispanoamericana de los Estados Unidos es que toma esos otros rumbos. Febles al catalogar este período huidobriano, señala esta multiplicidad temática en la cual se incluye: "obras de compromiso político evidente (*Ojos para no ver*, *Lección de historia*, *Exilio*); obras en las que el motivo político localista configura un trasfondo ineludible (*Las paraguayas* [de donde sale *La garganta del diablo*, *La diosa de Iguazú* y *El hombre del agua*]; obras en que el aspecto político aparece metaforizado hasta tal punto que se dificulta su asimilación por parte del lector-espectador (*Funeral en Teruel*, *Oscuro total*). Hay, por otra parte, textos enteramente desligados de lo político nacional, como ocurre con las piezas en un acto *Fetos*, *La soga* y su estupenda *La navaja de Olofé*. Lo mismo puede afirmarse con respecto a *Su cara mitad*, complejo texto en el que el autor se enfrenta por vez primera con el motivo del ente hispano anclado en el mundo anglosajón" ("Prólogo" 13).

En este último capítulo, de aquellas "obras de compromiso político evidente", se estudia *Exilio* y, de los "textos enteramente desligados de lo político nacional", *La navaja de Olofé*. Estas piezas son representativas de sus continuados logros, también artaudianos, en su creación dramática. *Exilio* tiene un importantísimo antecedente en *Ojos para no ver* (Miami: Ediciones Universal, 1979) de 'principios de los setenta'[10]. Esta última con gran acierto dramático y de manera distinta, añadía, como es propio en esta etapa huidobriana, otras voces y momentos en la historia latinoamericana de otras revoluciones y dictaduras. *Ojos para no ver* representa, en el escenario hispanoamericano, la avanzada, como lo ha sido casi todo el teatro de Montes Huidobro, por señalar las crueldades de estos regímenes omnímodos, a contracorriente de toda la generalizada opinión de aquellos años que sólo festejaban las demagógicas promesas de las revoluciones izquierdistas.

Otra obra importante de este período es *Las paraguayas* (*Gestos* 15.29 (abr. 2000): 99-141). Esta pieza, en dos actos, resulta finalista en el concurso Letras de Oro en 1988[11]. Vuelve a añadir otras voces latinoamericanas, ahora media docena de voces femeninas entre otras masculinas. Ubica la acción después de finalizada la sangrienta guerra del Chaco. Schmidhuber se expresa a favor de la pieza, lamentando el que por razones partidistas no ha sido verdaderamente justipreciada:

> Si *Las paraguayas* hubiese sido escrita por una dramaturga, ya esta pieza estaría formando parte de numerosas antologías y sus parlamentos se hubieran escuchado en los veintiún países hispanoparlantes. Pero la realidad es otra, la escribió un hombre, y este hecho parece ser razón suficiente para que aquellas personas más interesadas en la liberación que en el teatro, disminuyan el interés y acaso la valoración de esta pieza. ("Apología" 29)

También porque con sus experimentos, que recuerdan los gustos artaudianos, logra "alcanzar una estética dramática esencialmente hispanoamericana" (Schmidhuber, "Apología" 29). Este crítico coincide con Villegas, en 'la especificidad de estar en el mundo del hispanoamericano', en relación con la idea de Mario Carla Casalla de "que todo filosofar es un reflexionar sobre lo *universal situado*" (*Para* 75). Aunque desafortunadamente esta pieza no se incluye en este estudio, se retomarán estas ideas de "lo *universal situado*" en *La navaja de Olofé*. Ya Judith Bissett, en su artículo "*La Madre y la Guillotina* and *Las paraguayas*: Subverting the Male Gaze", ha empezado a estudiar, con un interesantísimo punto de vista, esta importante obra de esta etapa del teatro de Montes Huidobro.

Funeral en Teruel, en dos actos, es una pieza paródica. Oscila entre el teatro romántico español, específicamente *Los amantes de Teruel* de Hartzenbusch, y el género bufo cubano. Como bien señala Escarpanter en el prólogo a la obra, el autor asume las teorías hutcheonianas de la parodia como "un claro propósito de reconocimiento y exaltación de esta forma" (11). En este nuevo experimento, como en todo su teatro, quedan implícitos la hibridez y la ambigüedad al volverse, según Montes, "vehículo unitivo de una acción dramática donde la música, la coreografía y las artes plásticas son tan importantes como el texto" (Funeral 15). Este concepto aglutinador del "teatro total" y, como del ambiguo término, de "la estética de la posmodernidad" son, sin duda, como asevera Escarpenter, por sus secuencias "de una asombrosa teatralidad deudora de las teorías de

Artaud" (Escarpenter 11, 12). Vuelve con sus juegos de niveles temporales en que el siglo trece y el veinte se continúan en perpetuidad. Según Colecchia, en el prólogo a dos voces, expresa que "no existe un conflicto temporal último [sino que] el tiempo es infinito. El pasado no desaparece en la nada sino que persiste en otra dimensión que ocurre, aunque puede ser que no la percibamos, simultáneamente con la que llamamos presente" (9).

Oscuro total, en tres actos, se basa en el hecho verídico de los hermanos Menéndez, acaecido cerca de Los Angeles, California, en 1989, los cuales asesinan a sus padres. Expresa Febles de la pieza que "apunta a la apocalíptica posibilidad de la violencia permanente como signo doloroso del núcleo familiar cubano, hállese éste donde se halle, y, por extensión, del propio devenir histórico nacional" ("La transmigración" 200). A través del *suspense* intelectual, que también utiliza en *Su cara mitad* y en el tercer acto de *Exilio*, vuelve con sus preferencias dramáticas: las constantes ritualizaciones, el teatro dentro del teatro, la preponderancia del tiempo cíclico, relacionándose "más con la dilatación arbitraria y sagrada del mito que con cualquier mundana cronología" (Febles 199), y la familia vista como microcosmo, la cual apunta al macrocosmo aludido. Sin duda, además de lo "histórico nacional", ahora señala al mundo anglosajón.

Su cara mitad, como toda la pieza, desde su título, y como nos tiene acostumbrados el autor, nos enfrenta a diversas ambigüedades. El autor vuelve a probarse a sí mismo "dentro de una estructura de un 'teatro bien hecho'" en tres actos (Febles y González-Pérez, "Entrevista" 231) con el cual recuerda, según Escarpanter, "en muchos aspectos técnicos [a] *Exilio*" ("Una confrontación" 626). Por su larga permanencia en los Estados Unidos, aparecen, por primera vez, las traumáticas relaciones de convivencia y la consabida frustración en el proceso de adaptación al medio ajeno y hosco. Esta pieza, sin duda y como expresa Escarpanter, "no es sólo un ejercicio de virtuosismo dramático [sino] constituye un texto fundamental para ayudar a conocer de veras el mundo norteamericano contemporáneo [...] pero, a la vez, revela, [...], el hondo conflicto vivido por todos aquellos hispanos, en especial los creadores literarios, que por razones económicas o políticas han tenido que abandonar su país e irse a vivir a Estados Unidos" ("Una confrontación" 627). El incluir estos nuevos temas a su amplia y larga producción, no significa de ninguna manera dejar de ser lo que se es, "esencialmente un escritor cubano". El autor nos advierte categóricamente: "[a]unque algunas cosas mías han aparecido dentro de la clasificación de *Cuban American Writers*, y *Su cara mitad* tiene algo de esto, por mi formación, mi historia y mi concepción del mundo soy esen-

cialmente un escritor cubano" (Febles y González-Pérez, "Entrevista" 231).
   Sin lugar a dudas el teatro huidobriano de esta etapa se ha enriquecido por los múltiples temas elegidos y los continuados experimentos dramáticos. Por el largo exilio padecido, por sentirse parte de la gran familia hispana dentro de los Estados Unidos y, por extensión, Hispanoamérica, este autor, a través de *su propio discurso universal situado*, al ampliar sus fronteras temáticas, más que nunca, representa un modelo de la dramaturgia continental que por su honestidad intelectual se le ha intentado arrebatar. Coincido con la opinión de Schmidhuber de que "el arte montehuidobriano sigue hoy estando en vigencia. Desde hace dos décadas, se pueden encontrar en su dramaturgia indicios de lo que hoy los críticos califican, acaso temporalmente, de posmodernismo: la autorreferencialidad de la obra que muestra su proceso de creación; la conciencia dramática de los personajes que les hace vivir en un microcosmos teatral que no puede intercambiarse con la vida; y la intertextualidad que retoma obras de otros autores para infundirles nueva vitalidad" ("Apología" 30).
   Para González Montes las "vivencias neoyorquinas [del autor en su primera etapa] serán almacenadas en su subconsciente para reaparecer en forma literaria, años más tarde, en varias de sus obras" como en *Desterrados al fuego*, *Exilio* y *Su cara mitad* ("Entre nosotros" 212). En efecto, se podría concluir de esta etapa, con lo que ya González Montes veía como germen subconsciente de aquella primera, que la "obra [huidobriana de manera consciente] adquiere, sin perder su cubanía, características más amplias, demostrando que lo cubano traspasa sus propias fronteras, haciéndose también en un sentido más general, de América" ("Entre nosotros" 212) y por qué no, más universal.

Ritual tántrico o "cópula mítica" en La navaja de Olofé[12]

   Montes adelantaba la intención última y final de la pieza con el título de "la cópula mítica" (203) en el entreacto, o prólogo, correspondiente a *La navaja de Olofé* (1981). Esta intención última de sentido metafísico, como se espera de todo teatro de la crueldad, ahora se irá develando a través del entramado simbólico y ritualista de la mitología afrocubana que presenta la obra y se refuerza a través de las técnicas preferenciales del autor dramático. Schmidhuber, al pensar "en la necesidad de desarrollar una dramaturgia esencialmente nuestra", señala *La navaja de Olofé* y *Las paraguayas*, ambas de este último período, como modelos imprescindibles del teatro hispanoamericano actual: "Una de las pocas indagaciones para alcanzar una estética dramática esencialmente hispanoamericana está escondida en los experimentos llevados a cabo en las últimas obras de Montes Huidobro, especialmente en [*Las paraguayas*] y en *La navaja de Olofé*" ("Apología" 29). Como se adelantó, esta pieza coincide, por sus "experimentos", con lo que discute Juan Villegas en *Para un modelo de historia del teatro* (1997) en el inciso 'la especificidad de estar en el mundo del hispanoamericano', con relación a la idea de Mario Carla Casalla de "que todo filosofar es un reflexionar sobre lo *universal situado*" (75). El discurso dramático de la pieza con sus conceptualizaciones, el espacio temporal, las figuras dentro de su contexto se ajustan a lo que Villegas cita de Casalla; sin duda, porque "logr[a] articular *su propio discurso universal situado*, [encuentra] el lenguaje inherente a *su propia* situación histórica [...] logr[a] efectivizar su propio discurso de lo universal, en cuanto pieza indisoluble del proceso general de emancipación que sacude a su ser" (75)[13]. De otra manera parece circunscribirse a lo que Lezama Lima expone en *La expresión americana*: "Todo tendrá que ser reconstruido, y los viejos mitos, al reaparecer de nuevo, nos ofrecerán sus conjuros y sus enigmas con un rostro desconocido. La ficción de los mitos son nuevos mitos, con nuevos cansancios y terrores" (*apud* González-Pérez 71).

La pieza ha despertado el interés de la crítica. González-Pérez fue el primero en expresar que "se emplean constantemente la magia y el mito afrocubanos para crear el desdoblamiento de los personajes, con sus múltiples personalidades, en sus luchas internas" ("Magia" 77). También señaló que el "tema del incesto maternal nos adentra en el mundo de Sigmund Freud con el inevitable complejo de Edipo" (77-78). Mariela Gutiérrez, además de aquel inicial estudio de González, amplía con creces el análisis, añadiendo lo grotesco y lo ritual dionisíaco que también se evidencian en la pieza.

En efecto, el autor continúa combinando, en el sentido de fondo, los asuntos duales y temas bicéfalos recomendados en el segundo manifiesto artaudiano. Ahora el tema político se ausenta de la pieza. Añade los temas "que correspond[e]n a la agitación y a la inquietud características de nuestra época" (Artaud 125), y de cualquier época, a través de los múltiples desdoblamientos ficcionales a que nos tiene acostumbrados el teatro huidobriano. Primero aparece en la historia dramática la relación narcisista entre el hombre "de veinte años" y el espejo; segundo, la escabrosa relación incestuosa del hombre con la madre la cual "dará la impresión de estar prematuramente envejecida" (208) y la no menos importante relación de éste y la misma mujer, como amante, que "[p]or momentos resultará muy atractiva" (207-08). Estos temas de 'superficie' quedan imbricados, desde los mismos inicios de la pieza, con los de "las grandes preocupaciones y las grandes pasiones esenciales" del hombre interpretándolos "de acuerdo con los textos más antiguos, de las viejas cosmogonías" (Artaud 125-26). Ambos asuntos se complementan, hasta que la intención artaudiana prepondera. Al final, a través de la cópula tántrica, aparece el sentido último de la pieza, trascendiendo el espacio temporal y la muerte.

En esta pieza se reafirma el reproche de Lévy-Bruhl a los antropólogos de la escuela inglesa de que en las sociedades civilizadas "our mental activity is both rational and irrational. The prelogical and the mystic are co-existent with the logical" (*How* 386). Si en *Los acosados* se insistía en esos modos de pensamiento lógico y prelógico de la mentalidad primitiva dentro de una sociedad civilizada, en *La navaja de Olofé* las figuras ya parecen vivir dentro de los mitos afrocubanos, u otros, como verdadera realidad, viviéndolos. Al final llegan a ser ellos mismos, a la manera tántrica hindú, ese dios añorado, dos en uno: "El nombre / Sus sombras / El hombre La hembra [...] El uno en el otro / Sin nombres" (Paz, *Obra* 468). En el *maithuna* logran alcanzar ese tiempo mítico de primordial unidad. "For their rites are repetitions of what happened *in illo tempore*, in mythical time; they re-actualise the primordial events recounted in the myths" (Eliade, *Myths* 185). Con lo cual "'Femininity', like 'masculinity' also, is already a particular mode of being, and for mythical thinking, this particular mode is necessarily preceded by a whole mode of being" (Eliade, *Myths* 179).

Montes a través de la reconstrucción muy personal de "los viejos mitos" afrocubanos como 'expresión americana', lezamaniana, nos presenta esos mitos "con un rostro desconocido". Como se ha adelantado por hacer hincapié otra vez en las polaridades genéricas de las figuras, como en otras piezas, las figuras son caracteres simbólicos y se nombran por sus designaciones 'genéricas'. Quedan despojadas de nombres propios. Al designarlos el hombre y la mujer, resalta lo masculino y lo femenino de ambos. Elige el contraste antitético más llamativo y espectacular, el masculino-femenino (Spang 179). Ambos "son mulatos", color del objeto del deseo erótico. Así el autor recrea y reinterpreta a su manera el panteón yoruba, nos narra otro *appataki* con un nuevo 'rostro' a través de los dos principios polares.

El arquetipo masculino, en la historia, será Olofé que no es más que una derivación de Olofi (el Espíritu Santo en su contrapartida cristiana). Lydia Cabrera recoge en *El monte*, según sus informantes, que Olofi es "el Dios grande que vive en el cielo [...] Es el primerísimo y no se mete en nada. El que mira, pero está indiferente. Presencia solamente. No trabaja. Vive retirado. No pide nada. No baja al mundo. Todo le tiene sin cuidado"

(77). El Padre eterno (78)[14]. Por otra parte también se añade, ya el título lo explicitaba, la navaja (falo), el atributo de virilidad por excelencia. Este atributo debe identificarse con Changó (Santa Bárbara) que es el "mujeriego incorregible" (Cabrera 226). En "realidad Changó tiene tres mujeres [...] Obba, Oshún y Oyá" (Cabrera 224). Este es "[e]l más popular de los orishas [...] es inseparable del árbol más bello y sugestivo de Cuba [la palma real, no menos fálica]... Changó, el trueno, [es] 'el artillero del cielo'" (Cabrera 221).

El arquetipo femenino también se intercambia con diferentes atributos de las más importantes diosas de este panteón yoruba. Estas diosas son Yemayá (La Virgen de Regla, patrona del puerto de La Habana) y Oshún (La Virgen de la Caridad del Cobre, Patrona de Cuba). González-Pérez resumía las cualidades de Yemayá como "figura arquetípica de la Tierra-Madre. Ella es la deidad del mar, La Madre-Agua de donde mana toda la vida. Esta divinidad es la madre por excelencia, la encarnación de la fecundidad" (75-74). De esta diosa nacieron muchos *orishas*, entre ellos algunos muy principales. Citaba aquel crítico la leyenda que recoge la investigadora Judith Gleason:

> Then, as my nourishing waters began to inundate the earth, creating lakes in low places, rivers, intricate brooks and hidden sources, my generous belly burst open to release sixteen orishas: Olokun the ocean; Osha the lagoon; Shango, his brother, and his three wives; Ogun, and his brother the hunter; Oke the mountain; Oko the farm; Aje, wealth; Sun; Moon; and dreaded Obaluaiye. I've forgotten the name of the other one, for I am old. (*Apud* González-Pérez 74)

De Yemayá se conoce su relación incestuosa con su hijo, específicamente con Oggún (dios del hierro), y algunos niegan que haya sido con Changó: "Aquel era un cariño muy raro... un cariño que parecía malo. No de madre sino como de mujer enamorada" (Cabrera 237). Así si por una parte vemos a la mujer como madre, por otra será la amante. Esta última está representada por Oshún (la diosa del amor y de las aguas dulces). Es "la puta santa" (Cabrera 86), su sensualidad y poder de seducción erótica son sus atributos, "cubanísima mulata de rumbo [...] idealización de la parda bella" (Cabrera 37).

Las canciones de cuna de la mujer recuerdan ambas diosas, acelerando el conflicto dramático. Señala, por una parte, la relación incestuosa de la madre con su hijo y, por la otra, la de la amante y el hombre:

Drume, drume Changocito
que Yemayá te quiere a ti...
Drume, drume Changocito
que Ochún pregunta por ti... (209)

O seguidamente, algo más explícita, otra variante de la canción en la cual se insinúa la escabrosa relación erótica de la madre con su hijo:

Drume, drume Changocito
que Yemayá tiene un regalito... (209)

Si aquel dios dual—nombrado Olofé—, epítome de virilidad, es dios-cielo y pasivo, aquella diosa, también, dual—que se nombra "Tierra Olofé"—, es madre-amante y activa. Estas caracterizaciones desde un inicio se acentúan en los diferentes niveles ficcionales. De un primer nivel de ficción evocativo se pasa al segundo personificado del presente:

Mujer. [...] Y Olofé era dueño del mundo, pero la vieja Olofé, mamá Olofé, lloraba y por eso empezó a llover y se hizo agua... Pero, ¡Olofé se reía del agua! (*Hipnóticamente, el hombre deja de afeitarse. La mira a través del espejo.*) ¡Ven, Olofé, le decía la montaña, que estaba partida en dos por el valle! ¡Ven, Olofé, que yo soy Tierra Olofé, la que lo tiene todo! ¡Mira estas dos cumbres, Olofé, rico, machito sabroso, chulito de la lengua! ¡Mira estas cumbres, Olofé, y se tocaba las puntas de los senos! ¡Yo soy Tierra Olofé, Olofé! Allá en la nube, que era un espejo, miraba Olofé a Tierra Olofé, y recorría la mirada por la montaña y bajaba al valle y entonces Olofé bajó, porque tenía hambre.
Hombre. (*Volviéndose.*) ¿Cómo era Tierra Olofé?
[...]
Mujer. ¡Como la estás viendo! [...] ¡Ven Olofé, para que recuerdes a Tierra Olofé...! Recuerda, Olofé... Haz memoria, negrito lindo...
[...]
Mujer. (*Juntos, en la cama.*) ¡Olofé, ése que era todo! ¡Olofé era todo! ¡Ven, tócame Olofé! ¡Olofé soy yo! ¡Olofé eres tú! ¡Olofé es la cama! ¡Olofé! ¡Olofé! ¡Olofé tiene de todo y da de todo! ¡Entrega y coge! ¡Quiere y se deja querer! ¡Sube y baja! ¡Besa y se deja besar! ¡Corre y salta! ¡Toca y se deja tocar! ¡Canta y baila!

¡Huele y se deja oler! ¡Come y se deja comer! ¡Olofé eres tú!
¡Olofé soy yo! ¡Vuela y nada! ¡Nada en el agua! (210)

Estas intervenciones recuerdan el primer manifiesto artaudiano, en cuanto que, "[e]stas ideas acerca de la Creación, el Devenir, el Caos, son todas de orden cósmico y nos permiten vislumbrar un dominio que el teatro desconoce hoy totalmente... [Produce esa] especie de apasionada ecuación entre el Hombre, la Sociedad, la Naturaleza y los Objetos " (Artaud 92).

En efecto, como se había mencionado, dentro de la evolución interna de las figuras, la figura masculina pasiva es la estática. Es la "que permanece igual durante el transcurso del drama, aquella que mantiene y a veces se aferra a las mismas posturas y actúa siempre igual" (Spang 162). Por el contrario, la figura femenina activa es la dinámica y "se opone a la estática porque evoluciona a lo largo del drama, es decir, cambio de parecer y de actuación. Ese cambio puede producirse de repente o paulatinamente" (Spang 162). Por el contraste de lo femenino y lo masculino que reitera la historia y las características que les son inherentes, como lo activo y lo pasivo, recuerda la escuela tántrica hindú:

> That the world is created and ruled by two polar principles, Shiva and Shakti. But because Shiva represents absolute passivity, the immobility of the Spirit, all movement, and therefore all Creation and Life upon every cosmic level, are due to the manifestation of Shakti. Deliverance can be attained only by the union of these two principles in the very body of the tantrika... [I]n Tantrism, the important part is played by the Shakti manifesting in the multiple forms of the Great Goddess, but also active in Woman. It is the Shakti, the universal Force, which continually creates the world. (Eliade, *Myths* 144)

Es por eso que se enfatiza la unión de contrarios a través de sus diferencias como a la vez se intenta borrarla en la cópula. "[L]os símbolos son vividos como realidades y la realidad posee una dimensión simbólica, es una metáfora de lo absoluto" (Paz, *Conjunciones* 88). Ella, de regreso al primer nivel de ficción de su intervención, como sujeto y él como objeto quieren volver a ser Olofé: "¡Olofé eres tú! ¡Olofé soy yo!" (210). Regresan al uno. Paz agrega: El supuesto básico del tantrismo es la abolición de los contrarios—sin suprimirlos... [L]a cópula es, como subraya Mircea Eliade, *samarasa, identité de jouissance*: fusión del sujeto y el objeto, regreso al uno" (87).

"The separation of Heaven from Earth marked the first pre-eminently cosmogonic act, and the rupture of the primordial unity" (Eliade, *Myths* 180). Es por eso que el recuerdo es un *leitmotiv* esencial en la pieza, como lo profano y lo sagrado se entremezclan: "Hombre. (*Volviéndose.*) ¿Cómo era Tierra Olofé? [...] Mujer. ¡Como la estás viendo! [...] ¡Ven Olofé, para que recuerdes a Tierra Olofé...! Recuerda, Olofé... Haz memoria, negrito lindo..." (210). La mujer, como el hombre instigado por la mujer, sólo tienen esa nostalgia del origen y están interesados en representar ese comienzo:

> Hombre. [P]orque con lo que él tenía yo te podía tener.
> Mujer. (*Suspirando.*) ¡Lo que tiene Olofé! ¡Ay, quién tuviera aquí lo que tiene Olofé! No, no lo entiendes, no puedes entenderlo... ¿Quién puede comprenderlo? Porque es anterior a ti... Todas las noches, antes que tú vinieras al mundo, ya existía Olofé... Eso te lo he explicado una y otra vez... Cuando rezabas por las noches... Cuando le rezabas a Olofé... Comprende, era papá Olofé...
> Hombre. Cada oración, cada palabra, cada letra, me incitaba contra Olofé... Me dormías con los rezos, pero entre sueños yo lo podía ver...
> Mujer. (*Riendo.*) ¡Olofé, ahora no, Olofé! ¡Que me duele la cabeza, Olofé! ¡Luego, luego, Olofé! ¡Deja esa cosa, Olofé! ¡Que viene el Viejo, Olofé! ¡Sigue! ¡Déjame! ¡Sigue, sigue, Olofé! ¡No, no te vayas, Olofé! (*Mirándolo, saliendo del éxtasis que representa la evocación.*) No, no puedes comprenderlo. Porque, no creas, ni siquiera tú... Ni siquiera tú has podido... has podido como Olofé... Y no lo digo por ofender...
> Hombre. (*Sacudiéndola.*) ¡Comprende, comprende de una vez, yo tenía la navaja para hacer mío lo que tú querías de Olofé!
> Mujer. (*Riendo.*) ¿Ahora? ¡No, no, Olofé, si lo haces te verá Olofé, que está adentro, ahí, Olofé! Por favor, hazlo por Olofé, que nos está mirando en el espejo... ¿Ahora? ¿Delante? ¡No, no puedo...! ¡Pero es Olofé, tu propio hijo Olofé! ¡Me da pena, me da vergüenza! ¡No me desnudes enfrente de Olofé, Olofé! Cuando se acostaba conmigo, te creaba a ti, Olofé. (216-17)

Eliade expresa en este sentido: "primitive man was interested only in the *beginnings*, in what had taken place *ab origine*... Periodically, the most important events were re-enacted, and so re-lived: thus, one recited the cosmogony, repeated the exemplary gestures of the Gods, the deeds that founded civilisation. There was a nostalgia for the *origins*; in some cases one could even speak of a nostalgia for the primordial Paradise" (Eliade, *Myths* 44).

Sin lugar a dudas, *La navaja de Olofé*, por presentar estos temas tan perturbadores como escabrosos, recuerda los gustos del teatro de la crueldad que en ningún sentido parecen "ilusorios" o "fingidos":

> El teatro sólo podrá ser nuevamente el mismo, ser un medio de auténtica ilusión, cuando proporcione al espectador verdaderos precipitados de sueños, donde su gusto por el crimen, sus obsesiones eróticas, su salvajismo, sus quimeras, su sentido utópico de la vida y de las cosas y hasta su canibalismo desborden en un plano no fingido e ilusorio, sino interior. (Artaud 94)

Los preliminares recalcan el eje del asunto en relación al espacio mostrado. El decorado se centra en las formas arquitectónicas típicas de la cubanidad. Se representa la arquitectura colonial como arquetípico de lo cubano: "Al fondo, puerta tradicional de la Cuba colonial, de persianas, con arco de medio punto y vitrales de varios colores". Este interior burgués no se sobrecarga, al contrario "el decorado se reduce a algunos elementos esenciales" (Kowsan 31-32): un espejo, una cama y un sillón. Estos elementos son parte primordial en la historia dramática, funcionan como áreas de acción independientes unas de otras, también puntos de contacto entre uno y otro a través de los diferentes niveles ficcionales. Los preliminares especifican que estas "tres áreas de acción [...] ayudarán a establecer la correlación de los personajes" (207). Recuerdan los manifiestos artaudianos sobre el teatro de la crueldad: "objetos de proporciones singulares aparecerán con la misma importancia que las imágenes verbales y subrayarán el aspecto concreto de toda imagen y de toda expresión" (99). Se especifica la posición y el grado de importancia: "Un gran espejo al centro centralizará la acción" (207), una cama al extremo derecho y un sillón al extremo izquierdo. El movimiento de las figuras debe de ajustarse, por las recomendaciones de los preliminares, a estos objetos que aparecen "con la misma importancia que las imágenes verbales": "El área de acción de la mujer, cuando represente el carácter de la madre, será el del sillón; como la amante, la acción tendrá lugar en el lecho. El frente del escenario y el área del espejo son de carácter intermedio" (208).

En efecto, continúa el autor dramático artaudiano sustituyendo "el lenguaje hablado por un lenguaje de naturaleza diferente con posibilidades expresivas a las del lenguaje verbal, pero nacidas en una fuente mucho más profunda, más alejada del pensamiento" (Artaud 112). Sin duda, Montes se interesa en el "lenguaje típico del teatro", el de la puesta en escena. No sólo deshace la dualidad dicotómica entre autor y director por la de un "creador único" (Artaud 96) sino que acepta, como otra posibilidad, la propuesta escénica que llevó a cabo Rafael de Acha en 1986. Esta puesta en escena alteraba "el área de acción" según los objetos antes señalados. Realzaba la cama como centro focal; el sillón quedó como siempre a la izquierda y el espejo a la derecha. Montes expresa, incluyendo su comentario en los preliminares: "Esta composición escenográfica en la que la cama es el foco central de la pieza, me parece muy válida, dejando constancia aquí de esta posibilidad para cualquier futura puesta en escena" (208). Por lo que coincido, ya que a todas luces, mi crítica se enfoca más hacia esa cama, cambiando también el eje focal de la acción a través de aquellos objetos que continúan apareciendo "con la misma importancia que las imágenes verbales" (Artaud 99). Se reitera esa "especie de apasionada ecuación entre el Hombre, la Sociedad, la Naturaleza y los Objetos" (Artaud 92). Este "creador único" artaudiano, al sugerir formas y maneras escénicas de este lenguaje teatral, también da libertades al director de la puesta en escena (207, 208, 216) con lo cual cesa la "absurda dualidad actual de director y autor" (Artaud 114).

Los preliminares también recalcan el eje del asunto en relación al espacio que aluden, reflejo del espacio mostrado. El lugar de la acción ahora es "Santiago de Cuba" (segunda ciudad isleña en importancia), en la "[p]rimera mitad del siglo XIX", específicamente, y aquí lo significativo, en tiempos de "carnavales" (207). Elige este lugar privilegiado y momento paradigmático, y no otro en Cuba, por el espíritu de disipación erótica y liberación de desinhibiciones que se experimenta en estas festividades. En estas festividades se vive un tiempo sin tiempo, espacio-temporal dionisíaco. Deben entenderse estas festividades 'modernas', a las cuales anualmente siempre se regresa por un corto lapso, como una re-interpretación de los rituales orgiásticos, una anulación del tiempo y un regreso al caos primigenio. Cirlot expresa del carnaval que por "su brevedad, es un símbolo de ese anhelo de acumular en un tiempo dado todas las posibilidades existenciales, aparte de que, por su sentido orgiástico, es un llamamiento al caos primordial y una desesperada invocación a la salida del tiempo" (*apud* Gutiérrez 119).

Sin duda, estos carnavales son un llamado al derroche erótico, así lo perciben las figuras en la pieza. El hombre expresa en varias ocasiones: "La gente se desbarata por estas fiestas" (209). "¡Hay que arrollar! ¡Nadie puede quedarse en casa!" (209). "Hoy se goza de lo lindo. Como nunca" (209). La mujer como madre agrega: "Ten cuidado, hijo. Esas mulatas jóvenes, que se desnudan en un dos por tres, son candela y puedes quemarte" (211). En la misma secuencia, aparece el tema escabroso del incesto:

> Mujer [...] (*Añorando. Camina hacia el espejo.*) ¡Qué lejos están mis tiempos! Aquellas noches... El santo se me subía... Alcohol noventa con gotas de limón... ¡Ay, hijo, si hubieras conocido a tu madre en otros tiempos! Es muy triste verse como yo me veo. Pero, si fuera joven gozaría, ¿sabes? Yo también tuve mis buenos tiempos. Sería una de... ellas... ¡Sí, hace tanto tiempo! Aún recuerdo cuando aprendiste a caminar. Eras un lindo mulatico, gracioso, y todo el mundo tenía que ver contigo. Te pasabas la vida pegado a mis faldas y cuando tenías miedo hasta te metías debajo de ellas... Allí aprendiste algunas cosas, tal vez. Entonces era yo la que iba de comparsas... Entonces era yo la que se miraba en el espejo... (211-12)

Otra vez se observa en la pieza la utilización del tiempo teatral ubersfeldiano, por ser el "tiempo en el teatro [...] *a la vez* imagen del tiempo de la historia, del tiempo psíquico individual y del retorno ceremonial" (Ubersfeld 145). El fluir del tiempo como linealidad temporal histórica profana queda mermado sustancialmente por los "del tiempo psíquico individual y del retorno ceremonial". Sobretodo por este último, al que se recurre constantemente. Paradójicamente aquel tiempo de linealidad temporal histórica profana parece 'fluir' en un no suceder, como en un "presente perpetuo" paziano. Creo que el tiempo psíquico también, a la vez, está condicionado por el del retorno ceremonial. Este último acapara la pieza. Así prepondera por encima de los otros y debe percibirse como otra característica del ritual tántrico, apoyando el eje del asunto metafísico. El tiempo del retorno ceremonial, sagrado, 'absorbe' la historia profana como un intento también de justificar la historia, a la manera simbólica con que se la ha relacionado con las figuras. "[E]l tantrismo se propone la absorción de lo profano por lo sagrado, la anulación de la diferencia entre lo lícito y lo ilícito, la fusión de lo masculino y lo femenino" (Paz, *Conjunciones* 100). A medida que progresa la pieza, las figuras retornan más y más a re-vivir "what happened *in illo tempore*", es decir su "primordial mythical time made present". Por la evocación ritualista, vuelven a re-presentar aquel pasado que hacen presente, quedando por momento atrapado a la historia profana en un ir y un regresar sin distinciones. "[E]l rito es el eterno retorno, no hay regreso de los tiempos sin rito, sin encarnación y manifestación de la fecha sagrada. Sin rito no hay regreso" (Paz, *Conjunciones* 97). La ciclicidad del retorno ceremonial aparece de algún modo sutilizada por una nueva manera de enfocar este tiempo dentro de los añadidos niveles ficcionales.

Otro acierto fundamental son los cantos y la música. Esta última está acompañada de "[f]uegos artificiales [que] podrán iluminar la escena en ocasiones" (208). Ya se conoce que los cantos aparecen en el espacio mostrado. Las figuras intercalan estos a través de las intervenciones para realzar, en la mayoría de las veces, el contraste antitético de lo masculino y lo femenino del panteón yoruba a que hacen referencia. La música invade el espacio mostrado desde el aludido: "Se escuchará la música de las comparsas santiagueras durante los carnavales. Ritmo de tambores" (208)[15]. Gutiérrez expresa que ésta "resuena como un *leitmotiv* sacramental africano a través del tiempo de la representación" (117). Estos ritmos de tambores como en comparsas o sus formas religiosas, y quien ha estado expuesto a ellos lo sabe, logran los efectos cailloisianos de *mimicry* e *illinx*. Con esta combinación (simulación-vértigo) la "[s]uggestion and simulation increase one's susceptibility and stimulate the trance" y, en la pieza, el clima erótico (Caillois 94). El macromundo orgiástico aludido de la sociedad no es más que otra representación "sacramental" erótica del micromundo mostrado de las figuras en su ritualización de su "cópula mítica", tántrica. "[E]l tantrismo ignora lo que llamamos amor y su erotismo es sacramental" (Paz, *Conjunciones* 100). Este teatro renuncia "al hombre psicológico, al carácter y a los sentimientos netos, el Teatro de la Crueldad se dirigirá al hombre total y no al hombre social sometido a leyes y deformado por preceptos y religiones" (Artaud 126).

Si un espacio se muestra más evidente, el otro espacio, el aludido, repercute en el lector-espectador a nivel del subconsciente. Implica al "espacio [ubersfeldiano] de los que miran" (Spang 201) haciéndolo participar. No sólo vuelve a poner a "la audiencia en una posición de espías de la escandalosa conducta" de las figuras (Braun 229) sino también según Gutiérrez, desde otra lectura aunque también prearistotélica: "el expectador, como en un teatro de la antigüedad, se convierte en parte de la acción, y así, como testigo de los acontecimientos ayuda a que el paso de lo divino, simbolizado por la navaja/falo, de una mano a otra, del hombre a la mujer, se logre, asegurándose una vez más, como en tiempos ancestrales, que la continuidad mítica, propiciada por el sacrificio, genere una vez más la reencarnación de la divinidad en cuestión y por lo tanto origine un nuevo comienzo, un renacer" (132).

Los preliminares continúan con sus ritualizaciones explícitas, requisitos básicos artaudianos: "El acto de vestirse [del hombre] nunca se llevará a efecto. Se tratará de un proceso ritual que no llega a su fin" (207). Desde el punto de vista de la forma, el texto al volver "a las grandes preocupaciones y las grandes pasiones esenciales" ayuda, como prescribe el segundo manifiesto artaudiano, a "la puesta en escena [que tenga] el cuidado de materializar y sobre todo de actualizar esos antiguos conflictos" (126). Los 'actualiza', además de los cantos y la música, "en movimientos, expresiones y gestos antes que volcados en palabras" solamente (126). Se evidencia en las acotaciones que el texto teatral cede lugar y está equiparado al gesto, al movimiento, al canto, etc. lo que constituye por excelencia el lenguaje teatral escénico. Específicamente ahonda en lo grotesco: "Transición grotesca. De rodillas, se acerca al hombre en el área del espejo. Canta grotescamente" (209). Por lo que logra una síntesis dramática sorprendente a la manera artaudiana al combinar fondo y forma. Ahora a primera vista en el fondo, en los inicios, más a la superficie de éste, se muestra una interpretación profana. La intencionalidad ritualista, los recursos dramáticos que explícitamente sugiere el cotexto y las conceptualizaciones simbólicas mitológicas a medida que se progresa en el texto dramático, evidencian la parte de trasfondo metafísico.

Continúa utilizando el dramaturgo una de sus técnicas dramáticas preferenciales, el teatro dentro del teatro. Recrudece el conflicto con los constantes desdoblamientos de la mujer como madre o amante y el hombre como amante o hijo. Así introduce un segundo nivel de ficción ayudando al contraste de las caracterizaciones de lo "masculino" y lo "femenino", lo "prohibido" y lo "permitido", con asombrosa veracidad. Poco a poco la parte sagrada, va absorbiendo la parte profana a la manera tántrica, como sugiere Paz. "El protestantismo acentúa la división entre lo sagrado y lo profano, lo lícito y lo ilícito, lo masculino y lo femenino; [recordemos] el tantrismo se propone la absorción de lo profano por lo sagrado, la anulación de la diferencia entre lo lícito y lo ilícito, la fusión de lo masculino y lo femenino" (Paz, *Conjunciones* 100).

Otra vez el título es un signo pórtico, como todos los títulos de las piezas de Montes, y "se presta a varias interpretaciones simbólicas" (González-Pérez, "Magia" 75). Según este crítico:

> La navaja puede referirse concretamente al instrumento que el Hombre usa para afeitarse y al mismo tiempo representa el arma que la Mujer emplea para llevar a cabo la castración simbólica al final de la obra. La navaja también alude al falo que es símbolo de la fuerza y la supremacía del poder sexual que identificamos en la obra con Olofé, dios supremo y creador del universo, y el *orisha* Changó que es la personificación del macho de atractivo físico y poderes sexuales. (75)

Aunque la plurivalencia del título es obvia, prepondera la intención erótica metafísica. Se trasluce "el doble verbal del universo y del cuerpo" (Paz, *Conjunciones* 106) como en la pictografía tántrica, "el *linga* quieto, extático, pleno de sí" (Paz, *Conjunciones* 111). En mi opinión, tal vez, esta obra sea uno de los mejores logros huidobrianos a nivel de síntesis dramática como a la vez un paradigma de lo que debe ser el teatro hispanoamericano. Un teatro que enmarcado en los presupuestos que le son afines y dentro de los postulados artaudianos, trasciende sus fronteras interesado en el hombre total. Por sus amplias resonancias míticas y ritualistas, "representa a las claras ese empeño por universalizar lo cubano" (Febles, "Prólogo" 19). En toda la pieza hay "algo de la cualidad ceremonial de un rito religioso, pues extirpan del espíritu del espectador toda idea de simulación, de imitación irrisoria de la realidad" (Artaud 62).

Por el signo fundamental arquetípico de contraste bipolar de lo femenino activo y masculino pasivo a través de todos los recursos dramáticos dispuestos, *La navaja de Olofé*, como texto artaudiano, "se canta en una especie de sortilegio ritual (en vez de ser expresado en el modo de interpretación psicológico). Toda la escena se utiliza como si fuera un ritual que apel[a] al inconsciente del espectador; recurre a todos los medios de expresión artística" (Pavis 481). El espectador experimenta el "'tratamiento emotivo de choque'[artaudiano] destinado a liberarlo del dominio del pensamiento discursivo y lógico, para reencontrar una nueva experiencia inmediata en una nueva catarsis" (Pavis 481).

Este teatro huidobriano continúa creando "una metafísica de la palabra, del gesto, de la expresión para rescatarlo de su servidumbre a la psicología y a los intereses humanos. Pero nada de esto servirá si detrás de ese esfuerzo no hay una suerte de inclinación metafísica real, una apelación a ciertas ideas insólitas que por su misma naturaleza son ilimitadas, y no pueden ser descritas formalmente" (Artaud 92). Sin lugar a dudas, *La navaja de Olofé*, es una de las piezas que más se ajustan a estas aseveraciones artaudianas. Más que en ninguna de sus partes, la secuencia final, por su "inclinación metafísica real", "apela[...] a ciertas ideas insólitas [del ritual tántrico las cuales] no pueden ser descritas formalmente":

> Hombre. ¡Oye! ¡Escúchame! Aquella noche... Cuando tú creías que yo estaba dormido... (*Enseñando la navaja.*) Afilada, cortante, en el cuerpo me la había escondido... El muy canalla... El muy hijo de puta... En la cama.. Así... Con las piernas abiertas... (*Le da una vuelta por los cabellos. Ella queda sobre él. El queda con la cabeza hacia atrás, caída y distorsionada hacia el*

público.) Entiende, entiende de una vez. No lo reconociste. Porque cuando tú llegaste ya yo tenía puesto lo que no tenía Olofé. Mujer. No, yo soy Olofé. (*Ella levanta un brazo que tiene libre. Él la tiene agarrada por los cabellos, pero como la cabeza esta caída hacia atrás, no puede verla. En el brazo ella tiene la navaja de Olofé.*)
Hombre. Entiende, entiende de una vez. ¡Yo tengo lo que no tiene Olofé! Ahora es mío. Ahora lo tengo yo. Ahora yo soy, para siempre, el hijo de Olofé. ¿No lo ves? ¿No lo reconoces? ¡Es Olofé!
Mujer. Es mío y ya no puedes irte. ¡Yo soy la que tiene lo que tiene Olofé! ¡Yo soy la tierra y el cielo! ¡Yo tengo la espada de Olofé! (*Baja el cuchillo y castra a Olofé. Apagón rápido.*) (217-18)

La dificultad de esta secuencia final estriba en que en ese ritual tántrico o "cópula mítica", "los símbolos son vividos como realidades y la realidad posee una dimensión simbólica, es una metáfora de lo absoluto" (Paz, *Conjunciones* 88). No es necesario preguntarnos si el autor está consciente o no de lo que hace. Lo extraordinario es que se exponen estos aspectos con asombrosa lucidez en la pieza.

El lenguaje dramático (verbal), usado como *mantra*, "son extremadamente ricos en sentidos emocionales, mágicos y religiosos" (Paz, *Conjunciones* 106). "El lenguaje ocupa un lugar central en el tantrismo" (Paz, *Conjunciones* 104) por su "lenguaje intencional" según Eliade (*apud* Paz 104-05). La acotación autorial enfatiza, del ritual tántrico, el gesto, el movimiento y la posición de los yoguines como, a la vez, los carga de sus atributos. Sólo una revisión rápida por el arte tántrico nos sacaría de dudas. En *Erotic Art of the East*, de Philip Rawson, se muestra en la lámina 103 una estatuilla de bronce: "supposedly the female partner of a Yab-Yum combination, but actually endowed with male members, by exchange" (140). En la lámina 105, la diosa con la espada en la mano aparece descuartizando a su consorte: "The Goddess as destroyer [como podríamos ver a Yemayá en uno de sus avatares], who in her creative aspect draws the lingam of her husband, the 'copse-Shiva' into her genitals" (140). En las láminas 110 y 111 (144, 145) aparecen imágenes que parecen calcadas de la última secuencia de la pieza. Las acotaciones, parecen que estuvieran describiendo en términos generales estas láminas; ahora se han multiplicado, espada, cuchillo, navaja "media luna" (209), al enfatizar la decapitación como forma de castración y la posición corporal. Del resto se encarga la enunciación. Téngase en cuenta, y no sé si el espejo también en la pieza quiere recordar otro aspecto fundamental de esta escuela, que "[t]his iconography was employed in the visualizations which accompanied the meditative rituals and liturgies which the religious orders performed" (Rawson 161).

Si antes, una vez, la navaja tenía forma de "media luna" (209), en este final, la mujer con su brazo levantado, según el cotexto, debe esgrimirla. Esta navaja al anunciarla la mujer se ha convertido en espada: "Yo tengo la espada de Olofé". Para el cotexto, más tarde, será un cuchillo: "Baja el cuchillo y castra a Olofé" (218). En este momento culminante se han multiplicado los objetos cortantes, como nunca antes en la pieza. Repiten aquellas láminas.

El cotexto se asegura de lograr una suerte de coreografía con las manos empuñadas, brazos levantados y cabezas distorsionadas a la manera tántrica: "[o]ften they have many hands, heads or arms. This is meant to indicate their symbolic multivalency" (Rawson, *Erotic* 162). Otro tanto sucede con la última posición de las figuras, ella arriba y él abajo: "Shakti is said to be always united in inverted posture (i.e. herself on top) with the God Shiva who represents [...] the existential ground endowed with qualities o attributes... [O]ne Shiva, who is shown as alive, moving [...] another Shiva, shown as dead, inert... For it is here that all apparent realities are destroyed—to be born once more" (Rawson 165).

A través del signo extraverbal, de la cópula y todos sus atributos, y el verbal, de "lenguaje intentional" según Eliade (*apud* Paz, *Conjunciones* 104-05), "[e]s posible ver a ese espectro del alma como intoxicado con sus propios gritos—que correspode[n] a los mantras hindúes—, esas consonancias, esos acentos misteriosos donde las penumbras materiales del alma, acosadas hasta sus madrigueras, llegan a librar sus secretos a la luz del día" (Artaud 135). Toda esta polivalencia de significados, fundida en esta "cópula mítica", parece ser una precognición huidobriana que él, más tarde, pudo recordar de su niñez. Por supuesto Carl Jung no lo hubiera negado. Montes señalaba entre sus recuerdos de la niñez:

> Recuerdo sí mi primera pesadilla (un pez grande que se come al chico) y casi mi primera película (un episodio de la mano que aprieta y/o la cabeza de una de las mujeres de Charles Laughton—mi padre, mi mamá—que caía decapitada en blanco y negro por la cuchilla de la guillotina—antecedentes obvios de *La navaja de Olofé y La Madre y la Guillotina*). (5)

Con estas aseveraciones, se puede sin duda compartir lo expresado por Morelli de que la "decapitación [es un] doble símbolo en el sentido de mutilación y castración" al referirse a estas dos piezas (150). Sin embargo, disiento del punto de vista de que "las transmutaciones sexuales y de identidad constituyen el centro generatriz del conflicto genérico dramático" en *La navaja de Olofé* (Morelli 151, nota 4). Menos aún su apoyo teórico de que entre otras mitologías, según "Walker en su *The Woman's Encyclopedia*": "ceremonial use of red substancies to imitate **menstrual blood** and **travestism**" (*apud* Morelli 151, nota 4; el énfasis es de Morelli). Aunque, como se sabe, en el ritual tántrico se ingiere entre otras muchas cosas, las llamadas 'cinco ambrosias', este ritual realza las diferencias entre lo femenino y lo masculino para fundirse en uno, en el Uno.

No nos debe extrañar la 'cólerica copulación de la pareja' y el deseo de la mujer de tener "lo que tiene Olofé": "Many of the small Nepalese and Tibetan bronze images of the wrathful copulating couples can be dismantled, as they were made in separate parts. In some cases the sexual organs of the male and female partners have been exchanged. They engage, but in the reverse direction. This must represent a complex image of sexual exchange and complementation" (Rawson, *Erotic* 162).

Si la pieza coincide a las vez con los postulados artaudianos (105-06), también se ajusta a lo que Eliade añade de que "[t]his myth of creation by a violent death transcends, therefore, the mythology of the Earth-Mother. The fundamental idea is that Life can only take birth from another life which is sacrificed. The violent death is creative—in this sense, that the life which is sacrificed manifests itself in a more brilliant form upon another plane of existence" (Eliade, *Myths* 184).

Esta pieza en general se canta como un himno devocional dedicado a la Madre-Tierra. Parece ese himno que Vishnu compuso una vez; ahora Montes, "in honour of the Goddess, in which he praises Her as the great efficient, material cause of all change, manifestation and destruction. For the whole Universe rests upon Her, rises out of Her and melts away into Her. From Her are crystallized the original elements and qualities which construct the apparent world. She is mother and grave. And what is more, the gods themselves are merely constructs out of Her maternal substance, which is both consciousnsess and potencial joy" (Rawson, *Erotic* 167).

Con esta unión desaparece la dualidad de contrarios y se regresa al "primordial mythical time made present" (Eliade, *The Sacred* 68) donde el caos primogénito se experimenta como el todo (hinduismo) o el vacío (budismo): "La unión de los cuerpos y de los principios opuestos es asimismo la realización del arquetipo hermafrodita. La reintegración de la vacuidad equivale, en el nivel psicológico individual, a la unión de la parte masculina y femenina en cada uno de nosotros" (Paz, *Conjunciones* 99-100). Otro tanto añadía Eliade de este sobrehumano esfuerzo y sus añoranzas metafísicas: "Androgyny is an archaic and universal formula for the expression of *wholeness*, the co-existence of the contraries, or *coincidentia oppositorum*. More than a state of sexual completeness and autarchy, androgyny symbolises the perfection of a primordial, non-conditioned state" (Eliade, *Myths* 175).

Para concluir, *La navaja de Olofé* representa no sólo un modelo de teatro hispanoamericano, por lo que logra, según Casalla, "articular *su propio discurso universal situado*" (*apud* Villegas 75) sino también continúa con la intención primordial de su teatro, la de cáracter metafísico. Esta pieza persigue "por todos los medios un replanteo, no sólo de todos los aspectos del mundo objetivo y descriptivo externo, sino también del mundo interno, es decir del hombre considerado metafísicamente" (Artaud 94).

Exsilium de Exilios *o exilio hecho presente*[16]

Sin lugar a dudas, *Exilio* (1988) en tres actos no sólo es la pieza más representativa de esta etapa sino también en su carácter más general la del teatro cubano en el exilio. Esta, con 'su cara mitad', se inserta por derecho propio a la corriente hispanoamericana de lo que no se ha querido reconocer de esta parte del teatro cubano. En el imprescindible prólogo a esta pieza Escarpanter expresaba: "Es la primera en que el autor asume tratar directamente la frustración que implicó el triunfo de la revolución cubana" (5), ocupando "una posición única en el teatro hispanoamericano de nuestros días, tan dado a ensalzar las revoluciones de signo izquierdista, omitiendo intencionalmente el clima de horror y la falta de respeto a los derechos humanos que estas llevan consigo" (8).

Por un lado, sintetiza lo que ya había plasmado en la parte cruel de la segunda etapa con *Gas en los poros*, *La sal de los muertos* y *La Madre y la Guillotina*. Recuérdese que en las dos primeras desde el microcosmo familiar se implicaba al macrocosmo y en la última, en el lugar de ensayo, la omnipresencia de la represión estatal entre bastidores va tomando lugar ejerciendo su 'justicia' de muerte. Por el otro, la pieza ahora añade dos exilios explícitos, uno voluntario anterior al 1959 y el otro involuntario, el más traumático, posterior a la revolución cubana. Esta denuncia demoledora que ahora se particulariza sin alusiones indirectas, señala por sus nombres a los responsables del desastre político.

Con *Exilio* el dramaturgo retoma, y jamás se deshace ya, las ganancias características de su mejor teatro. Específicamente las acotaciones del cotexto enfatizan el movimiento, el gesto, la pantomima, la violencia física, las luces, el espacio y tiempo dramático y la otra preferencia fundamental, la del teatro dentro del teatro. Si en sus piezas anteriores se hacían referencias implícitas constantemente a las ideas calderonianas, ahora recurre explícitamente al texto como tema recurrente y enfático de la pieza. Expone Escarpanter en el prólogo: "[o]tra variación del teatro dentro del teatro es la intertextualidad en relación con Calderón de la Barca" (7). En la pieza se añaden además otras características propias del género narrativo que continuará experimentando en *Su cara mitad* (1992).

Como característica esencial de todo teatro artaudiano, desde el punto de vista de fondo, el autor vuelve a elegir los asuntos duales, combinándolos (Artaud 125-26)[17]. El uno en el otro, uno alrededor del otro. Por la parte profana, a la vez que señala, sin omisiones, los responsables del cruel sistema político, muestra desde dentro de la historia dramática a cuatro artistas (un poeta, una actriz, un dramaturgo, un director de escena) y una activista revolucionaria. Estos se cuestionan la responsabilidad artística en relación con los rígidos y pragmáticos 'parámetros' en los cuales debían de crear. Padecen el terror y el miedo de las cacerías sociales[18]:

> Román. (*Acercándose a Beba. Se enfrenta a ella con furia, pero Beba resiste el ataque sin moverse de su lugar.*) [...] Yo no me voy a vender, Beba, como están haciendo muchos otros. Conmigo no vas a jugar ni a ponerme el torniquete como harás con esa caterva de escritores y descarados que preside Miguel Ángel. No, no cuentes conmigo. (*Con violencia, quitando el vestido* ["que tiene por un lado la bandera cubana y por el otro la bandera del 26 de julio, roja y negra" (36)] *de la máquina de escribir y tirándolo al pie de la guillotina.*) Esta obra es mía, mía y de nadie más, aunque yo sea el único que la viva y la represente.
> Beba. (*Segura otra vez de sí misma.*) ¡Qué inocente eres, Román! Aquí el único que hace teatro es Fidel Castro... El es el único poeta, el único novelista, el único dramaturgo... Aquí no se va a escribir otra cosa que lo que diga Fidel, porque él lo dirá todo, como lo sabe Miguel Ángel. [...] Aquí el teatro se llama Revolución o se llama Fidel, y gente como yo es la que lo va a dirigir. Así que ya lo sabes. Aquí no hay otro teatro y no habrá ningún otro teatro para ti, para Victoria, para Rubén... ¿O es que tú crees que la obra de Rubén la estás escribiendo tú? ¿Sabes lo que le ha pasado? Pues es hora que yo los ponga al día. Porque no me irás a decir que lo que te voy a contar lo

escribiste tú. No, Román, lo que te voy a decir lo escribimos nosotros... A Rubén se lo han llevado preso, metido entre maricones como él [...] (63-64)

Este conflicto ya había quedado planteado en *La Madre y la Guillotina* en el cual según Bissett: "art and life are victims of the same oppresor [...] Off-stage lives now control and write the script for on-stage performances" (137). Por la parte sagrada, Montes ahora se ocupa de las "grandes preocupaciones esenciales del hombre" como son las 'cósmicas' e incluye además su interpretación "de acuerdo a los textos más antiguos, de las viejas cosmogonías" (Artaud 126).

Otra vez el teatro huidobriano multiplica su interés por los experimentos con el tiempo dramático. Recordemos: "El tiempo en el teatro es *a la vez* imagen del tiempo de la historia, del tiempo psíquico individual y del retorno ceremonial" (Ubersfeld 145). En la pieza, a la manera del tiempo teatral ubersfeldiano, estos tiempos se entremezclan preponderando unos por encima de otros. La historia dramática abarca en sus tres actos sólo tres días en veinticinco años en tres espacios diferentes. En efecto, el tiempo de linealidad temporal histórica profana queda comprimido en el primer acto en 1958, el segundo en 1963 y el tercero veinte años después. Elige la aceleración extraescénica para evadir el peligro de lo inverosímil (Spang 235). La condensación intraescénica de la linealidad temporal histórica profana, ya dentro de los actos, en su aparente fluir aparece mermada sustancialmente por el tiempo "del retorno ceremonial" y no por el "del tiempo psíquico individual". Lo logra por ser "una crónica de los sucesos que vemos" y por registrar Román "lo que ocurre en escena" una y otra vez (Escarpanter 6-7). Con esto "Montes Huidobro incorpora a la forma dramática una técnica establecida en el género narrativo" (Escarpanter 7)[19].

Por otra parte, no se prepondera significativamente el tiempo psíquico de las figuras a través de sus comportamientos al no ser en ciertos momentos particulares. Asimismo, por aquella "técnica establecida en el género narrativo", una y otra vez se regresa al "primordial mythical time made present" (Eliade, *The Sacred* 68) de ese momento que sólo acaba de pasar o ya ha pasado. También se le añade a este tiempo "del retorno ceremonial" un espacio, que aunque distinto, da "cierto paralelismo escenográfico en los tres actos" (39). Aunque las figuras en su mayoría retornen a re-vivir constantemente la ceremonia pasada de lo ocurrido momentos antes, este retorno queda atrapado a la historia profana en un ir y un regresar, como un presente atemporal que se narra. La ciclicidad del retorno ceremonial se perpetúa en el aquí y en el ahora de lo que hace poco fue, aunque las circunstancias del espacio aludido hayan cambiado en esos actos. Además debe añadirse a todo esta complejidad de recursos utilizados los añadidos niveles ficcionales y otros recursos que más adelante estudiaremos.

Por lo dicho y como podíamos imaginarnos, la historia dramática nos muestra, en su recorrido de linealidad temporal histórica profana, el *imago homo* retornando al "primordial mythical time made present" (Eliade, *The Sacred* 68). "La acción del primer acto [al desarrollarse] en un apartamento en Nueva York a principios de noviembre de 1958" (11) queda como ejemplo mítico al que se vuelve como a la vez el presente calca sus maneras contando lo que está sucediendo en ese momento. Se suma confundiéndose con ese primer acto la supuesta cantata apologética, que se ensaya, de Miguel Ángel, con la otra pieza que Román está escribiendo, titulada *La vida breve*. No sólo se intertextualiza a Calderón sino también va reproduciendo aquella realidad mítica hecha presente en la que se incluyen las terribles consecuencias que vaticina. En el segundo acto, al reproducir "un cierto paralelismo escenográfico" (39), Román continuará registrando lo que se cuenta hasta que la historia que modifica la revolución empieza a imponer su omnipresencia de horror a cada figura en ese "escenario del Teatro Nacional en Cuba, alrededor de 1963" (39). Sin duda, este segundo acto rememora la parte cruel de su segunda etapa, en especial *La Madre y la Guillotina*. También en la obra de Montes, específicamente en la narrativa y en la teatral, vuelven a conectarse como en un círculo, en busca de ese "primordial mythical time made present".

Por último al desarrollarse el tercer acto "en una noche de verano [tal vez de sueño o de ensueño y de *suspense* también porque se juega a asesinar a Beba], unos veinte años después, en la sala de un 'penthouse' newyorkino" (69) las figuras involuntariamente retornan a ese Norte, al Nueva York en el cual habían empezado. El autor vuelve a la idea del eterno retorno ceremonial. Calca, ahora, la más obcecada y predestinada peregrinación del pueblo cubano con ferviente obsesión ontológica (Eliade, *The Sacred* 94), la cual había comenzado ya hace más de un siglo. Al consumarse, en ese tercer acto de la historia, ese ritual ceremonial, cruel al padecerlo la nacionalidad como nunca antes, "the participants find the same sacred time" (Eliade, *The Sacred* 69). Por su final abierto de atmósfera "cósmica" y retorno al punto de partida, parece decirnos la pieza que tal vez se ha vuelto a comenzar otra vez ese ritual ceremonial cíclico, sin fin, de la nacionalidad cubana. Como esencialidad de sí misma, sólo necesita ese título escueto de *Exilio*. Sin embargo, todavía, según Román existe un tipo de exilio que sería el más cruel de todos los exilios: "La muerte es el más brutal de los destierros. Cuando se está muerto no se está. Eso es todo. Lo que importa es no morirse" (25). Por esto, Colecchia comenta en "Some Temporal Considerations", haciendo recordar el sentido metafísico a que debe estar encaminado todo teatro de la crueldad:

> Montes does not see or elects not to see death as final. For this reason he calls it an exile, albeit the cruelest of exiles. When one is exiled one finds himself removed from beloved places and people. Nonetheless, despite the distance which separates the exiled person from those he loves, both continue their lives at the same time, but in two different places. Montes Huidobro perceives time as a multilevel continuum in which man endures. Time, therefore, knows no finite limits. When we cease to exist in this time frame, we persist in other temporal level of this single continuum of time, and may not necessarily be perceived by those living here and now. Montes Huidobro's perception of life as infinite and multi-dimensional rather than finite and single-dimensional includes as well a probing for the reason of human life. (163)

Se adelantó que el espacio escenográfico en los preliminares de los tres actos, a pesar de las diferencias espacio-temporales, recalca cierta similitud espacial de 'ferviente obsesión ontológica'. También el cotexto insiste en estas similitudes para que no quede ninguna duda: "Obsérvese que va existiendo un cierto paralelismo escenográfico en los tres actos. Apenas iniciado el intermedio se descorre el telón y los cambios para el segundo acto se hacen frente al público. Tiene lugar el desmantelamiento de las paredes del living-room" (39). En el tercer acto, a pesar de que sucede en "un 'penthouse' newyorkino", otra vez, se vuelve por el énfasis sacralizante en busca de aquel "primodial mythical time made present": "La puerta de entrada estará colocada en la misma posición que en el apartamento del primer acto" (69). Parece que con esta reiteración paralelística se sacralizan esos tres espacios, así se separan en cierta medida de su entorno profano aunque los tres pertenezcan a tres exilios diferentes. Recuerda los postulados de Eliade que: "For religious man, space is not homogeneous [...] this spatial nonhomogeneity finds expression in the experience of an opposition between space that is sacred—the only real and real-ly existing space—and all other space" (20); "For the profane experience, on the contrary, space is homogeneous and neutral" (22). A la vez estos tres exilios diferentes—el voluntario, el escénico y el involuntario, el más agónico de todos los anteriores—, por otra parte recuerdan las teorizaciones de Bettina L. Knapp en su libro *Exile and*

Writer. Exoteric and Esoteric Experiences en el cual analiza el concepto de exilio desde diferentes perspectivas. Knapp discute, allí, ideas como exilio involuntario "one is banished or expelled from one's native land by authoritative decree" o voluntario "one escapes persecution, evades punishment or stressful circumstances, or carves out a new existence for oneself" (1); también examina las de exilio exotérico y esotérico. Define exilio exotérico como un "permanent physical departure from the land and banishment to areas outside of the boundaries of the country [...] whether voluntary or involuntary, may be identified, though not always necessarily so, with extroverted behavioral patterns" (1). A la vez dice que: "Esoteric or private exile suggests a withdrawal on the part of individuals from the empirical realm and a desire or need to live predominantly in their inner world" (2). Rara coincidencia, según lo expresado por Knapp así parece coincidir Schmidhuber al referirse a esta pieza:

> La pieza presenta la expatriación de todas sus modalidades, con la utilización de un conjunto de personajes que sufren tres exilios: el primero en Nueva York, como exiliados que huyeron del régimen de Batista; el segundo en La Habana, en donde algunos intelectuales cubanos sufren el exilio interior durante los primeros años de la Cuba revolucionaria; y el tercero de nuevo en Nueva York, durante la crisis ideológica final de la Cuba revolucionaria. (28-29)

En el primer acto, según Escarpanter en su prólogo, las figuras viven en "tiempos llenos de incertidumbres, pero entusiastas, del *exilio voluntario* en Nueva York motivado por la etapa final de la dictadura batistiana" (6; el énfasis es mío para recordar las definiciones de Knapp). El otro exilio se mezcla con el momento de "afianzamiento del régimen castrista, con su rigidez ideológica y su secuela de persecuciones, en la década de los sesenta" (Escarpenter 6). Por representarse en el mismo escenario del Teatro Nacional, exceptuando a Beba (la activista revolucionaria como después directora de éste), las figuras parecen vivir el *exilio esotérico*, "predominantly in their inner world" de la escena. A la vez tienen que participar en el otro 'teatro nacional' de las manifestaciones populares de la plaza cívica para expresar su alineamiento incondicional. En el tercero, "el reencuentro de estos antiguos amigos, que han seguido trayectorias diferentes, en un apartamento de Nueva York en los años ochenta" (Escarpenter 6). Algunas de las figuras viven el *exilio involuntario*, específicamente: Rubén—director de teatro—; el matrimonio: Victoria—actriz—y

Román—dramaturgo—. Las otras dos figuras, del matrimonio, Beba—ahora representante del gobierno cubano en el exterior—y Miguel Ángel—poeta nacional—han sufrido los estragos de su oportunismo. La primera ya parece que no es una persona de confianza del sistema. Ha caído en desgracia, según su esposo Miguel Ángel, al ser obligada a regresar a Cuba desde París. Tal vez con la esperanza de volver a obtener los antiguos privilegios. Miguel Ángel, por ser un cínico y un oportunista, confiesa haber jugado el doble papel de sus mentiras, ahogando según él la poesía por más de veinte años por sus apologéticas cantatas a las diferentes revoluciones (96). Al parecer experimenta en su misma casa el *exilio esotérico*, fingiendo también por miedo de que su mujer lo delate. Sin embargo, al final de la pieza, como en el primer acto, él toma las riendas de la vida de ellos por haberse ganado irónicamente la confianza del gobierno comunista. Estos regresan a Cuba a la vida de miedos y de terror en que se debaten.

El estudio de Morelli, con el título sugestivo de: "Un exilio con ventana al universo...", señala algunas relaciones tripartitas que con creces reitera la pieza. Estas relaciones ya se han mencionado con anterioridad en otras piezas como características recurrentes del teatro huidobriano. Morelli, con una lectura interesantísima, reitera esos aciertos de figuraciones triangulares que están basados "de acuerdo con los textos más antiguos" según prescribía Antonin Artaud (126):

> la interacción de los cinco personajes de la obra se inscribirá dentro de una estructura **triangular**, cuya base común constituida por uno de los personajes, Rubén, de manera que al superimponerse dichos triángulos podrían quedar representados por un hexágono o estrella de David. [...] El hexágono representado por la estrella de David, en cualquier caso, parece ser por varias razones mucho más idóneo y preciso para representar el juego de las triangulaciones escénicas y dramáticas, que el de dos simples triángulos opuestos por las bases [en clara referencia al yantra tántrico hindú de yoni y ligam el cual descarta]. En primera instancia, no habría que descartar la posible simbología de la estrella de David en una obra que trata del exilio. (Morelli 145-47)

Podríamos mencionar otras relaciones tripartitas, además de las que señaló Morelli en su artículo, ahora de ferviente obsesión oncológica como en *La sal de los muertos* de 'trinitaria proliferación maligna': "cubano-marxista-leninista" (55). De otro sentido profano, también la que los uniformados de "verde-olivo" le gritaban peyorativamente, con golpes, patadas y algo más, a Rubén: "cabrón-revolucionario-maricón" (67). Algo más cerca a lo cíclico, como ceremonia, son las reiteradas llamadas del timbre en los tres actos que "se repetirá tres veces" (11, 19, 33, 40, 75, 85). Otras aparecen a través de los objetos-simbólicos escenográficos, resemantizando la dualidad de fondo artaudiana: dos objetos-símbolos de terror al frente y a cada extremo, reforzado por otro que trata de copiar un paisaje de la naturaleza relacionado con la historia de la revolución; el que se les opone, otro entre éstos, defendiendo la libertad de expresión y en un sentido más amplio la rebeldía ante la posibilidad de ser subyugado:

> Al foro, como telón de fondo, una representación "realista" de la Sierra Maestra. A la izquierda, hacia el frente del escenario, una percha de la que cuelga de un perchero el vestido que se puso Victoria al final del acto anterior: el diseño de la bandera del 26 de Julio de frente al público. También al frente, hacia la derecha, una guillotina que posiblemente pertenezca a alguna otra obra. Hay también una máquina de escribir colocada fuera del "área del living room". (39)

Estas acotaciones escenográficas resemantizan el eje del asunto como a la vez recuerdan los manifiestos artaudianos sobre el teatro de la crueldad (99). Sin duda esta pieza vuelve, como pasará en *Las paraguayas*, a producir esa "especie de apasionada ecuación entre el Hombre, la Sociedad, la Naturaleza y los Objetos" (Artaud 92). Las figuras quedan atrapadas en esa "área del living room" del escenario del Teatro Nacional donde se han dado cita para los ensayos. Algunas señalan directamente los responsables del momento político e ideológico que vive toda la sociedad cubana. Los otros apelan a esos objetos-símbolos o naturales del país para ejercer la represión y medidas profilácticas de rehabilitación. En efecto, según Beba, "se hacen las cosas en la medida de la Revolución" (65). Otro tanto añade el movimiento y el gesto de las figuras, en múltiples ocasiones, con relación a estos objetos-símbolos:

> [Beba a]l ver el vestido de Victoria tirado por alguna parte, lo recoge y lo observa. Va hacia la máquina de escribir. Toma un papel que hay en el rodillo. Lo lee, lo estruja y lo tira en el cesto de papeles. Después cuidadosamente, coloca el vestido sobre la máquina de escribir, cubriéndola y dejando, visible al público, la parte del 26 de julio. (55)

En otro momento Román oponiéndose a Beba: "No, no cuentes conmigo. (Con violencia, quitando el vestido de la máquina de escribir y tirándolo al pie de la guillotina)" (64).

Montes en *Exilio*, retoma con creces el signo lumínico para realzar los asuntos bicéfalos artaudianos. La "luz, en vez de parecer un decorado, [tiene] la calidad de un verdadero lenguaje" (Artaud 122). En el segundo acto, en el escenario del Teatro Nacional donde "desde aquí sólo se v[e] la Sierra Maestra" (40), se insiste constantemente en esos dicotómicos asuntos a medida que continúa el terror desatado a través de los objetos-símbolos: "Victoria camina hacia la guillotina y Román hacia la máquina de escribir. Un leve foco de luz cae sobre ambas áreas del escenario" (44). Al agudizarse la represión, vuelve puntual a recordar el objeto-símbolo de terror: "Un rayo de luz perfila, vagamente, la guillotina" (64). Ésta concuerda a nivel simbólico con la otra de la etapa cruel y su presencia recuerda a la anterior porque "posiblemente pertenezca a alguna otra obra" (39). Al extenderse la represión hasta en sus mismas filas, se refuerza con este signo escénico el momento culminante en que Rubén está preso. Es casi al final del segundo acto cuando nos enteramos por Beba que: "A Rubén se lo han llevado preso, metido entre maricones como él" (64) a pesar de creer en la revolución:

> Por un juego de luces, unas sombras geométricas producirán sobre el escenario el efecto de un enrejado, como si los personajes estuvieran encarcelados. El monólogo de Rubén debe montarse teniendo en cuenta estas "rejas" creadas por el juego de luces. (65)

Las acotaciones combinan el signo lumínico con el 'juego dramático': "De acuerdo con el texto se iniciará un juego dramático con la "reja", moviéndose Rubén de un lado para otro, como si fuera una persona enjaulada que quisiera salir de la jaula. A veces se aferrará a los "barrotes", sacará las manos, se deslizará de un lado a otro, etc" (65-66). Ya al final de este acto, invirtiendo el signo lumínico, los que se quedan, quedan enrejados. A la vez implica ambos espacios, "el espacio de los que miran y de los que son mirados" (Spang 201 que cita a Übersfeld). Es de imaginar que también en "el espacio de los que miran" incluye a los otros que deciden quedarse y los otros que no pueden salir. Rubén, después de ser golpeado y vejado, en su largo monólogo de denuncia recuerda, en algún momento, a Caridad de *La sal de los muertos*. Ahora éste sí encuentra una escapatoria. Lo acompañan Victoria y Román. En vez de 'ojos para no ver' estos sí ven. Rubén expresa: "Tenía los ojos cerrados pero lo veía todo claramente. [...] Escapábamos para siempre mientras Beba y Miguel Ángel quedaban encarcelados, apretando el torniquete de su propia pesadilla. (*Al frente, Rubén queda a oscuras; al fondo, cerca de la puerta, de espaldas al público, Beba y Miguel Ángel, "entre rejas".*)" (67-68).

En el tercer y último acto, el signo lumínico se decide definitivamente por resaltar la intención primordial artaudiana. Resplandecen las luces de los rascacielos de Nueva York a través de la "amplia puerta vidriera" del 'penthouse', sin aparente contradicción, dentro de una atmósfera atemporal cósmica. Aunque en cada momento de la historia se padece ese recurrente exilio, en el tercer acto, el *exilio involuntario* se sacraliza por encima de los otros, por medio del signo lumínico. Recuerda de alguna manera a *Sobre las mismas rocas*: casi cuarenta años después, Montes, cerrando este ciclo, vuelve a regresar a su "primordial mythical time made present" (Eliade, *The Sacred* 68):

> Hay una larga pausa, con un toque de irrealidad creado por el efecto de luces. Más que rascacielos, parece una noche estrellada, una abstracción cósmica que produce una agradable quietud. Suena el timbre. La llamada se repetirá tres veces. (75)

Se insiste en que el matrimonio, Román y Victoria, parezcan permeados de esta atmósfera cósmica a la que siempre se vuelve como contraste de la otra realidad profana:

> Román. Que si no tenemos dudas, pero esta visita nos mortifica, lo único que tenemos que hacer es dejarlos plantados.
> Victoria. ¿Cómo?
> Román. Así.
> *Román apaga las luces de la sala. Es noche cerrada. En la oscuridad resplandecen las luces de la ciudad, que producen un efecto más bien cósmico. Se percibe la silueta de Román que se sienta junto a Victoria, abrazándola casi románticamente y contemplando las luces.* (75)

Al aparecer otra figura, el cotexto continúa su énfasis dual artaudiano: "Todos los cambios representan transiciones intencionales abruptas: de la oscuridad cósmica a la realidad del escenario y la iluminación; de la quietud del carácter de la escena anterior, a la presencia inesperada y desajustada de Rubén" (75-76).

Al final, después de que queda dilucidado el *suspense* de la realidad profana, dejando con vida a Beba, y ésta se ha ido con Miguel Ángel, se regresa a la intención primordial del teatro de la crueldad. A través de la combinación de códigos—verbal y extraverbal—, plurimedialidad de la cual disfruta el fenómeno dramático-teatral (Spang 192), se vuelve a la idea del eterno retorno ceremonial con ferviente obsesión ontológica (Eliade, *The Sacred* 94). Por medio de la repetición de los mismos movimientos y las intervenciones de Román y Victoria y los efectos lumínicos tiene lugar el ritual ceremonial cíclico. Se recupera la atmósfera sagrada, produciéndose el "efecto cósmico más intenso que nunca" (103). También se le añade el cíclico fenómeno astronómico del cometa Halley que "[e]s como un sueño de Dios" y, a la vez, "un desterrado" (102):

> Rubén. Yo también tengo que irme. Todos tenemos que irnos alguna vez.
> Román. Ven a ver el cometa Halley desde la terraza, que no se va para siempre, sino para regresar. Haz como él.
> Rubén. Sí, volveré.
> Victoria. ¿Lo prometes?
> Rubén. Sí, lo prometo.
> Román. Es como un sueño de Dios... Un sueño de la luz que anda perdido por el universo... ¿Te imaginas cuántas cosas verá? Es como si se hubiera ido de aquí alguna vez... y estuviera... desterrado en el universo... en el tiempo... sin detenerse jamás... que vuelve siempre para decirnos adiós... sin irse nunca del todo...
> *Los tres están junto a la puerta. Están abrazados, con las cabezas inclinadas, unas junto a las otras. Casi a oscuras, Rubén desaparece y cierra la puerta. Román y Victoria van al sofá, como hicieron antes de la llegada de Rubén. El escenario queda de nuevo completamente a oscuras. La constelación de luces que se ve por la puerta vidriera produce un efecto cósmico más intenso que nunca.*
> Román. Es lindo, Victoria. ¿No te parece?
> Victoria. Sí, es lindo.
> Román. Se está bien aquí.
> Victoria. ¿Es... es esto el exilio. Román?
> Román. Sí, Victoria, el exilio es esto.
> *Larga pausa. Román y Victoria miran las luces. Estas se van oscureciendo lentamente, pero nunca del todo, mientras cae el telón muy lentamente.* (102-03)

Este movimiento reiterativo demuestra, como otros procedimientos mencionados, su "concepción ritualista de la acción teatral" (Febles, "Metáfora" 115). Se usan por la necesidad espiritual de fondo, función evidentemente artaudiana. La explícita acotación autorial como necesidad se traduce en movimiento, en efecto lumínico, exonerando a la palabra por la palabra. En este final, al recurrir a ésta, combinada con los signos espectaculares por excelencia, resalta el sentido metafísico de su intención última. Nunca antes tal vez había sido tan explícito. A la vez se relaciona analógicamente el cometa Halley con la vida de exiliados de éstos, en cierta manera, tal vez, también como un designio de Dios. Un don que les dio Dios.

De otra manera se representa la 'ceremonia ritual' en la parte profana. En el primer acto, a manera de homenaje, se recordará el 'acto ritual' de *Las criadas* (12) gracias al sarcasmo de Miguel Ángel cuando le manifiesta sus pretensiones eróticas a Victoria, las cuales ya no son correspondidas. En cambio en el tercer acto la "ceremonia ritual" va acompañada de una violencia extrema al intentarse asesinar a Beba. Rubén—el director—al idear el reencuentro, quiere dirigir *La vida breve*, la pieza que Román nunca terminó. Rubén pretende finalizar la supuesta pieza en forma de *thriller* (81). El verdugo es Miguel Ángel, Beba, la víctima al hacer ellos su "comeback" (81):

> Miguel. (*Empujándola, tirándola en el sofá.*) Tú no vas a ninguna parte. Esta es una ceremonia ritual, Beba. ¡Estamos reunidos aquí para matarte!
> (*Miguel Ángel, con la pistola en la mano, cae sobre Beba en el sofá, agarrándola violentamente por los cabellos. Sostienen una batalla agresiva y feroz, cuerpo a cuerpo. Este carácter se mantendrá durante toda esta escena. El área que los rodea se oscurecerá. Las sombras de Victoria, Román y Rubén se verán contra el fondo de luces de la puerta vidriera.*)
> Beba. Estás loco. Esta es una trampa que te han tendido Rubén, Victoria y Román. Pero cuando salgas de aquí vas a pagarlas todas juntas, Miguel Ángel.
> Miguel. Eres tú la que no vas a salir de aquí, porque aquí vamos a acabar contigo. Este será mi desquite, el desquite de todos estos años en el torniquete. (97)

Rubén, el más desequilibrado de todos, al dirigir esta ceremonia y no poder consumar el asesinato, tal vez por imponer e imponerse el *suspense*, produce los efectos cailloisianos de *mimicry* e *illinx* entre todos: por la simulación y la persecución del vértigo. Con esta combinación (simulación-vértigo), recordemos, la "[s]uggestion and simulation increase one's susceptibility and stimulate the trance" (Caillois 94). En efecto, después de volver de la simulación criminal y experimentar el vértigo, todos catárticamente han purgado sus pasiones. Él, sobre todo, queda recuperado de las pesadillas y los monstruos que le perseguían. Ahora "se han ido para siempre" (102). Es en Nueva York, al volver a recuperar la idea cósmica, donde se logra una cierta comprensión de la vida después de haber sufrido todos por igual. Creo que la parte sagrada no se entremezcla con la profana, volviendo a ser fiel con los postulados de Eliade (22).

Desde el punto de vista de la forma, el texto, al volver "a las grandes preocupaciones y las grandes pasiones esenciales" ayuda, como prescribe el segundo manifiesto artaudiano, a "la puesta en escena [que tenga] el cuidado de materializar y sobre todo de actualizar esos antiguos conflictos" (126). Los 'actualiza' "en movimientos, expresiones y gestos antes que volcados en palabras" solamente (126). Esto se evidencia en las acotaciones. El texto teatral cede lugar y está equiparado al gesto, a la pantomima, al movimiento, a las luces, etc., lo que constituye por excelencia el lenguaje teatral escénico. La pieza, a la manera artaudiana, combina fondo y forma. A primera vista en el fondo, más a la superficie de éste, queda una interpretación obviamente política. Sin embargo, la intencionalidad ritualista y cósmica que explícitamente sugiere el cotexto evidencian la parte de trasfondo metafísico. Los efectos irreales de la iluminación no tienen el "afán antiilusionista" del teatro épico (Spang 150). Sus intenciones implican a la vez que conmueven, estableciendo "una comunicación directa entre el espectador y el espectáculo, entre el actor y el espectador" (Artaud 98).

Continúa utilizando el dramaturgo una de sus técnicas dramáticas preferenciales, la del teatro dentro del teatro. Éste recrudece el conflicto con los constantes desdoblamientos de las figuras al introducir un segundo nivel de ficción con relación a la intertextualidad calderoniana (32-33, 46-47). Más que un antes y un después, Montes en la pieza especula con la idea calderoniana de la doble ambivalencia entre la realidad y lo ficcional de ésta. Con estos desdoblamientos, implica ambos espacios, el aludido como el mostrado.

Otra vez el título es su signo pórtico, como en todos sus títulos, sugiriendo el tema que ha de tratar. Queda reforzado en la historia por lo de las diferentes variantes de exilios de cada acto. Los dos extremos, el del primer y último actos, se contraponen diametralmente. El acto segundo, por escenificarse en el escenario del Teatro Nacional, con esa doble ficcionalidad, cuestiona más que nunca la realidad circunstancial que no deja a estos artistas vivir el sueño de sus creaciones. Aquí *Exilio* continúa la 'historia' que había comenzado en *La Madre y la Guillotina* llegando hasta 1963. Montes en lo adelante jamás se ha cuestionado, en el sentido de las anteriores, esa veta de la frustración contemporánea cubana que de una forma u otra ha afectado a todos. Como "En tiempos difíciles" del poema de Padilla: "Aquel hombre le pidieron su tiempo / para que lo juntara al tiempo de la Historia", pero ya ni la incondicionalidad hacia la Historia le permitirá salvarse. Aunque ese hombre crea en esa Historia, esa misma Historia cuando entienda pertinente, en el mejor de los casos, lo vejará, lo golpeará y lo meterá preso, como le sucede a Rubén por ser homosexual. Es evidente que la situación ha continuado empeorando. Ni la aceptación incondicional te salvará si caes en desgracia en cualquiera de esas purgas consuetudinarias. La guillotina vuelve a tener presencia. Ya no queda relegada hasta el final como en *La Madre y la Guillotina*. No intimida recordando la omnipresencia de la justicia sino que ejecuta puntual su insaciable necesidad de víctimas. Su presencia acapara allí el espacio mostrado.

El contrapunteo entre lo profano y lo sagrado en algún sentido es parecido al de *Sobre las mismas rocas*. La parte profana se enfatiza por el canal auditivo del lenguaje verbal. A diferencia de aquella, *Exilio*, en la parte sagrada, refuerza el signo verbal y extraverbal por los canales auditivo y visual para que no haya duda de su intención metafísica. Los que padecen del exilio involuntario con sus intervenciones participan en la ceremonia del regreso cíclico del cometa Halley. El signo lumínico, en su manera más subliminal, acentúa el sentido cósmico, recordando a *Sobre las mismas rocas*, y multiplica signos en su redundancia de lo que quiere significar.

Con relación a *La Madre y la Guillotina*, y específicamente en su segundo acto, *Exilio* se asemeja en algunos aspectos aunque hayan pasado cinco años más. Recordemos que este acto sucede en 1963. Se acentúa la represión del gobierno contra el ciudadano indefenso. Vuelve a cuestionar la libertad de creación que ya enfocaba en aquella. Ahora no sólo contrasta la actitud de ciertas figuras defendiendo la libertad de expresión con la otra que se le opone, la del artista plegado y comprometido de Miguel Ángel o la burócrata política de Beba. El poeta Miguel Ángel tiene que fingir para poder recibir privilegios. Obtiene por su actitud: viajes al extranjero, no montar transportes públicos, vivir en Miramar, tener chofer particular, publicaciones, etc.—como predijo en su exilio voluntario. Al final confiesa haber estrangulado la poesía por veinte años (96). Otra relación bastante cercana a *La Madre y la Guillotina* no es sólo la mención de la guillotina omnipresente del gobierno con sus ajusticiamientos y encarcelamientos que ahora son contra los homosexuales (Rubén), sino que esta aparece, en el segundo acto, constantemente dentro del movimiento, del gesto, de la palabra de las figuras y de las luces que enfatizan la acción dramática. La guillotina ya está presente y no se tiene ninguna duda de su presencia como ente represivo. El cotexto la recuerda constantemente.

Montes, como autor-narrador, con las técnicas narrativas que incluye en la pieza, aporta su influencia. En cambio el crítico no deja huellas en general en su teatro aunque tampoco tenía por qué dejarlas. Para concluir, Escarpanter señala en el prólogo de la pieza: "Todo este complejo entramado de recursos técnicos se reduciría a un hábil ejercicio retórico si no estuviera, como lo está, al servicio de una historia que analiza a profundidad problemas esenciales de la vida cubana con énfasis en los relativos al mundo intelectual" (7).

Sin embargo, se podría añadir, como se ha demostrado, que nada hubiera sido suficiente si detrás de este profundo análisis no apareciera la intención primordial de su teatro, la de carácter metafísico, la cual coincide con las propuestas artaudianas: "el teatro debe perseguir por todos los medios un replanteo, no sólo de todos los aspectos del mundo objetivo y descriptivo externo, sino también del mundo interno, es decir del hombre considerado metafísicamente" (94). Lo que se comprueba al referirse el dramaturgo al uso del "*suspense* hitchcockniano" del tercer acto de la pieza en una entrevista con Febles y González-Pérez: "Pero no me interesa un *suspense* policíaco, sino uno que, pasando por lo político, vaya de lo sicológico a lo ontológico" (231). Es decir, lo que esencialmente persigue su teatro, según las recomendaciones artaudianas: "Renunciando al hombre psicológico, al carácter y a los sentimientos netos, el Teatro de la Crueldad se dirigirá al hombre total y no al hombre social sometido a leyes y deformado por preceptos y religiones" (126). Por un lado muestra su anverso temático de lo "objetivo y descriptivo externo" profano, por el otro "el mundo interno [...] del hombre considerado metafísicamente" funcionando como el reverso temático sagrado, compensatorio, a través de la combinación de sus recursos espectaculares por excelencia y la palabra como necesidad.

NOTAS

1. Consúltense los artículos siguientes e imprescindibles al respecto: "Ethnicity and the Hispanic American Stage: The Cuban Experience" de Maida Watson-Espener en *Hispanic Theatre in the United States* (Houston: Arte Público Press,

1984: 34-44); "Veinticinco años de teatro cubano en el exilio" de José A. Escarpanter en *Latin American Theatre Review* Spring (1986): 57-66; "Censura, marginación y exilio en el teatro cubano contemporáneo" de Matías Montes Huidobro en *Anales Literarios Dramaturgos* 1.1 (1995): 7-25. También véanse algunos artículos *De las dos orillas: Teatro cubano* (ed. por Heidrun Adler y Adrián Herr; Madrid: Iberoamericana; Frankfurt: Vervuert, 1999).

2. Montes en "Censura" expresa: "Al determinarse la directrices políticas de la dramaturgia en 1961, se produce una diáspora teatral gradual que se inicia con dramaturgos de generaciones previas (José Cid, 1906), seguida por dramaturgos participantes en el movimiento teatral cubano durante el período inmediato anterior a 1959 (Leopoldo Hernández, 1921; Ramón Ferreira, 1921; Eduardo Manet, 1927; Fermín Borges, 1931; Julio Matas, 1931; Montes Huidobro, 1931), y que incluye a otros que empiezan a darse a conocer con el triunfo de la revolucionario (Raúl de Cárdenas, 1935, y mucho después, Reguera Saumell, 1928, René Ariza, 1941), los cuales dado su carácter de autores exiliados son objeto de una 'censura' implícita al desprenderse del núcleo de la dramaturgia ortodoxa nacional y sufren, por otro lado, una 'marginación' inevitable dentro de la nueva realidad cultural de la que pasan a formar parte. Este proceso de exilio, censura y marginación adquiere categoría prácticamente institucional cuando José Triana (1931) internacionalmente conocido desde antes de salir de Cuba por su obra *La noche de los asesinos* (1965), se va de la isla, volviéndose casi una síntesis representativa del proceso" (7-8).

3. Hay ejemplos más significativos que, por no haber salido del país como es el caso de Arrufat, Estorino o Hernández Espinosa entre otros, todavía algunas de sus obras no se escenifican, lo cual demuestra la falacia de esa cacareada recuperación. Véase cap. IV nota 4 con relación a Hernández Espinosa.

4. Para una mayor información sobre los montajes de piezas cubanas en ese festival consúltese "Dramaturgia cubana en el Festival Internacional de Teatro de Miami", por Luis F. González Cruz (*Anales Literarios Dramaturgos* 1.1 (1995): 46-60.

5. Como buenos isleños Montes al igual que su esposa Yara González Montes, con sus hijos, residieron en Hawaii desde 1963. Trabajaron de profesores en la universidad de Manao hasta hace muy poco. Actualmente viven en Miami, desde 1997, después de retirarse de las labores académicas. En un antes de la corta estancia continental, principalmente en Meadville (Pennsylvania), el autor declara paradójicamente: "sin dudas, el año más feliz de mi vida: agosto 1962-agosto 1963: una cronología exacta" en el cual "no tenía tiempo para escribir" (Febles y González-Pérez, "Entrevista" 226).

6. Véase *El teatro cubano en el vórtice del compromiso (1959-1961)* (Miami: Ediciones Universal, 2002).

7. Véase mi reseña "Mucho teatro para neófitos y conocedores" en *Encuentro de la cultura cubana* 36 (2005): 279-81.

8. En la narrativa también ha cosechado y sigue cosechando logros. Aunque "[y]a antes de salir de Cuba tenía *El muro de dios. Lamentación en tres estancias*, fue finalista en el Alfaguara de 1968 y en el Planeta de 1970" (Febles y González-Pérez, "Entrevista" 226). Con *Desterrados al fuego* (México: Fondo de Cultura Económica, 1975) queda finalista en el concurso "Primera Novela" de 1974 y queda seleccionada para ser publicada. Posteriormente es editada en inglés, con el título *Qwert and the*

Wedding Gown (Hawaii: Plover Press, 1992). Escribe "*Segar a los muertos*, finalista en Cáceres de Novela Corta de 1974; *Los tres Villalobos*, finalista del Jorge Isaacs, Colombia, de 1974; *Espirales de Celuloide*, finalista en el concurso de novelas del Ateneo de Santander de 1983" (Febles y González-Pérez, "Entrevista" 227). Obtiene el primer premio del concurso Gijón de 1997 con *Esa fuente de dolor* (Sevilla: Algaida Editores, 1999). Recientemente publica *Conciertos para sordos* (Temple, Arizona: Bilingual Press / Editorial Bilingüe, 2001).

9. Recuérdese que *Su cara mitad*, en tres actos, como reconocimiento de la importancia de su autor, queda incluida en *Teatro cubano contemporáneo. Antología* [Madrid: Centro de Documentación Teatral, Fondo de Cultura Económica, 1992, 621-704]. Ya Escarpenter, en el prólogo a la pieza, al hacer un recorrido por todo la dramaturgia huidobriana, afirma que Montes Huidobro es "una de las expresiones más significativas y personales en el teatro cubano de las últimas cuatro décadas" (623). Febles con relación a la elección de esta pieza objeta, como a la vez estoy de acuerdo, por el "prurito dialogístico esclarecedor y unificante [del antólogo], [del por qué] no habría sido preferible seleccionar *Ojos para no ver*, texto magistral que complementa el fértil motivo del clásico dictador hispanoamericano, o hasta *La sal de los muertos*, obra oscura concebida antes de *La noche de los asesinos* y que, como esta última, deshilvana el asunto de la familia cubana como entidad canibalista, representativa de toda una tragedia nacional" ("Hacia" 176).

10. Con relación a este antecedente de *Ojos para no ver* y *Funeral en Teruel* "a falta de una mayor exactitud [el autor las coloca] durante la primera mitad de la década del setenta. [También de *Ojos para no ver* toma] una secuencia de la obra, que funciona con cierta independencia, y la conviert[e] en *Hablando en chino*, pieza en un acto que aparece por primera vez en la revista Escolios, en 1977, y que el profesor Armando González-Pérez estrena, durante el Semestre de Primavera de 1988, en Marquette University" (*Obras* 193) y que después se vuelve a publicar en *Obras en un acto* (1991).

11. El Teatro Campesino, bajo la dirección de Luis Valdez, obtuvo 45,000 dólares en 1988 de los patrocinadores Lila Wallace-Reader's Digest Fund para un "workshop production" de la pieza (229). Desafortunadamente este grupo todavía hasta la fecha no ha montado la pieza.

12. Esta pieza en un acto fue escrita 1981. Según comenta el autor en *Obras en un acto* (1991) se "basa en *Las caretas*, pieza que escrib[e] en Cuba en la década del cincuenta, que transform[a] radicalmente al tomarla como base de *La navaja de Olofé*, que, como tal y como aparece ahora, se publicó por primera vez en la revista *Prismal Cabral*, de la universidad de Maryland, en la Primavera de 1982" (204). Recuérdese que *Obras en un acto* es la edición a la cual siempre nos referimos. Esta pieza fue estrenada por Rafael de Acha en el Primer Festival de Teatro Hispano de Miami en mayo de 1986 (203-04). Como ejemplo sintomático y traumático de lo que significa escribir en el exilio y en específico, teatro, por las dificultades de la puesta, Montes tuvo que esperar, injustamente, veinticinco años para ver estrenada otra vez una obra suya. Más tarde se reestrena, en portugués, en la universidad Espiritu Santo (Brasil) en mayo de 1991, dirigida por Paulo De Paula. En enero de 1994, tiene una lectura dramática en Theatre Fest 94 en Dallas (Texas).

13. En el capítulo I, nota 3, se discutía con más amplitud el tema de "una estética dramática esencialmente hispanoamericana" (Schmidhuber, "Apología" 29).
14. Rafael de Acha se equivoca, en la nota al programa, al afirmar que "Olofé, por ejemplo, es una corrupción de Olofím, nombre que se le da a Changó en uno de sus 'caminos' y, por extensión, a la deidad que se asocia con el sol" (*apud* Montes 205). Para más información véase el ya mencionado libro, *El monte*, de Lydia Cabrera (Miami: Ediciones Universal, 1983).
15. Para tener una mínima noción musical de este género, y en específico los carnavales santiagueros, oígase del disco compacto *Afro-Cuba. A Musical Anthology* (Rounder, 1994) los números musicales 24, 25 y 26.
16. Esta pieza la publica Editorial Persona, Honolulu, en 1988. Cuando aparezca sólo citado el número de la página se refiere a esta edición. "Esta obra tiene su primera lectura dramática en el Coconut Grove Playhouse de Miami en 1986, seguida de otra lectura en El Portón de Nueva York en 1987. Este mismo año queda finalista en el Concurso Letras de Oro" (107). Heberto Dumé dirige el estreno de la puesta el 19 de marzo de 1988 en el Museo Cubano de Arte y Cultura de Miami, Florida, la cual pude presenciar. Esta excelente puesta se destacó, entre sus varios aciertos, por su montaje escénico que según Escarpanter, en el prólogo a la edición, se debe a la "incorporación del público al espectáculo" (7). En 1996 y 1999, Dumé repone otra vez la pieza en Miami.
17. A pesar de que Artaud recomienda como característica esencial de su teatro de la crueldad desde el punto de vista de fondo los duales asuntos, dejaba en claro que su intención final era de carácter metafísico. En efecto, como ya hemos citado varias veces, así lo reitera Jacques Derrida en "El teatro de la crueldad y la clausura de la representación". Así y todo se cae en errores de interpretación parciales en relación con estos modelos, como, por ejemplo, se ve en el artículo de Nora Eidelberg—"La ritualización de la violencia en cuatro obras teatrales hispanoamericanas"—en que esta crítica está solamente interesada en señalar, del Teatro de la Crueldad, "los asuntos y temas que correspondan a la agitación y a la inquietud características de nuestra época" omitiendo los de "las grandes pasiones esenciales" del hombre.
18. Precisamente las varias etapas de oscurantismo y represión del castrismo se han sofisticado con el tiempo aunque en ningún sentido han cesado. En unas de estas etapas por los años setenta y por mencionar sólo el caso específico de los homosexuales que trabajaban en el sector de la cultura, a éstos en el mejor de los casos se les separa de sus puestos de trabajos llamándolos los parametrados. Un antecedente todavía más escandaloso contra éstos fue, y esta pieza lo menciona implícitamente ya casi al final del segundo acto, la creación de las Unidades Militares de Ayuda a la Producción (UMAP) que como afirma Espinosa "en realidad, [eran] campos de trabajo forzado" (94).
19. En esta etapa, ya se había señalado, el Montes narrativo deja algunas huellas en su teatro. En cambio el crítico no parece que se interesa en estos intercambios, sobre todo con relación a lo dramático.

CONCLUSIONES

Aunque el objetivo fundamental de este libro fue el estudio de la obra dramática huidobriana en base a las teorías de Antonin Artaud, esto no significa de ninguna manera que puede ser la única y definitoria lectura que la obra huidobriana permite. Al contrario, además de los muchos acercamientos que ya la crítica ha utilizado, por lo polivalente de su teatro, merece otros en el futuro. Sin embargo, este acercamiento artaudiano me parece esencial a su obra y, más que oportuno, por las aportaciones primeras que demuestra ofrecer a la escena cubana e hispanoamericana en general. También se añade un estudio más a los pocos estudios sobre las teorías artaudianas, y sus aportaciones a la escena continental. El exceso de estudios brechtianos que preponderó—es obvio que últimamente han mermado considerablemente—por su interés ideológico, opacaron sustancialmente la importante contribución teórica artaudiana en el continente americano. Esta última, sin lugar a duda, ha ejercido y debe continuar ejerciendo una influencia más profunda y duradera, que parece crecer con el tiempo, por su interés, además de los avatares de la historia, en un verdadero teatro universal que responda a los cuestionamientos fundamentales del hombre como ser metafísico.

El teatro de Matías Montes Huidobro es un renovar y un experimentar constantemente en esas formas y contenidos como a la vez continúa insistentemente con sus técnicas dramáticas preferenciales. Un teatro que reitera su apego experimental por el tiempo dramático, el espacio escénico, el signo lumínico, el teatro dentro del teatro, el lenguaje ritualista entre otras características. Equipara el gesto, el movimiento, las luces, "lo que constituye por excelencia el lenguaje escénico" (Artaud 123), con la palabra la cual aparece como "necesidad". Recurre a todos los elementos espectaculares posibles para coadyuvar a la plurivalencia espectacular artaudiana. A través de los elegidos modelos arquetípicos de su obra dramática, aquellos que me parecieron más representativos, se irán sumando a las ganancias permanentes los nuevos recursos que utiliza. Es su obra un añadir lo que se avecina si tiene de valedero, un permanecer si es fundamental.

A la manera artaudiana, ¿cómo de otra manera había de suceder?, los agitados asuntos de la historia han participado interfiriendo, para bien o para mal, en la persona, vida y obra de este autor dramático. Como se pudo comprobar, esa historia ha delimitado su obra en tres etapas muy bien definidas. La primera, que cubría la década del cincuenta hasta llegar el triunfo de la revolución, es característica de una etapa que se debate entre el escapismo y las penurias materiales de la vida. Si todavía en *Sobre las mismas rocas* aparecía un resquicio de esperanza al final de la pieza, ya en *Los acosados* sus figuras estarán atrapadas por el mundo del consumismo moderno. Como se estudió, desde esta etapa inicial, el teatro huidobriano prefigura sus intereses dramáticos más permanentes, especialmente aquellos relacionados con el teatro de la crueldad y el lenguaje marcadamente ritualista, entre otros.

La segunda etapa está modelada por el triunfo de la revolución castrista, la cual culmina con la salida del país del dramaturgo en 1961. Esta etapa de carácter bicéfalo, por una parte participa en las esperanzadoras promesas de esa revolución. Este teatro se atiene a la "necesidad de crear un repertorio de obras dramáticas fáciles de representar" (*Obras* 85) recordando los gustos brechtianos. Por la otra, algo después, es su respuesta crítica, primera y antes que todos, a su presente ya que "cuestiona aspectos fundamentales de todo proceso revolucionario (entre ellos el cubano)" (*Obras* 152). Esta parte consolida las ganancias que arrastraba de su anterior etapa. Producirá con su "trilogía de la crueldad" (*Gas en los poros, La sal de los muertos* y *La Madre y la Guillotina*) logros importantes en su producción dramática. Aquí ya las figuras viven atrapadas en un callejón sin salida, desquiciadas por el horror padecido o el nuevo que padecen, "[l]a sangre corre otra vez, como antes, mucho más que antes" (*Obras* 190), ya sin ninguna esperanza de vida.

La tercera etapa, de 1961 en adelante en los Estados Unidos, debe verse como la más traumática de todas. El dramaturgo con su familia tendrá que tomar el camino del exilio. En sus inicios está marcada por su *hiatus scaenicus* de una década. Un silencio que demuestra el trauma vivido y las difíciles condiciones de reconocimiento en que vive un intelectual, y en especial el cubano, lo que implica una posición contra el régimen de Castro, en un país de idioma y de cultura diferentes, a lo que se sumaba una crítica adversa. *Exilio*, por una parte, y *Su cara mitad*, por la otra, representan muy bien esos dos irreconciliables aspectos del exiliado y su interés de reconocimiento artístico en el nuevo país anglosajón en que vive. En esta etapa, paradójicamente, con piezas como *La navaja de Olofé* y *Las paraguayas* logra esa "estética dramática esencialmente hispanoamericana" (Schmidhuber 29). Su teatro, al enriquecerse con estos nuevos temas, hermanándose con una corriente más continental, continúa su ascendencia hacia un teatro total de raigambre universal el cual va dirigido al hombre total artaudiano, ese hombre metafísico que somos.

BIBLIOGRAFÍA

A. BIBLIOGRAFÍA DE MATÍAS MONTES HUIDOBRO

Teatro

Montes Huidobro, Matías. *Los acosados*. Lunes de Revolución 4 mayo 1959: 10-14.
_____. *La botija*. Casa de las Américas 1 (1959): s/p.
_____. *El tiro por la culata*. Teatro cubano revolucionario. La Habana: Ediciones del Municipio de Marianao, 1961. 3-19.
_____. *Gas en los poros*. Lunes de Revolución 27 marzo 1961: 40-43.
_____. *Gas en los poros*. Teatro cubano en un acto. La Habana: Ediciones Revolución, 1963. 221-26.
_____. *La sal de los muertos*. Teatro contemporáneo hispanoamericano. Pr., selec. y not. Orlando Rodríguez-Sardiñas y Carlos Miguel Suárez Radillo. Vol. 3. Madrid: Escelicer, 1971. 3 vols. 115-220.
_____. *The Guillotine*. Selected Latin American One-Act Plays. Trads. Francesca Colecchia y Julio Matas. Pittsburgh: U. of Pittsburgh, 1975. 93-126.
_____. *Hablando en chino*. Escolios mayo-nov. (1977): 76-82.
_____. *Ojos para no ver*. Miami: Ediciones Universal, 1979.
_____. *La navaja de Olofé*. Prismal/Cabral Spring (1982): 120-33.
_____. *Funeral en Teruel*. Verbena Summer (1982): 2-29.
_____. *Exilio*. Honolulu: Editorial Persona, 1988.
_____. *Fetures*. Americas Review. Trad. Matías Montes Huidobro. Summer (1991): 39-41.
_____. *Funeral en Teruel*. Honolulu: Editorial Persona, 1991.
_____. *Obras en un acto (Sobre las mismas rocas, Los acosados, La botija, Gas en los poros, El tiro por la culata, La Madre y la Guillotina, Hablando en chino, La navaja de Olofé, Fetos, La garganta del diablo, La soga)*. Honolulu: Editorial Persona , 1991.
_____. *Your Better Half*. Cuban American Theatre. Trads. Lynn E. Rice-Cortina y David Miller. Houston: Arte Público Presss, 1991. 53-110.
_____. *Olofe's Razor*. Cuban Theatre. Trads. Francesca Colecchia y Luis González-Cruz. Tempe: Bilingual Press, 1992. 43-58.
_____. *Su cara mitad*. Teatro cubano contemporáneo. Antología. Ed. Carlos Espinosa Domínguez. Madrid: Centro de Documentación Teatral, Fondo de Cultura Económica, 1992. 621-704.
_____. *La diosa de Iguazú*. Puente libre. II 5/6 (1995): 135-36.
_____. *Oscuro total*. Ollantay Theater Magazine. 5.2 (1998): 115-95.
_____. *Gas en los poros. El tiempo en un acto*. 13 Obras de teatro cubano. José Triana, sel. y pr. Jackson Hights, N.Y.: Ollantay Press, 1999. 119-44.
_____. *Der Mann aus dem Wasser [El hombre del agua]. Kubanische Theaterstücke*. Heidrun Adler y Adrián Herr, ed. Frankfurt am Main: Vervuert, 1999.

_____. *Las paraguayas*. *Gestos* 15.29 abr. (2000): 99-141.
_____. *Exil. Theaterstucke des lateinamarikanischen Exils*. Frankfurt: Ed. Vervuet, 2002. 261-307.
_____. *Las paraguayas*. *Revista Caribe* Milwaukee, Wisconsin: 2004.
_____. *Un objeto de deseo*. Miami: Ediciones Universal, 2006.

Poesía

_____. "El campo del dueño". "El Sil a cada paso". "Castilla es ancha". "Madre". "A mi madre en largas pausas". "Irme yo de ti para no irme". "Hambriento estoy como un ladrillo hambriento". "Paleolítico interior". "Cuerpos abstractos". *Poesía compartida*. Miami: Ultra Graphics, 1980. 63-74.
_____. "Cuerpos abstractos". *Invitación a la poesía*. La Plata; Buenos Aires: Editor Interamericano, 1987. 207.
_____. "Hiroshima Girl Got Married". "Where Are They Now?" "Calendar of Times". "El campo del dueño". "Castilla es ancha". *La última poesía cubana*. Madrid: Hispanova, 1973. 247-54.
_____. "Irme yo de ti para no irme". *Antología hispanoamericana*. Ed. Oscar Abel Ligalupi. Buenos Aires: Fondo Editorial Bonarense, 1978. 368-69.
_____. *Nunca de mí te vas*. Miami: Ediciones Universal, 1997.
_____. *La vaca de los ojos largos*. Honolulu: Mele, 1967.
_____. "La vaca de los ojos largos". "Oda a los obreros de la Remingston". *Antología de la poesía hispanoamericana*. Buenos Aires: Editorial Rioplatense, 1969. S/p.

Narrativa

1. Novelas

_____. *Concierto para sordos*. Temple, Arizona: Bilingual Press / Editorial Bilingue, 2001.
_____. *Desterrados al fuego*. México: Fondo de Cultura Económica, 1975.
_____. *Esa fuente de dolor*. Sevilla: Algaida Editores, 1999.
_____. *Parto en el cosmos*. Madrid: Betania, 2002.
_____. *Qwert and the Wedding Gown*. Trads. John Mitchell y Ruth Mitchell de Aguilar. Honolulu: Plover Press, 1992.
_____. *Ratas en la isla*. Cadiz: Aduana Vieja, 2004.
_____. *Segar a los muertos*. Miami: Ediciones Universal, 1980.

2. Cuentos

_____. *La anunciación y otros cuentos cubanos*. Madrid: Clemares, 1967.
_____. "Iku". *Revista Hispano Cubana* 11 oct.-dic. (2001): 149-54.
_____. "Ratas en la isla". "Las auras". *El cuento cubano. Panorámica y Antología*. San José: Lil S.A., 1983. 314-22.

_____. "El regreso de los perros". "Sin nada que hacer". *Narradores cubanos de hoy*. Miami: Ediciones Universal, 1975. 123-26.

_____. "Sin nada que hacer". *Veinte años de literatura cubanoamericana*. Tempe: Bilingual Press, 1988. 107-09.

Ensayo

_____ y Yara González Montes. *José Antonio Ramos: Itinerario del deseo*. Miami: Ediciones Universal, 2004.

_____. *La narrativa cubana entre la memoria y el olvido*. Miami: Ediciones Universal, 2004

_____. *Persona: vida y máscara en el teatro cubano*. Miami: Ediciones Universal, 1973.

_____. *Persona: vida y máscara en el teatro puertorriqueño*. Puerto Rico: Centro de Estudios Avanzados de Puerto Rico y el Caribe, 1984.

_____. *El teatro cubano durante la República. Cuba detrás del telón*. Boulder, Colorado: Society of Spanish and Spanish-American Studies, 2004.

_____. *El teatro cubano en el vórtice del compromiso (1959-1961)*. Miami: Ediciones Universal, 2002.

Edición crítica

_____. *Teoría y práctica del catedratismo en* Los negros catedráticos *de Francisco Fernández*. Honolulu: Editorial Persona, 1987.

Artículos sobre teatro

_____. "1959-1961: apertura, cierre y definición en el teatro cubano". *Confluencia* 7.1 (1991): 89-97.

_____. "Bestiario y metamorfosis en 'Santísima la nauyaca' de Tomás Espinosa". *Latin American Theatre Review* Fall (1982): 41-51.

_____. "Bíblica histórica puertorriqueña: la importancia según Marqués". *Crítica Hispánica* 5 (1983): 149-68.

_____. "'La casa sin reloj': la solución del absurdo". *Hispanic Journal* Fall (1983): 101-16.

_____. "El caso Dorr: el autor en el vórtice del compromiso". *Latin American Theatre Review* Fall (1977): 35-43.

_____. "Censura, marginación y exilio". *Anales Literarios Dramaturgos* 1.1 (1995): 7-25.

_____. "'El cepillo de dientes': una fantasía de la sexualidad". *Cartel* abril 1988.

_____. "Consideraciones sobre encuentro y evasión en la cartelera porteña". *Latin American Theater Review* Spring 1990.

_____. "Continuidad teatral". *Dramaturgos* mayo-junio 1987.

_____. "Convergencias y divergencias en 'Revolución en el Infierno'". *Gestos* Spring (1986): 131-45.

_____. "David Camps: En el viaje sueño". *Dramaturgos* julio-ago. 1987.
_____. "Emilio Carballido: Zambullida en el 'Orinoco'". *Latin American Theatre Review* Fall (1982): 37-47.
_____. "Entwicklung des spanischsprachigen Theaters in Miami, 1959-1988". *Theater in Latein Amerika*. Berlin: Dietrich Reimer Verlag, 1991. 213-23.
_____. "Escribir teatro en el exilio". *Ollantay Theater Magazine* 5.2 (1998): 41-44.
_____. "Fermín Borges". *El Undoso* abr. 1981.
_____. "Festival de teatro hispano". *Hispania* 74.4 1991.
_____. "'El Grito de Lares' el sueño de una épica jíbara". *Kañina* ene.-dec. (1982): 37-41.
_____. "Historia y representación en Guillermo Schmidhuber". *Dramaturgos* ene.-feb. 1988.
_____. "Ideárium erótico-religioso: Yerma de don Juan". *Diálogos* sept. (1976): 6-10.
_____. "Imagen y sonido: anti-ética de 'Gestos'". *Hispanic Journal* Spring (1987): 23-29.
_____. "José Antonio Ramos". "Luis Felipe Rodríguez". *Dictionary of Contemporary Cuban Literature*. Westport: Greenwood Press, 1990. 131-37.
_____. "José Antonio Ramos: una aproximación sico-histórica". *Alba de América* julio (1988): 209-24.
_____. "José Antonio Ramos: viñeta a dos voces". *Revista Iberoamericana* julio-dec. (1990): 845-52.
_____. "Juego de cámaras de Carlos Gorostiza". *Hispania* sept. (1986): 521-30.
_____. "Lenguaje, dinero, pan y sexo en el bufo cubano". *Cuadernos Hispanoamericanos* ene.-feb. (1988): 241-53.
_____. "La liberación del espacio escénico en el teatro de Abelardo Estorino". *Alba de América* 1.16-17 (1991): 245-58.
_____. "New York New York: 'Esta noche juega el joker'". *Chasqui* nov. (1983): 46-54.
_____. "Nueva Generación antes de *Lunes*". *Chasqui* nov. (1979): 39-74.
_____. "Partir es la voz de Electra". *Dramaturgos* sept.-oct. 1987.
_____. "Poder o no poder: la argentinidad según Carlos Gorostiza". *Teatro argentino durante el proceso*. Buenos Aires: Editorial Venciguerra, 1992. 99-112.
_____. "Prehistoria del erotismo". *Cubanacán* Summer (1974): 20-31.
_____. "Psicoanálisis fílmico-dramático de 'La mueca'". *Monographic Review* 7 (1992): 297-314.
_____. "La reacción anti-jerárquica en el teatro cubano colonial". *Cuadernos Hispanoamericanos* abr. (1978): 1-15.
_____. "René Marqués: El hombre y sus sueños". *Nueva Estafeta* abr. (1983): 46-54.
_____. "Riqueza verbal en 'Abril es el mes más cruel'". *Círculo* 5.17 (1984): 97-104.
Hernández, Leopoldo M. Prol. *Siempre tuvimos miedo*. Por Matías Montes Huidobro. Honolulu: Editorial Persona, 1988. 7-11.

Montes Huidobro, Matías. "Significantes de la teatralidad Marqués: 'Carnaval afuera, carnaval adentro'". *The Bilingual Review* 7 ene.-abr. (1980): 39-52.
_____. "Sistematización histórica del discurso poético-teatral en la dramaturgia cubana". *Alba de América* 10 (1992): 115-34.
_____, intr., selec. y not. "Teatro". *La Enciclopedia de Cuba*. Vol. 2. Puerto Rico: Enciclopedia Clásicos Cubanos, 1973. 9 vols. 375-52.
_____. "Teatro cubano revolucionario". *Dramaturgos* nov.-dec. 1987.
_____. "El teatro de Luis Rafael Sánchez". *American Hispanist* nov.-dec. (1978): 22-25.
_____. "El teatro de Milanés y la formación de la conciencia cubana". *Anales de Literatura Hispanoamericana* (1974): 223-40.
_____. "Teatro en Kansas: Simposio-Festival Latin American Theatre Today". *Hispania* dec. 1982.
_____. "Teatro en 'Lunes de Revolución'". *Latin American Theatre Review* 18.1 Fall (1984): 17-34.
_____. "El teatro moderno de América Latina en la investigación alemana". *Hispania* 74.4 1991.
_____. "Teatro puertorriqueño: anti-ética de 'La invasión'". *Anales de Literatura Hispanoamericana* (1982): 149-72.
_____. "Teatro y teatralidad en el VI Simposio Internacional de Literatura". *Alba de América* 8.14-15 (1990): s/p.
_____. "Técnica dramática de José Antonio Ramos". *Journal of Interamerican Studies and World Affairs* abr. (1970): 229-41.
_____. "Villa en Arizona". *Latin America Theatre Review* Spring (1980): s/p.
_____. "Virgilio Piñera: un proceso de anulación verbal". *Memoria XIX Congreso Internacional de Literatura Iberoamericana* (1980): 265-74.
_____. "La voz del otro en el teatro cubano contemporáneo". *La Má Teodora* 1 oct.-dic. (1998): 3-7.

B. BIBLIOGRAFÍA SOBRE MATÍAS MONTES HUIDOBRO

Acevedo, Norma Niurka. Entrevista. "Un autor en busca de escenarios". *Miami Herald* 9 ene. 1986: 9.
Aguilú de Murphy, Raquel. "Teatro cubano en el exilio". *Americas Review* 19.1 (1991): 119-22.
Alba-Buffill, Elio. "La cuentística de Matías Montes Huidobro: búsqueda angustiosa de ideales". *Conciencia y quimera*. New York: Senda Nueva de Ediciones, 1985. 59-68.
_____. Reseña a *Persona: vida y máscara en el teatro cubano*. *Anales de Literatura Hispanoamericana* 3.4 (1975): 318-19.
Baciu, Stephan. Prefacio. *La vaca de los ojos largos*. Honolulu: Mele, 1967. 2-4.
Baeza Flores, Alberto. Reseña a *Desterrados al fuego*. *Miami Herald* 23 mayo 1977: 4.
Bello, Francisco R. Reseña a *Funeral en Teruel*. *Repertorio Latinoamericano* abril-junio (1991): 15-16.
Bissett, Judith. "The Image of Women in the Work of Matías Montes Huidobro". Ensayo inédito. Presentado en "Latin American Theatre Today Conference". Univ. of Kansas, 1992.
_____. "*La Madre y la Guillotina* and *Las paraguayas*: Subverting the *Male Gaze*". *Matías Montes Huidobro: acercamientos a su obra literaria*. Ed. Jorge M. Febles and Armando González-Pérez. Lewiston, NY/Queenston, Canada/Lampeter, UK: The Edwin Mellen Press, 1997. 135-42.
Burunat, Sylvia. *Dictionary of Twentieth-Century Cuban Literature*. Ed. Julio A. Martínez. New York: Greenwood Press, 1990. 309-14.
Cabrera Infante, Guillermo. "La constante distancia". *Carteles* 4 nov. 1956: 32.
Catalá, Rafael. Reseña a *Desterrados al fuego*. *Crítica* 1.2 (1985): 144-48.
Clavijo, Uva. "El 'exilio' de Matías". *Diario de las Américas* 6 abr. 1988: 2B.
Colecchia, Francesca y Julio Matas, introd. *The Guillotine. Selected Latin American One-Act Plays*. Pittsburgh: UPP, 1973. 94-123.
Colecchia, Francesca. "Matías Montes Huidobro: His Theatre". *Latin American Theatre Review* Summer (1980): 77-80.
_____. Prólogo. "Niveles temporales en *Funeral en Teruel*". *Funeral en Teruel*. Honolulu, Editorial Persona, 1991. 7-9.
_____. Reseña a *Ojos para no ver*. *Hispania* mayo (1982): 16.
_____. "Some Temporal Considerations in the Theatre of Matías Montes Huidobro". *Matías Montes Huidobro: acercamientos a su obra literaria*. Ed. Jorge M. Febles and Armando González-Pérez. Lewiston, NY/Queenston, Canada/Lampeter, UK: The Edwin Mellen Press, 1997. 157-64.
_____. Reseña a *Teoría y práctica del catedratismo*. *Chasqui* nov. (1988): 37-39.
Corrales, José. Reseña a *Funeral en Teruel*. *Círculo* 21 (1992): 186-88.
Cortina, Rodolfo J. "About the Author". *Cuban American Theater*. Texas: Arte Público Press, 1991. 55-57.
Cremer, Victoriano. Reseña a *La vaca de los ojos largos*. *Proa* 22 oct. 1967: 16.

Dauster, Frank. *Historia del teatro hispanoamericano*. México: Ediciones Andrea, 1973. 128.
_____. Reseña a *Persona: vida y máscara en el teatro cubano*. *Revista Iberoamericana* abr.-junio (1975): 371-73.
_____. Reseña a *Persona: vida y máscara en el teatro puertorriqueño*. *Americas Review* 16.3-4 (1988): 235-37.
Dellepiane, Angela. Reseña a *Qwert and Wedding Gown*. *Linden Lane Magazine* 14.1 (1993): s/p.
Escarpanter, José A. Prólogo. *Biographical Dictionary of Hispanic Literature in the United States*. Ed. Nicolás Kanellos. New York: Greenwood Press, 1989. 213-26.
_____. "Una confrontación con trama de suspense". *Su cara mitad. Teatro cubano contemporáneo. Antología*. Madrid: Centro de Documentación Teatral, Fondo de Cultura Económica, Sociedad Estatal del Quinto Centenario, 1992. 623-29.
_____. "Entrevista con Matías Mostes Huidobro". *Ollantay Theater Magazine* 5.2 (1998): 98-105.
_____. Prólogo. *Exilio*. Honolulu, Editorial Persona, 1988. 5-8.
_____. "El exilio en Matías Montes Huidobro y José Triana". *Linden Lane Magazine* oct.-dec. (1990): 61-62.
_____. Prólogo. "*Funeral en Teruel* y el concepto de la hispanidad". *Funeral en Teruel*. Honolulu: Editorial Persona, 1990. 11-14.
_____. "La impronta de la Revolución Cubana en el teatro de Matías Montes Huidobro". *Matías Montes Huidobro: acercamientos a su obra literaria*. Ed. Jorge M. Febles and Armando González-Pérez. Lewiston, NY/Queenston, Canada/Lampeter, UK: The Edwin Mellen Press, 1997. 59-70.
_____. "El teatro cubano fuera de la isla". *Escenarios de dos mundos*. Madrid: Centro de Documentación Teatral, 1988. 333-41.
_____. "Veinticinco años de teatro cubano en el exilio". *Latin American Theatre Review* Spring (1986): 57-66.
Espadas, Elizabeth. "El círculo ardiente: el destierro en 'Desterrados al fuego' y en 'Exilio'". *Revista Iberoamericana* jul.-dec. (1990): 1078-90.
_____. "Violence, Sexuality and Power in the Works of Matías Montes Huidobro". Inédito.
Esquiroz, Luisa. "Últimas presentaciones de *Exilio* del dramaturgo Matías Montes Huidobro" *Diario de las Américas* 1 abr. 1988: 6B.
Falcón Paradí, Arístides. Entrevista. "Matías Montes Huidobro: el dramaturgo en el exilio". *Gestos* 10.20 nov. (1995): 135-39.
_____. Reseña a *La sal de los muertos*. *Anales Literarios* 1.1 (1995): 160-61.
_____. Reseña a *El teatro cubano durante la República. Cuba detrás del telón. Encuentro de la cultura cubana* 36 (2005): 279-81.
Febles, Jorge. "La disfiguración enajenante en *Ojos para no ver*". *Crítica* 2 (1982): 1217-36.
_____. "El habla metafórica, la metáfora visual y la metáfora total en *Exilio*". Ensayo inédito.

_____. "Hacia el reajuste y la reinserción: apuntes sobre *Teatro cubano contemporáneo*". *Anales Literarios Dramaturgos* 1.1 (1995): 167-85.

_____. "Metáforas del artista adolescente: el juego alucinante en *Sobre las mismas rocas*". *Latin American Theatre Review* Spring (1994): 115-25.

_____. "Prólogo. Reinserción de la obra de Matías Montes Huidobro en la dramaturgia cubana contemporánea". *Matías Montes Huidobro: acercamientos a su obra literaria*. Lewiston, NY/Queenston, Canada/Lampeter, UK: The Edwin Mellen Press, 1997. 1-24.

_____. "Re-textualización y rito en *Oscuro total*". *Ollantay Theater Magazine* 5.2 (1998): 106-13.

_____. "La transmigración del rito parricida en *Oscuro total*". *Matías Montes Huidobro: acercamientos a su obra literaria*. Ontario: The Edwin Mellen Press, 1997. 185-202.

_____ y Armando González-Pérez, eds. "Entrevista con Matías Montes Huidobro". *Matías Montes Huidobro: acercamientos a su obra literaria*. Lewiston, NY/Queenston, Canada/Lampeter, UK: The Edwin Mellen Press, 1997. 221-33.

Fernández, José. Reseña a *Persona: vida y máscara en el teatro cubano*. *Modern Languages Journal* sept.-oct. (1975): 8-9.

Ferro, Hellen. Reseña a *Bibliografía crítica de la poesía cubana*. *Repertorio Latinoamericano* abr. (1975): 8-9.

_____. Reseña a *Desterrados al fuego*. *Repertorio Latinoamericano* dec. (1975): 2-13.

Gainza, Ramón. Reseña a *Los acosados*. *El mundo* 19 mar. 1960: 14A.

Gariano, Carmelo. Reseña a *Segar a los muertos*. *Hispania* mar. (1983): 142-43.

González Cruz, Luis. Artículo y entrevista. "Matías Montes Huidobro. The Poet". *Latin American Literary Review* Spring-Summer (1974): 163-70.

_____. Reseña a *Teoría y práctica del catedratismo en 'Los Negros Catedráticos'*. *Cuban Studies* 19 (1988): 267-69.

González Freire, Natividad. *Teatro cubano*. La Habana: Ministerio de Relaciones Exteriores, 1961. 143-45.

González Montes, Yara. "Entre nosotros: viñeta testimonial". *Matías Montes Huidobro: acercamientos a su obra literaria*. Ed. Jorge M. Febles and Armando González-Pérez. Lewiston, NY/Queenston, Canada/Lampeter, UK: The Edwin Mellen Press, 1997. 203-19.

González-Pérez, Armando. "Magia, mito y literatura en *La navaja de Olofé*". *Matías Montes Huidobro: acercamientos a su obra literaria*. Ed. Jorge M. Febles and Armando González-Pérez. Lewiston, NY/Queenston, Canada/Lampeter, UK: The Edwin Mellen Press, 1997. 71-79.

Gutiérrez de la Solana, Alberto. *Investigación y crítica literaria y lingüística cubana*. New York: Senda Nueva de Ediciones, 1978. 20-21.

Gutiérrez, Mariela. "*La navaja de Olofé*: trilogía freudiana de lo grotesco y ritual dionisíaco". *Matías Montes Huidobro: acercamientos a su obra literaria*. Ed. Jorge M. Febles and Armando González-Pérez. Lewiston, NY/Queenston, Canada/Lampeter, UK: The Edwin Mellen Press, 1997. 115-33.

Henríquez-Ureña, Max. *Panorama histórico de la literatura cubana.* Puerto Rico: Ediciones Mirador, 1963. 404.
Hernández Miyares, Julio. "Introduction to Montes Huidobro short stories". *Narradores cubanos de hoy.* Miami: Universal, 1975. 123-24.
_____. "La novelística de Matías Montes Huidobro". Ensayo inédito. Presentado en "AATSP Annual Meeting". Texas, 1989.
Izquierdo-Tejido, Pedro. "Introduction to Montes Huidobro short stories". *El cuento cubano.* Costa Rica: Imprenta y Litografía Lil, 1984. 314-15.
Jaimes Freyre, Mireya. Reseña a *Desterrados al fuego. Latin American Literary Review* Fall-Winter (1976): 96-98.
Leal, Rine. Introducción. *Gas en los poros. Teatro cubano en un acto: Antología.* La Habana: Ediciones Revolución, 1963. S/p.
LeRiverend, Pablo. *Diccionario biográfico de poetas cubanos en el Exilio.* New Jersey: Ediciones Q21, 1988. 134-36.
Lichtblau, Myron. Reseña a *Teoría y práctica del catedratismo de* Los negros catedráticos. *Alba de América* julio (1990): 311-12.
Magnarelli, Sharon. Reseña a *Teoría y práctica del catedratismo de* Los negros catedráticos. *Revista Iberoamericana* julio-dec. (1990): 1390-92.
Maratos, Daniel C. y Mamesba D. Hill. *Cuban Exile Writers. A Bibliographical Handbook.* New Jersey: The Scarecrow Press, 1986. 243-44.
Marín, Ruben. Reseña a *La anunciación. Abside* julio-sept. (1968): 359.
Martí de Cid, Dolores. Reseña a Persona: vida y máscara en el teatro cubano. Interamerican Review of Bibliography ene.-mar. (1976): 92-94.
Matas, Julio. Prólogo. *Persona: vida y máscara en el teatro cubano.* Miami: Universal, 1973. 9-18.
_____. Reseña a *Persona: vida y máscara en el teatro cubano. Cuban Studies* ene. (1975): 44-45.
_____. "Teatro cubano del exilio". *Círculo* 20 (1990): 73-75.
McMurray, George. *Spanish American Writing Since 1941.* New York: Ungar, 1987. 260.
Meléndez, Priscilla. Reseña a *Persona: vida y máscara en el teatro puertorriqueño. Latin American Theatre Review* Spring (1990): 161-63.
Montané, Diana. *"Exile's* playwright attends reading". *Miami News* 21 ene. 1986: 4.
Morelli, Rolando D. H. "Un *Exilio* con ventana al universo: coordenadas y proyecciones del texto monteshuidobriano". *Matías Montes Huidobro: acercamientos a su obra literaria.* Ed. Jorge M. Febles and Armando González-Pérez. Lewiston, NY/Queenston, Canada/Lampeter, UK: The Edwin Mellen Press, 1997. 143-56.
Muñoz, Miguel Elías. Reseña a *Exilio. Gestos* nov. (1989): 199-200.
Ojito, Mirta. "And faraway Cuba still tugs at the heart". *Miami Herald* 8 nov. 1992: 5.
Ortuzar-Young, Ada. Reseña a *Persona: vida y máscara en el teatro puertorriqueño. Círculo* 17 (1988): 163-65.
Otero, José. Reseña a *Exilio. Chasqui* mayo (1990): 129-32.
Pérez-Montané, Jaime. Reseña a *Desterrados al fuego. Chasqui* feb. (1977): 87-89.

Raggi, Carlos M. Reseña a *La vaca de los ojos largos. Círculo* Summer (1970): 135-36.
Remos, Ariel. Reseña a *La anunciación. La Prensa* 10 sept. 1967: 16.
_____. Reseña a *La anunciación. Siempre* 30 oct. 1969: 8.
_____. Reseña a *Desterrados al fuego. Vanidades Continental* feb. (1976): 6.
_____. "Se encuentra en Miami el autor de *Exilio*". *Diario de las Américas* 20 ene. 1986: 4.
_____. Reseña a *Qwert and Wedding Gown. Publishers Weekly* 8 junio 1992: 57
Roberts, Gemma. Reseña a *Desterrados al fuego. Revista Iberoamericana* 96-97 (1976): 642-44.
Ronck, Ronn. "A Reading". *Honolulu Advertiser* 2 nov. 1992: C2.
Rodríguez-Florido, Jorge J. Reseña a *Funeral en Teruel. Latin American Theatre Review* Fall (1991): 176-77.
Rodríguez-Sardiñas, Orlando y Carlos Miguel Suárez Radillo. Prólogo y notas. *La sal de los muertos. Teatro selecto contemporáneo hispanoamericano.* Vol. 3. Madrid: Escelier, 1971. 3 vols. 117-24.
Rodríguez-Sardiñas, Orlando. Prólogo y notas. *La última poesía cubana.* Madrid: Hispanova, 1973. 247.
Sánchez-Grey Alba, Esther. "*La sal de los muertos* o la comedia de espanto de Montes Huidobro" *Matías Montes Huidobro: acercamientos a su obra literaria.* Ed. Jorge M. Febles and Armando González-Pérez. Lewiston, NY/ Queenston, Canada/Lampeter, UK: The Edwin Mellen Press, 1997. 95-103.
Schmidhuber, Guillermo. "Apología a Matías Montes Huidobro: Vale más dramaturgia que destino". *Matías Montes Huidobro: acercamientos a su obra literaria.* Ed. Jorge M. Febles and Armando González-Pérez. Lewiston, NY/ Queenston, Canada/Lampeter, UK: The Edwin Mellen Press, 1997. 25-31.
_____. Reseña a *Exilio. Latin American Theatre Review* Spring (1990): 172-74.
Siemens, William. "Parallel Trasformation in *Desterrados al fuego*". *Término* Winter (1984): 17-18.
Souza, Raymond D. Reseña a *Desterrados al fuego. Explicación de Textos Literarios* 6.2 (1978): 241.
_____. Prólogo. "Exile in the Cuban Literature Experience". *Escritores de la diáspora cubana.* Eds. Maratos and Hill. New Jersey: The Scarecow Press, 1986. 1-5.
Stavans, Ilan. Reseña a *Qwert and the Wedding Gown. Review of Contemporary Fiction* Spring (1993): 264-65.
Suárez, Virgil. "Uprooted Cuban`s Journey to Madness". Reseña de *Qwert and the Wedding Gown. Philadelphia Inquirer* 28 junio 1992. S/p.
Torres Fierro, Danuvio. Reseña a *Desterrados al fuego. Plural* mar. (1976): 55-56.
Valdivieso, Teresa. Reseña a *Ojos para no ver. Chasqui* feb.-mayo (1981): 69-70.
Villaverde, Fernando. Reseña a *Segar a los muertos. Miami Herald* 10 mayo 1981: 10.
_____. "Un puente hacia lo puertorriqueño". Reseña de *Persona: vida y máscara en el teatro puertorriqueño. Miami Herald* 1 feb. 1987: 15.
Zalacaín, Daniel. "La dialéctica del marginado en *Sobre las mismas rocas*". *Matías Montes Huidobro: acercamientos a su obra literaria.* Ed. Jorge M. Febles and

Armando González-Pérez. Lewiston, NY/Queenston, Canada/Lampeter, UK: The Edwin Mellen Press, 1997. 105-14.

C. BIBLIOGRAFÍA CONSULTADA
(TEORÍA Y CRÍTICA)

Abel, L. *Metatheatre. A New View of Dramatic Form*. New York: Hill and Wang, 1963.
Adler, Heidrun y Adrián Herr, ed. *De las dos orillas: Teatro cubano*. Madrid: Iberoamericana; Frankfurt am Main: Verveurt, 1999.
Arrom, José Juan. *Esquema generacional de las letras hispanoamericanas*. Bogotá: Caro y Cuervo, 1977.
Artaud, Antonin. *El teatro y su doble*. Trads. Enrique Alonso y Francisco Abelenda. Buenos Aires: Editorial Sudamericana, 1964.
_____. *Œuvres complètes*. Paris: Gallimard, 1956.
Barba, Eugenio. *La canoa de papel: Tratado de antropología teatral*. México: Grupo Editorial Gaceta, 1992.
_____ y Nicola Savarese. *A Dictionary of Theatre Anthropology: The Secret Art of the Performer*. Ed. Richard Gough. Trad. Richard Fowler. London y New York: Routledge, 1991.
Bentley, Eric. *The Life of the Drama*. New York: Atheneum, 1967.
_____. *The Theory of the Modern Stage: An Introduction to Modern Theatre and Drama*. Harmondsworth: Penguin, 1968.
Berenguer, Angel. *Teoría y crítica del teatro*. Alcalá de Henares: Universidad de Alcalá de Henares, 1991.
Bergman, Gösta M. *Lighting in the Theatre*. Stockholm: Almqvist and Wiksell International, 1977.
Bermel, Albert. *Artaud's Theatre of Cruelty*. New York: Taplinger Publishing Company, 1977.
Braun, Edward. *El director y la escena. Del naturalismo a Grotowski*. 2a ed. Buenos Aires: Editorial Galerna, 1992.
Brecht, Bertolt. *Brecht on Theatre: The Development of an Aesthetic*. Trad. y not. John Willet. London: Methuen, 1964.
Brook, Peter. *The Empty Space*. New York: Atheneum, 1968.
Blüher, Karl Alfred. "La recepción de Artaud en el teatro latinoamericano". *Semiótica y Teatro Latinoamericano*. Ed. Fernando de Toro. Buenos Aires: Editorial Galerna, IITCTL, 1990. 113-31.
_____. "La théorie de la 'catharsis' dans le théâtre d'Antonin Artaud". *Romanistische Zeitschrift für Literaturgeschichte* 2.3 (1980): 275-83.
Borges, Jorge Luis. *Obras completas*. Vol. 2. Barcelona: Emecé, 1989. 3 vols. 88-90.
Cabrera Infante, Guillermo. *Mea Cuba*. México D. F.: Vuelta, 1993.
Cabrera, Lydia. *El monte (Igbo-Finda; Ewe Orisha. Vititi Nfinda)*. Miami: Colección del Chichereku, 1983.
Caillois, Roger. *Man, Play, and Games*. New York: The Free Press of Glencoe, 1961.
Campa, Román V. de la. *José Triana: Ritualización de la sociedad cubana*. Minneapolis: Ideologies and Literatures, 1979.
Casalla, Mario Carlos. *Razón y liberación. Notas para una filosofía latinoamericana*. Buenos Aires: Siglo XXI, 1974.

Castagnino, Raúl. H. *Semiótica, ideología y teatro hispanoamericano contemporáneo*. Buenos Aires: Nova, 1974.
_____. *Teatro: teorías sobre el arte dramático*. I y II. Buenos Aires: Centro Editor, 1969.
_____. *Teoría del teatro*. 3ra. ed. Buenos Aires: Plus Ultra, 1967.
Castro, Fidel. *Palabras a los intelectuales*. La Habana: Ediciones del Consejo Nacional de Cultura, 1961.
Cid Pérez, José. "El teatro en Cuba republicana". *Teatro cubano contemporáneo*. Selec. y notas Dolores Martí de Cid. Madrid: Aguilar, 1959.
Cypess, Sandra M. "Spanish American Theatre in the Twentieth Century". *The Cambridge History of Latin American Litetature*. Vol. 2: *The Twentieth Century*. Ed. Roberto González Echevarría y Enrique Pupo-Walker. Cambridge: Cambridge UP; 1996. 3 vols. 497-525.
_____. "Tennessee Williams en Argentina". De Eugene O'Neill al "Happening". *Teatro norteamericano y teatro argentino (1930-1990)*. Buenos Aires: Galerna, 1996. 47-60.
Chocrón, Issac. *Tendencias del teatro contemporáneo*. Venezuela: Monte Avila Editores, 1968.
Derrida, Jacques. "El teatro de la crueldad y la clausura de la representación". *Dos ensayos*. Barcelona: Editorial Anagrama, 1972.
Durozoi, G. *Artaud. L'aliénation et la folie*. Paris: Larousse, 1972.
Eidelberg, N. *Teatro experimental hispanoamericano 1960-1980. La realidad social como manipulación*. Minneapolis, Minnesota: Institute for the Study of Ideologies and Literature, 1985.
Eliade, Mircea. *Myths, Dreams and Mysteries. The Encounter between Contemporary Faiths and Archaic Realities*. New York: Harper and Row, 1975.
_____. *The Sacred and The Profane. The Nature of Religion*. New York: Harcourt, Brace and World, 1959.
Espinosa Domínguez, Carlos, pr. "Una dramaturgia escindida" *Teatro cubano contemporáneo. Antología*. Madrid: Centro de Documentación Teatral, Fondo de Cultura Económica, 1992. 11-77.
_____. "Cronología". *Teatro cubano contemporáneo. Antología*. Madrid: Centro de Documentación Teatral, Fondo de Cultura Económica, 1992. 78-127.
Esslin, Martin. *An Anatomy of Drama*. New York: Hill and Wang, 1976.
_____. *Antonin Artaud. The Man and his Work*. London: John Calder, 1976.
_____. *El teatro del absurdo*. Barcelona: Editorial Seix Barral, 1964.
Gálvez Acero, Marina. *El teatro hispanoamericano*. Madrid: Taurus, 1988.
Genet, Jean. *El balcón. Severa vigilancia. Las sirvientas*. 3a ed. Buenos Aires: Losada, 1990.
González Freire, Natividad. *Teatro cubano (1927-1961)*. La Habana: Ministerio de Relaciones Exteriores, 1961.
Gouhier, H. *Antonin Artaud et l'essence du théâtre*. Paris: J. Vrin, 1974.
Hernández Busto, Ernesto. "Prólogo. Una tragedia en el trópico". *El no*. México: Editorial Vuelta, 1994.
Hutcheon, Linda. *A Theory of Parody. The Teachings of Twentieth-Century Arts Forms*. New York: Methuen, 1985.

Instituto de Literatura y Lingüistica de la Academia de Ciencias de Cuba. *Diccionario de la Literatura Cubana*. La Habana: Editorial Letras Cubanas, 1980. 2 vols.
Instituto Internacional de Teoría y Crítica del Teatro Latinoamericano. *Reflexiones sobre teatro latinoamericano del siglo veinte*. Buenos Aires: Editorial Galerna / Lemcke Verlag, 1989.
Jahoda, Gustav. *The Psychology of Superstition*. London: Allen Lane The Penguin Press, 1969.
Jiménez, José Olivio. *La raíz y el ala. Aproximaciones críticas a la Obra literaria de José Martí*. Valencia: Pre-Textos, 1993.
Kowzan, Tadeusz. "El signo en el teatro. Introducción a la Semiología del arte del espectáculo". *Teoría y practica del teatro*. Cali: Universidad del Valle, s/f.
Knapp, Bettina L. "Antonin Artaud and the Mystic's Utopia". *France and North America: Utopias and Utopians*. Comp. Mathe Allain. Lafayette: Center for Louisiana Studies, USL, 1978.
_____. *Exile and The Writer. Exoteric and Esoteric Experiences. A Jungian Approach*. Pennsylvania: Pennsylvania State UP, 1991.
Leal, Rine. "Asumir la totalidad del teatro cubano". *Diógenes. Anuario crítico del teatro latinoamericano*. Ed. Marina Pianca. México: Editorial Gaceta, 1992. 97-103.
_____. *Breve historia del teatro cubano*. La Habana: Editorial Letras Cubanas, 1980.
Lévy-Bruhl, Lucien. *How Natives Think*. New York: Arno Press, 1979.
Lyday, Leon F. y George W. Woodyard, eds. *Dramatists in Revolt. The New Latin American Theater*. Austin: UTP, 1976.
Marinis, Marco de. *El nuevo teatro, 1947-1970*. Barcelona: Ediciones Paidós, 1988.
Mignon, Paul Louis. *Historia del teatro contemporáneo*. Madrid: Ediciones Guadarrama, 1973.
Miranda, Julio E. *Nueva literatura cubana*. Madrid: Taurus, 1971.
Morín, Francisco. *Por amor al arte. Memorias de un teatrista cubano 1940 a 1970*. Miami: Ediciones Universal, 1998.
Muñoz, Elías Miguel. "Teatro de transición (1958-1964): Piñera y Estorino" *Latin American Theatre Review* 19.2 Spring (1986): 39-44.
Neglia, Erminio G. *El hecho teatral en Hispanoamérica*. Roma: Bulzoni, 1985.
Pavis, Patrick. *Diccionario del teatro. Dramaturgia, estética, semiología*. Barcelona: Paidós, 1990.
Paz, Octavio. *Conjunciones y disyunciones*. Barcelona: Seix Barral, 1991.
_____. *El laberinto de la soledad*. México, D.F.: Fondo de Cultura Económica, 1986.
_____. *Obra poética (1935-1988)*. Barcelona: Seix Barral, 1991.
Pellettieri, Osvaldo, comp. *Teatro y teatristas; estudios sobre teatro iberoamericano y argentino*. Buenos Aires: Galerna / Facultad de Filosofía y Letras (UBA), 1992.
_____ y George Woodyard, eds. *De Eugene O'Neill al "Happening". Teatro norteamericano y teatro argentino (1930-1990)*. Buenos Aires: Galerna, 1996.

Perales, Rosalina. *Teatro hispanoamericano contemporáneo, 1967-1987.* 2 vols. México: Grupo Editorial Galerna, 1993.
Pianca, Marina. *El teatro de nuestra América: Un proyecto continental 1959-1989.* Minneapolis, Minnesota: Institute for The Study of Ideologies and Literature, 1990.
Piñera, Virgilio. Prol. *El no.* Por. Ernesto Hernández Busto. México: Editorial Vuelta, 1994. 7-25.
_____. "No estábamos arando en el mar" *Tablas* 2 abr.-jun. (1983): 42.
_____. *Teatro completo.* La Habana: Ediciones R, 1960.
Pirandello, Luigui. "La acción hablada". *Ensayos.* Madrid: Guadarrama, 1968. 257-61.
Quackenbush, L. Howard. "Variations on the Theme of Cruelty in Spanish American Theater". *Myths and Realities of Contemporary French Theater: Comparative Views.* Comps. Patricia M. Hopkins y Wendell M. Aycock. Lubbock, Texas: TTP, 1985. 99-113.
Rawson, Philip. *Erotic Art of the East.* New York: Prometheus Press, 1968.
Rexach, Rosario. *Dos figuras cubanas y una sola actitud.* Miami: Ediciones Universal, 1991.
Roberts, Ann T. "Brecht and Artaud: Their Impact on American Theater of the 1960s and 1970s". *Myths and Realities of Contemporary French Theater: Comparative Views.* Comps. Patricia M. Hopkins y Wendell M. Aycock. Lubbock, Texas: TTP, 1985. 85-98.
Rojo, Grinor. *Orígenes del teatro hispanoamericano contemporáneo.* Valparaíso: Ediciones Universitarias de Valparaíso, 1972.
Saz Sánchez, Agustín del. *Teatro social hispanoamericano.* Barcelona: Editorial Labor, 1967.
Schechner, R. *Between Theatre and Anthropology.* Pennsylvania: UPP, 1985.
Sellin, Eric. *The Dramatic Concepts of Antonin Artaud.* Chicago y London: UCP, 1968.
Solórzano, Carlos. *Teatro latinoamericano en el siglo XX.* México: Editorial Pormaca, 1964.
Sontag, Susan. *Under the Sign of Saturn.* New York: Farrar, Straus y Giroux, 1972.
Spang, Kurt. "Aproximación semiótica al título literario". *Actas del I Simposio Internacional de la Asociación Española de Semiótica.* Sevilla: Consejo de Investigaciones Científicas, 1986.
_____. *Teoría del drama. Lectura y análisis de la obra teatral.* Pamplona: EUNSA, 1991.
Suárez Radillo, Carlos Miguel. *Lo social en el teatro hispanoamericano contemporáneo.* Caracas: Equinoccio, 1976.
Thomas, Hugh. *Historia contemporánea de Cuba. De Batista a nuestros días.* Barcelona: Ediciones Grijalbo, 1982.
Toro, Fernando de. *Brecht en el Teatro Hispanoamericano contemporáneo.* Buenos Aires: Editorial Galerna, 1987.
_____. *Semiótica del teatro.* Buenos Aires: Editorial Galerna, 1987.
_____, comp. *Semiótica y Teatro Latinoamericano.* Buenos Aires: Editorial Galerna, 1990.

Ubersfeld, Anne. *Semiótica teatral*. Murcia: Cátedra, 1993.
Valdés Rodríguez, José Manuel. *El cine en la Universidad de La Habana (1942-1965)*. La Habana: Empresa de Publicaciones Mined, Unidad 'André Voisisn', 1966.
Villegas, Juan. *La interpretación de la obra dramática*. Santiago, Chile: Editorial Universitaria, 1971.
_____. *Nueva interpretación y análisis del teatro dramático*. 2nd. ed. Ottawa: Girol Books, 1991.
_____. *Para un modelo de historia del teatro*. Irvine, California: Ediciones de Gestos, 1997.
Virmaux, Alain. *Antonin Artaud et le théâtre*. Paris: Éditions Seghers, 1970.
Wiles, Timothy J. *The Theater Event*. Chicago y London: UCP, 1980.
Zalacaín, Daniel. "El asesinato simbólico en cuatro piezas dramáticas hispanoamericanas". *Latin American Theatre Review* 19.1 Fall (1985): 19-26.
Zorrilla, Oscar. *Antonin Artaud. Una metafísica de la escena*. México: Instituto Nacional de Bellas Artes, 1967.